中国社会科学院创新工程学术出版资助项目

中国社会科学院马克思主义理论学科建设与理论研究工程系列丛书

坚持正确舆论导向的体制机制研究

李春华 冯霞 吴勇 等著

中国社会科学出版社

图书在版编目(CIP)数据

坚持正确舆论导向的体制机制研究／李春华等著．—北京：中国社会科学出版社，2018.1

（中国社会科学院马克思主义理论学科建设与理论研究工程系列丛书）

ISBN 978－7－5203－1491－6

Ⅰ.①坚… Ⅱ.①李… Ⅲ.①舆论—研究—中国 Ⅳ.①C912.63

中国版本图书馆 CIP 数据核字（2017）第 280155 号

出 版 人	赵剑英
责任编辑	田　文
特约编辑	陈　琳
责任校对	张爱华
责任印制	王　超

出　　版	中国社会科学出版社
社　　址	北京鼓楼西大街甲 158 号
邮　　编	100720
网　　址	http://www.csspw.cn
发 行 部	010－84083685
门 市 部	010－84029450
经　　销	新华书店及其他书店
印　　刷	北京明恒达印务有限公司
装　　订	廊坊市广阳区广增装订厂
版　　次	2018 年 1 月第 1 版
印　　次	2018 年 1 月第 1 次印刷
开　　本	710×1000　1/16
印　　张	14.5
插　　页	2
字　　数	238 千字
定　　价	59.00 元

凡购买中国社会科学出版社图书，如有质量问题请与本社营销中心联系调换
电话：010－84083683
版权所有　侵权必究

前　言

　　以毛泽东、邓小平、江泽民为核心的党的三代领导集体和以胡锦涛同志为总书记的党中央始终高度重视党的理论工作，重视全党对马克思主义理论的学习和研究工作。十八大以来，以习近平同志为核心的党中央更是把意识形态工作作为党的一项极端重要的工作来抓。

　　2004年1月，《中共中央关于进一步繁荣发展哲学社会科学的意见》下发，并决定实施马克思主义理论研究和建设工程。为贯彻落实党中央关于把中国社会科学院努力建设成为马克思主义坚强阵地、党和国家的思想库智囊团（智库）、哲学社会科学的最高殿堂的要求，中国社会科学院党组采取了一系列重要措施。2009年初成立了中国社会科学院马克思主义理论学科建设与理论研究工程领导小组。小组成立后，一方面注重抓好马克思主义理论学科组织机构的建设，设立马克思主义理论类别的研究室和中心等；另一方面注重马克思主义基础理论研究。

　　为了推进马克思主义基础理论研究，中国社会科学院从2010年起陆续推出"马克思主义理论学科建设与理论研究工程系列丛书"，包括"马克思主义经典作家专题摘编系列"、"马克思主义专题研究文丛系列"、"马克思主义基础理论研究系列"等。"马克思主义基础理论研究系列"是马克思主义及其中国化理论研究的专门论著，该系列论著的推出，将有助于马克思主义话语体系的构建和马克思主义话语权的巩固。

中国社会科学院马克思主义理论学科建设
与理论研究工程领导小组
2015年1月

目 录

导 言 ……………………………………………………………（1）

第一章 马克思主义的舆论观 ……………………………（8）
  一 马克思主义视阈中的舆论与舆论导向 …………………（8）
  二 坚持正确的舆论导向首先是坚持正确的政治方向 ………（13）
  三 当前坚持正确舆论导向的着力点…………………………（20）

第二章 坚持正确舆论导向对体制机制的要求 …………（35）
  一 舆论导向为舆论引导指明方向……………………………（35）
  二 舆论引导为实现舆论导向提供具体途径…………………（41）
  三 体制机制对于舆论导向和舆论引导的作用………………（46）

第三章 当前坚持正确舆论导向面临的挑战 ……………（55）
  一 新媒体环境下的舆论生态格局及特点……………………（55）
  二 当前坚持正确舆论导向所面临的问题与挑战……………（65）
  三 坚持正确舆论导向的体制机制分析………………………（71）

第四章 坚持正确舆论导向体制机制体系的基本结构 …（74）
  一 党对舆论工作的领导权体制………………………………（74）
  二 提高新闻舆论工作队伍素质的有效机制…………………（86）
  三 舆论宣传内容管理机制……………………………………（94）
  四 舆论反馈与监督机制………………………………………（99）
  五 问责机制与奖惩机制………………………………………（105）

第五章　健全正确舆论引导的宏观协调机制 …………（110）
　一　政府与媒体之间的协调机制 ………………………（110）
　二　媒体与媒体之间的协调机制 ………………………（122）
　三　政府、媒体与意见领袖之间的协调机制 …………（130）

第六章　健全正确舆论引导的微观运行机制 …………（140）
　一　健全舆情收集和分析机制 …………………………（140）
　二　健全舆论引导的传播机制 …………………………（146）
　三　健全舆论引导的预警机制 …………………………（152）
　四　健全舆论引导的应急机制 …………………………（156）
　五　健全舆论引导的监督机制 …………………………（159）

第七章　互联网坚持正确舆论导向的体制机制 ………（164）
　一　制定完备的专门性网络法律体系 …………………（164）
　二　健全完善行业规范和社会监督制度 ………………（170）
　三　国外网络舆论引导有益经验的借鉴 ………………（173）

第八章　坚持正确舆论导向的"软引导"机制 ………（188）
　一　发挥社会主义核心价值观的引导作用 ……………（189）
　二　提高舆论引导主体的思想道德素质 ………………（200）
　三　发挥广大民众参与舆论引导的作用 ………………（205）

参考文献 …………………………………………………（216）

后　记 ……………………………………………………（223）

导　言

　　坚持正确的舆论导向是一个系统工程，需要从多方面入手进行综合治理。但就当前的现状而言，建立和完善正确舆论导向的体制机制无疑是一个重要方面。坚持正确的舆论导向，首先要明确舆论导向是否正确，也就是什么样的舆论导向才是正确的；其次要保证这一导向的有效性，即保障正确的舆论导向能够得以实现。

　　第一点是非常明确的。所谓"正确的舆论导向"，其内容包括：坚定不移地与党中央保持一致，努力营造有利于改革发展的舆论环境，有利于人们分清是非、坚持真善美、抵制假恶丑的舆论氛围，有利于加强社会主义精神文明建设和民主法制建设的舆论环境，有利于鼓舞和激励人们艰苦创业、开拓创新的舆论氛围，有利于国家统一、民族团结、社会政治稳定的舆论氛围。其中，最根本的是坚持正确的政治方向，坚持人民性的政治立场和价值取向，坚持与党中央保持高度一致，即坚持党性和人民性高度统一。

　　第二点，如何才能保证上述正确舆论导向的有效性？要使正确的舆论导向能够得以实现，则是一个需要多方面努力的全方位的系统工程。其中，"健全坚持正确舆论导向的体制机制"，是一个非常重要的保证条件。体制机制关乎舆论导向成效。党的十八届三中全会通过的《中共中央关于全面深化改革若干重大问题的决定》明确提出："健全坚持正确舆论导向的体制机制。健全基础管理、内容管理、行业管理以及网络违法犯罪防范和打击等工作联动机制，健全网络突发事件处置机制，形成正面引导和依法管理相结合的网络舆论工作格局。"[①] 当前"健全坚持正确舆论导向的体制机制"，根本的是要切实落实党对舆论工作的领导权，坚持党管宣传、党管媒体，坚持政治家办报，形成党委统一领导、党政齐抓共管的领导体

[①] 《中共中央关于全面深化改革若干重大问题的决定》，人民出版社2013年版，第39页。

制和工作机制。

一 研究坚持正确舆论导向的体制机制的重大意义

坚持正确的舆论导向,事关大是大非,事关人心向背,事关人民福祉,事关社会稳定和社会进步,因而对于党和国家的前途命运至关重要。舆论不仅是社会政治、经济、文化等因素的综合产物,更是民众思想信念、情绪态度、民意民心的反映。水可载舟亦可覆舟。舆论在一定程度上影响着社会的稳定和发展,正因为如此,一定社会的统治阶级、政党、组织都很重视舆论导向问题。

当下的中国面临着极其复杂的舆论形势。舆论形势越复杂,就越迫切需要舆论引导,就越迫切需要坚持正确的舆论导向。正因为如此,当代中国共产党人十分重视舆论导向问题。1994年,江泽民同志在全国宣传思想工作会议上的讲话强调:"我们的宣传思想工作,必须以科学的理论武装人,以正确的舆论引导人,以高尚的精神塑造人,以优秀的作品鼓舞人,不断培养和造就一代又一代有理想、有道德、有文化、有纪律的社会主义新人。"[①] 2008年,胡锦涛同志在人民日报社考察工作时指出:"当前,世界范围内各种思想文化交流、交融、交锋更加频繁,'西强东弱'的国际舆论格局还没有根本改变,新闻舆论领域的斗争更趋激烈、更加复杂。"[②] 在这样的情况下,"需要新闻宣传工作在打牢全党全国各族人民团结奋斗的共同思想基础方面发挥积极作用,在传播社会主义核心价值体系方面发挥积极作用,在为党和国家事业发展凝聚强大力量方面发挥积极作用"[③]。

2012年11月,党的十八大明确提出:"倡导富强、民主、文明、和谐,倡导自由、平等、公正、法治,倡导爱国、敬业、诚信、友善,积极培育和践行社会主义核心价值观",并强调"牢牢掌握意识形态工作领导权和主导权,坚持正确导向,提高引导能力,壮大主流思想舆论"[④]。2013

---

① 中共中央文献研究室编:《十四大以来重要文献选编》上,人民出版社1996年版,第646—648页。
② 胡锦涛:《在人民日报社考察工作时的讲话》,《人民日报》2008年6月21日第4版。
③ 同上。
④ 胡锦涛:《坚定不移沿着中国特色社会主义道路前进 为全面建成小康社会而奋斗——在中国共产党第十八次全国代表大会上的报告》,《人民日报》2012年11月18日。

年8月19日，习近平总书记在全国宣传思想工作会议上的讲话中强调，"要把坚持正确导向摆在首位，始终绷紧导向这根弦，讲导向不含糊，抓导向不放松"①。2016年2月19日，习近平总书记在北京主持召开党的新闻舆论工作座谈会并发表重要讲话进一步强调："党的新闻舆论工作是党的一项重要工作，是治国理政、定国安邦的大事"②，"必须把政治方向摆在第一位，牢牢坚持党性原则，牢牢坚持马克思主义新闻观，牢牢坚持正确舆论导向，牢牢坚持正面宣传为主"，并具体讲了"八个讲导向"③。

面对当前复杂多变的舆论形势，如何以社会主义意识形态来引导舆论，为中国特色社会主义现代化建设营造良好的主流思想舆论环境，已经成为当下我们迫切需要破解的理论和实践难题。因此，积极推进我国舆论引导的理论研究，既是有力回应西方发达国家对我国进行意识形态渗透的迫切需要，又是凝聚人心、形成社会共识，巩固全党全国各族人民团结奋斗共同思想基础的现实需要。

从学术研究来看，加强"坚持正确舆论导向的体制机制"研究具有重要意义。"正确舆论导向"是一个富有中国特色的概念，但在西方的传播学、舆论学、社会学和管理学等学科中，对舆论理论的相关研究也涉及媒体在舆论形成中的作用和功能。国内学界从新闻学、传播学、社会学等学科对舆论导向和舆论引导的研究，大部分是围绕"舆论引导"展开的。严格说来，舆论引导和舆论导向是有很大区别的。"舆论导向"强调的是舆论引导的方向，"舆论引导"则侧重于具体的引导方式，其前提是已经有了方向，然后要用有效的方式方法引导舆论向着这个方向发展。目前学界直接研究"舆论导向"的很少，至于直接以"舆论导向的体制机制"为对象的就更少了。在对舆论引导的研究中，虽然涉及对舆论引导机制的研究，但主要集中在群体性事件、突发事件的舆论引导机制以及网络舆情治理模式与机制的研究，如：建立和完善舆情预警、舆情引导、舆情传播机制等。

尽管这些研究成果为我们的研究提供了重要的借鉴价值，但是从总体

---

① 转引自任仲文编《深入学习习近平总书记重要讲话精神》，人民日报出版社2014年版，第255页。
② 《习近平在党的新闻舆论工作座谈会上强调：坚持正确方向创新方法手段 提高新闻舆论传播力引导力》，《人民日报》2016年2月20日第1版。
③ 同上。

来看，目前学术界对舆论导向的研究尤其是对舆论导向体制机制的研究还明显不足。与当今时代传播技术迅猛发展、舆论生态的深刻变化相比，理论研究远远不能满足实践的需求。在具体问题上，一方面，目前的研究过多停留在实践应用层面，理论层面的深入研究还显薄弱；另一方面，即使对实践层面的研究，也由于研究的不够深入或不具有操作性而导致指导实践的效果不足。

因此，亟待加强对舆论导向及其体制机制的研究。本研究试图在以下方面有所突破：一是以马克思主义基本原理为理论依据，在时代发展、社会变革的大背景下，从国家舆论安全的战略高度，分析当前坚持正确舆论导向的必要性、紧迫性，试图超越当前现有相关研究的直观性、经验性，提升本研究的理论水平和思想深度；二是通过调查分析和深入研究，试图破解当前坚持正确舆论导向体制机制的难题，并在此基础上提出坚持正确舆论导向整体性的体制机制体系，为实现构建大网络、大舆情、全媒体工作格局提供有价值的对策建议；三是强调在进一步加强舆论导向"硬引导"的同时，还要重视和建设舆论导向的"软引导"机制。

从实践上来看，这一研究具有极其重要的意义。随着改革开放的纵深推进、社会转型的步伐加快，我国的经济体制、社会结构、利益格局以及人们的思想观念正在发生着深刻变化。因此，如何卓有成效地正确引导社会舆论，对于当前中国特色社会主义建设事业具有重要的实践意义。

首先，深入研究舆论导向问题，有助于推进我国社会主义意识形态建设。马克思唯物史观告诉我们，社会存在决定社会意识，但社会意识对社会存在具有反作用。舆论属于社会意识范畴，是一定社会群体价值观的反映。因此，研究舆论导向，应将社会公众的信念、态度、情绪或者集合意识作为关注和研究的重点。而从意识形态的发展进程来看，其一般都要经过"在表现形式上从最初的观念意识形态开始，进一步获得制度意识形态、社会心理意识形态的三重身份，在主体发展上从民间意识形态发展为政党意识形态进而拓展为国家意识形态，在内部结构上实现从价值理想、理论学说、政策主张三要素的合一向分离的转型"[1] 这样一个过程。这也就是说，社会民众的"观念""心理""情感""意识""信念"这些内容是舆论引导研究和社

---

[1] 韩源：《意识形态发展模型研究——兼论中国主导意识形态建设的战略取向》，《马克思主义与现实》2008 年第 2 期。

主义意识形态建设研究都必须重点关注和研究的问题；因此，深入研究舆论导向问题，有助于我们更好地应对当前我国社会主义意识形态建设所面临的挑战，进一步推进我国社会主义意识形态建设。

其次，深入研究舆论导向问题，有助于为中国特色社会主义现代化建设营造良好的思想舆论环境。舆论是一种社会意识形式，对社会存在具有反作用。舆论导向有正确的有错误的，正确的舆论导向对社会具有积极作用，而错误的舆论导向对社会起消极作用。为中国特色社会主义建设营造良好的舆论环境，一直是我党宣传思想工作各条战线开展舆论引导工作的重要任务和重要经验。尤其在当前复杂的国际国内舆论形势下，我们的舆论工作必须坚持正确的舆论导向，努力营造有利于进一步改革发展的舆论氛围，有利于民主法制建设和践行社会主义核心价值观的舆论氛围，有利于鼓舞和激励人们为国家富强、人民幸福和社会进步而艰苦创业、开拓创新的舆论氛围，有利于人们分清是非、坚持真善美、抵制假恶丑的舆论氛围，有利于国家统一、民族团结、人民心情舒畅、社会政治稳定的舆论氛围。因此，深入研究舆论导向问题，对于在实践中正确引导舆论走向，为中国特色社会主义建设营造良好的舆论氛围具有重要的意义。

再次，深入研究舆论导向的体制机制问题是当前坚持正确舆论导向的迫切要求。完善体制机制是坚持正确舆论导向的重要保障力，因而体制机制是否健全完善和贯彻执行直接关乎舆论导向的成效。俗话说："没有规矩，不成方圆。"规矩也就是规章制度，是我们应该遵守的、用来规范我们行为的规则、准则。它保证了良好的秩序，是各项事业成功的重要保证。当前在舆论导向上存在的问题，固然有多方面的原因，但其中与舆论导向的体制机制还不够健全有直接关系。因此，要坚持正确舆论导向，就必须创新和完善舆论导向体制机制，加强和改善党领导舆论工作的体制机制，建立责任制并切实落实责任制，各级党委（党组）就必须切实担负起主体责任，深入研究，组织实施，抓好落实，从而提升舆论引导工作的质量和水平。鉴于此，我们就必须深入研究舆论导向的体制机制问题。

二 研究坚持正确舆论导向体制机制的主要内容

以马克思主义立场、观点和方法为指导，广泛汲取其他学科、领域的研究成果，深入阐述体制机制对于坚持正确的舆论引导的重要作用，在科学的制度观的基础上探讨科学的舆论导向的体制机制的构建问题，力求深入了解和全面掌握实际状况，针对我国当前坚持正确舆论引导的体制机制上存在的主要问题，探讨构建具有中国特色的正确舆论引导的体制机制体系。

1. 阐述科学研究舆论及舆论导向问题的马克思主义理论基础

马克思主义认为，舆论属于社会意识范畴，是对社会存在的反映。它既受社会存在的决定，反过来又影响社会存在。正确的舆论能对社会发展起到推动作用，而负向的舆论则会对社会发展起到阻滞甚至破坏的作用。马克思主义新闻观最鲜明的特征，就是认为新闻具有舆论属性，新闻媒体在反映舆论、影响舆论和引导舆论方面具有重要作用。在马克思主义看来，制度法律、体制机制从本质上说是意识形态的工具，是统治阶级实现其统治的工具。只有从这一根本层面来把握舆论导向的体制机制问题，才能保证研究的正确方向。

2. 阐述马克思主义视域中的舆论导向与舆论引导问题

马克思主义视域中的正确舆论导向，是指一切舆论发布、舆论宣传、舆论传播者（主体），都必须坚持党性与人民性相统一的政治立场，担当起宣传马克思主义和中国特色社会主义、社会主义核心价值观以及党和国家的路线方针政策的政治责任，努力促进全社会的和谐有序与健康发展。正确舆论导向的体制机制，是指能够保障舆论向既定方向发展的制度、体制、手段、方式等的总和。在马克思主义视域中，坚持正确舆论导向的体制机制建设的关键，是党要牢牢把握舆论引导的领导权、主导权、主动权。舆论导向与舆论引导既有区别又有联系：前者强调鲜明的意识形态立场；后者则是明确舆论导向前提下的具体操作层面的问题。只有正确的舆论导向，才能保证在具体的引导中方向正确；只有提高舆论引导能力，才能使正确的舆论导向得以实现。

3. 探讨坚持正确舆论导向的体制机制体系

在马克思主义科学舆论观和制度观的基础上提出构建具有中国特色的正确舆论导向的体制机制体系或基本框架。坚持正确舆论导向的体制机制是一个各种要素相互作用的复杂的系统工程。首先，从"应然"层面提出构建坚持正确舆论导向体制机制的基本结构。当然，这个所谓的"理想结构"并非是想当然的主观臆造，而是有其客观依据的；其次，提出建立政府、媒体、意见领袖（学术精英、商界人物、演艺界名人等）等各类舆论主体之间、媒体内部（党报与都市报、传统媒体与新兴媒体）之间的宏观协调机制，形成全方位的舆论导向和舆论引导格局；最后，提出健全正确舆论引导的微观运行机制。其中，舆情的分析研判是前提，舆论的引导是关键，舆论引导机制的正常运行是保障。

4. 重视和建设舆论导向的"软引导"机制

坚持正确的舆论导向，制度法律固然重要，但单纯依靠冷冰冰的制度机制和法律手段是难以收到成效的。因为舆论引导的最终是对有意识、有思想、有情感的人的引导，人是坚持正确舆论导向的更为关键的因素。因此，在进一步健全和完善坚持正确舆论导向的体制机制和重视信息技术安全等"硬引导"的同时，还要高度重视舆论引导主体和广大群众道德自律等"软引导"机制的建设，加强包括思想政治工作在内的精神文化建设，发挥社会主义核心价值观的引导作用，提高舆论引导媒介和广大民众的思想道德素质。

第一章　马克思主义的舆论观

研究舆论、舆论导向及其体制机制问题，必须坚持以马克思主义为指导。在马克思主义看来，舆论属于社会意识范畴，其实质是一种特殊的意识形态。正确的舆论对社会发展能够起到推动作用，而负向的舆论对社会发展则会起到阻滞甚至破坏的作用。同样，在马克思主义看来，制度法律、体制机制从本质上说是意识形态的工具，是统治阶级实现其统治的工具。只有从这一根本层面来把握舆论及舆论导向的体制机制问题，才能保证对其研究的正确方向。

一　马克思主义视阈中的舆论与舆论导向

当下，"舆论"是一个被广泛使用的概念。目前，对于舆论的研究主要从新闻学、传播学、社会学、管理学等学科对舆论进行研究。同时，专门研究舆论的"舆论学"也已成为一门学科。本书主要是从马克思主义理论学科、思想政治教育学科来研究，即主要从改革开放与社会转型的背景之下，研究舆论导向对社会问题的解决和维护社会和谐稳定的作用。因而，具有明显的政治属性与学科属性。

（一）对舆论概念的考察

舆论观念具有久远的历史。中国古代很早就有"舆论"一词。在中国，"舆"字的本义为车厢或轿，又可以解释为众、众人或众人的。如《左传·僖公二十八年》"听舆人之诵"，《晋书·王沉传》说："自古圣贤乐闻诽谤之言，听舆人之论。"这是见之于我国典籍的最早说法。其中"舆人"均指众人。"舆论"作为一个词组，最早见于《三国志·魏·王朗传》："没其傲狠，殊无人志，惧彼舆论之未畅者，并怀伊邑。"其后见于《梁书·武帝纪》："行能臧否，或素定怀抱，或得之舆论。"其中"舆论"即公众的言论，或公众的意见。在宋代的韵书《广韵》与《集韵》中，"舆者"，众也（《集韵》）；多也（《广韵》）。"论者"，议论、讨论、言论、辩论、态度、意见等意。因此，"舆论"也谓"众论"，即众人的议论。

在欧洲，早在古代社会就有类似舆论的记载。古代埃及最古老的文字记载之一是一首题为《一个厌倦生活的人同他的心灵的争论》的诗歌，它指出关于一种舆论完全改变方向的激变。关于民众态度的类似说法亦可以在巴比伦尼亚和亚述的历史中找到。古代以色列的先知者有时向民众辩护政府的政策，有时则呼吁民众反对政府。在这两种场合，他们都要左右舆论。在古希腊，许多人观察到每一件事情都仰仗民众，而民众则依靠言语。通过说服人民大众，财富、名声和尊严既可以取得，也可以被剥夺。15世纪活字印刷术的发明和16世纪的新教改革进一步增加了能够对当代问题形成意见的人数。马丁·路德通过放弃使用只有受教育者看得懂的古拉丁文，同人文主义者决裂，直接转向人民大众。

尽管在欧洲很早就出现了关于舆论的记载，但正式使用 public opinion 这个词却晚得多。在西方，"舆论"（public opinion）一词源于拉丁语"opinion"[1]，最早可以追溯至17世纪。"舆论"概念首次出现在17世纪英国思想家的一些著作中。1651年霍布斯在《利维坦》中首次提到了"舆论"。他认为："他们在说话时更注意人们的公众情绪与舆论，并运用直喻、隐喻、例证和其他讲演术的武器，说服听众。"[2] 1690年，洛克在《人类理解论》中提到了"舆论法"。他说："人们判断行为的邪正时所依据的那些法律，可以分为三种：一为神法（divine law）；二为民法（civil law）；三为舆论法（the law of opinion or reputation）。""这些称、讥、毁、誉，借着人类底秘密的同意，在各种人类社会中、种族中、团体中便建立起一种尺度来，使人们按照当地的判断、格言和风尚，来毁誉各种行动……"[3]

西方18世纪，舆论学作为一门新兴学科开始构筑其框架。法国资产阶级启蒙理论家卢梭、德国的卓越哲学家黑格尔、英国的著名政治哲学家

---

[1] 参见［德］哈贝马斯《公共领域的结构转型》，曹卫东等译，学林出版社1999年版，第105页。哈贝马斯认为："英语和法语中的'舆论'一词源于拉丁语的 opinion，意思并不复杂，指没有得到充分论证的不确定的判断。"

[2] ［英］霍布斯：《利维坦》，黎思复、黎廷弼译，商务印书馆1985年版，第199页。

[3] ［英］洛克：《人类理解论》上册，关文运译，商务印书馆1983年版，第329页。

葛德文、法国社会学家塔尔德，是这门学科的奠基者。伏尔泰称"舆论"是世界之王。卢梭在《社会契约论》一书中使用了"舆论"这个概念，并且认为："在全世界一切民族中，决定人民爱憎取舍的绝不是天性而是舆论。"① 卢梭先后使用过"公众舆论""舆论"这两个概念，并以"公意"或"公众意见"对其含义进行了解读，认为舆论就是基于社会公共利益的公众意见。

在现代国家或国际生活中，舆论成为一个常用词。进入20世纪后，舆论研究的中心由欧洲转移到了美国。1922年，沃尔特·李普曼在其《公众舆论》(Public Opinion) 一书中提到，"他人脑海中的图像关于自身、关于别人、关于他们的需求、意图和人际关系的图像，就是他们的舆论。这些对人类群体或以群体名义行事的个人产生着影响的图像，就是大写的舆论"②。李普曼对"舆论"的定义，不仅是舆论学奠基的标志，也是现代舆论的起点。不过，他的定义是如此充满疑惑，使以后西方学界在阐释舆论时产生了较大分歧。这正如西方舆论学者凯（Key）所感慨的那样："精确地界定公共舆论与追随圣灵不无相像之处。"③ 西方学者对什么是舆论，或者如何界定舆论存在较大分歧，但在舆论内涵至少应该包含哪些要素还是达成了一致，英国《大不列颠百科全书》（1977）所指出的："无论舆论的定义有多少种，但几乎所有的学者和宣传者都同意舆论的含义至少包括四个要素：（1）必须有一个问题；（2）必须有多数个人对这个问题发表意见；（3）在这些意见中至少要有某种一致性；（4）这种一致的意见会直接或间接地产生影响。"④

中国的第一部舆论学著作，是资产阶级政治家和宣传家梁启超的《舆论之母与舆论之仆》。第二次世界大战后，舆论学发展到了一个新的阶段，逐步形成了多学科的体系。目前，对于舆论的研究主要从新闻学、传播学、社会学、管理学等学科开展。同时，专门研究舆论的"舆论学"也已成为一门学科。虽然在我国还是很年轻的学科，但发展迅速、成果丰硕，研究视角多元，形成多个分支学科：基础舆论学、公共舆论学、应用舆论

---

① 冯健：《中国新闻实用大辞典》，新华出版社1996年版，第1页。
② [美] 沃尔特·李普曼：《公众舆论》，阎克文、江红译，上海人民出版社2006年版，第21页。
③ Key V. O. Jr., *Public Opinion and American Democracy*, New York: Knopf, 1961, p. 8.
④ 转引自时蓉华《社会心理学》，浙江教育出版社1998年版，第556页。

学。由于观察舆论的角度不同，关于舆论的定义有时差距较大：政治学和历史学的定义着重点在于舆论对于决策的影响方面，心理学注重公众意见表达的心理过程，社会学注重舆论的社会化产生过程，社会心理学则从知觉、感触舆论来界定舆论。

概括起来说，中国学者对舆论定义的不同认识大致有这样三种观点：第一种观点是研究舆论学与民意学的学者的舆论定义。这种定义认为，舆论本身就是一种意见。持这种观点的学者一般都是出自舆论学与民意学的学者，而且一般都有从事舆论调查或民意调查的经历。其中，比较有代表性的是基础舆论学研究者刘建明教授和应用舆论学研究者喻国明教授的舆论定义。刘建明提出的："舆论概念有广义和狭义之分。狭义概念是指某种舆论而言，即在一定社会范围内，消除个人意见差异、反映社会知觉的多数人对社会问题形成的共同意见。广义上的概念是指社会上同时存在的多种意见，各种意见的总和或纷争称作舆论。人们多在狭义上使用舆论的概念，因为人们谈论舆论的存在常常是指社会中某种具体意见，剖析某种意见是如何形成的、它的指向或量化怎么样，以及有何影响，并不过多地分析多种意见的纷争状态。"[1] 喻国明提出："舆论是社会或社会群体中对近期发生的、为人们普遍关心的某一争议的社会问题的共同意见。"[2] 他们的舆论定义无论其间的修饰限定如何不同但最后都会落脚到"共同的意见"之上。而之所以这样定义的一个重要原因就是因为舆论只有通过意见的公开表达，才能对其所指向的社会问题产生影响，如果意见没有公开表达出来，当然就不会对社会问题产生作用和影响，也就称不上舆论。第二种观点是研究公共舆论学学者的舆论定义。这种类型的舆论定义主要是结合卢梭的"公意"与哈贝马斯的"公共领域"思想，是从基础舆论学与公共哲学的跨学科视角进行界定。比较有代表性的是程世寿的舆论定义，即"社会公众对于公共事务的议论通过公共论坛的扩散而形成的公共意见，它是民意和众意的反映，是人民精神、愿望和意志的总和"[3]。第三种观点是研究"舆论导向"问题的学者的定义。属于这一类的定义的代表性学者如孟小平和陈力丹。孟小平认为："舆论是公众对其关心的人物、事件、

---

[1] 刘建明、纪忠慧、王莉丽：《舆论学概论》，中国传媒大学出版社2009年版，第23页。
[2] 喻国明：《中国民意研究》，中国人民大学出版社1993年版，第277页。
[3] 程世寿：《公共舆论学》，华中科技大学出版社2003年版，第14页。

现象、问题和观念的信念、态度和意见的总和，具有一定的一致性、强烈程度和持续性，并对有关事态的发展产生影响。"① 陈力丹则提出："舆论是公众关于现实社会以及社会中的各种现象、问题所表达的信念、态度、意见和情绪表现的总和，具有相对的一致性、强烈程度和持续性，对社会发展及有关事态的进程产生影响。其中混杂着理智和非理智的成分"，并将舆论分解为八个要素："舆论的主体、舆论的客体、舆论自身、舆论的数量、舆论的强烈程度、舆论的持续性、舆论的功能表现、舆论的质量。其中前七个，构成了舆论的必要要素。"②

综上可见，中外学者对舆论的界定不仅有各自的侧重，也都有一定的合理性。但若从"舆论导向"的角度来看，我们可以将"舆论"做如下界定：舆论是公众针对现实社会或社会问题大体一致的意见、情绪和行为意向，它以传闻、民谣、议论、会议、理论争鸣、群体活动等形态在各种媒介中传播扩散，是能够对相关社会问题的解决和社会发展产生影响的集合意识。

（二）舆论的本质

可以说，上述定义并未揭示出舆论的本质是什么。要坚持正确的舆论导向，则必须深入理解舆论的本质。而只有以马克思主义立场、观点和方法来分析舆论问题，才能揭示出舆论的本质。在马克思主义看来，舆论的本质在于：舆论属于意识形态的范畴，是对社会存在的反映。作为一种特殊的意识形态表现形式，舆论与生俱来地具有鲜明的政治倾向性，即阶级性和党派性。因此，舆论是公众针对现实社会或社会问题大体一致的利益诉求、信念、情绪和价值观。

首先，舆论是对社会现实问题，核心是利益问题的反映。舆论是一种特殊形态的社会意识，它具有社会意识的一般特征，是对社会存在的反映，同时又反作用于社会存在。正确的舆论能对社会发展起到推动作用，而负向的舆论则会对社会发展起到阻滞甚至破坏的作用。英国《大不列颠百科全书》（1977）所指出的舆论构成要素中，首要的要素就是"必须有一个问题"，陈力丹概括的舆论八个要素中，第二个要素是"舆论的客体

---

① 孟小平：《揭示公共关系的奥秘——舆论学》，中国新闻出版社1989年版，第36页。
② 陈力丹：《舆论学——舆论导向研究》，中国广播电视出版社1999年版，第11页。

（社会公共问题）"。这说明，舆论是由特定的事件引发的。那么，为什么这一事件会引发这么强烈的关注和共鸣？其背后有深厚的社会根源和思想文化根源，舆论反映了公众针对现实社会或社会问题的大体一致的利益诉求。改革开放以来，中国社会的重大变革，随之带来了诸多社会矛盾和社会问题。不是任何信息和议论都能引发舆论风波。能够引发舆论风波的，一定是关注度高的问题。当前我国的舆论事件主要还是由于当前社会现实问题引发的，舆论只是社会巨大变迁影响下的表层和现象。

其次，舆论反映人的信念、情感、价值观。舆论是一定范围内的多数人针对现实社会以及社会中的各种现象、问题，以言语、情感、行为等方式表达出来的大体一致的信念和态度。德国哲学大师海德格尔曾言："语言是存在的家。"任何言论、议论、讨论、意见，都反映着人的信念、情感、价值观。陈力丹认为，"若从'舆论导向'的角度观察舆论，仅仅注意公开的表露就不够了，任何外露的言语、情绪都是一种特殊的态度，而态度是由一定的信念决定的"，"信念在舆论本身的各种形式中处于核心位置"，"是理解舆论的真正钥匙"。曾庆香也认为，"舆论是一定范围内的多数人针对现实社会以及社会中的各种现象、问题，以言语、情感、行为等方式表达出来的大体一致的信念和态度"[①]。

马克思主义认为，人们对舆论的态度，肯定抑或否定，支持抑或反对，抑或漠不关心、不发表任何意见——实际上是在一定的价值观支配下的行为，带有一定的主观倾向性。舆论是公众关于现实社会以及社会中的各种现象、问题所表达的信念、态度、意见和情绪表现的总和，具有相对的一致性、强烈程度和持续性，对社会发展及有关事态的进程产生影响，其中混杂着理智和非理智的成分。

二 坚持正确的舆论导向首先是坚持正确的政治方向

"舆论导向"有正确导向和错误导向的区别。我们要坚持正确的导向，减少和避免错误的导向。要坚持正确的舆论导向，第一要素是导向是正确的；第二要素是这种正确导向是有效的。那么，往哪里导向是正确的？因此，首先就要明确导向的"正确性"，即往哪里导向的问题？这里的问题

---

① 曾庆香：《对"舆论"定义的商榷》，《新闻与传播研究》2007年第4期。

也就是：导向正确与否的标准是什么？用什么来衡量某种导向是正确的还是错误的问题，即舆论导向正确与错误的标准问题。

尽管舆论导向，实际上客观地、广泛地存在于各阶级和国家之中，不同社会制度的国家都非常重视舆论导向问题，但它们并不公开提出这个问题，而是标榜自己的新闻报道和导向是客观的和中立的。因此，"舆论导向"是马克思主义者，特别是中国共产党的原创性概念。中国共产党人在建设中国特色社会主义的伟大实践中，在具体的舆论实践工作中确立了这一概念，并逐步形成关于舆论的思想和理论。

2016年2月19日，习近平总书记在北京主持召开党的新闻舆论工作座谈会并发表重要讲话，进一步强调党的新闻舆论工作是党的一项重要工作，是治国理政、定国安邦的大事，必须把政治方向摆在第一位，牢牢坚持党性原则，牢牢坚持马克思主义新闻观，牢牢坚持正确舆论导向，牢牢坚持正面宣传为主，并具体讲了"八个讲导向"。习近平总书记特别强调新闻舆论工作"必须把政治方向摆在第一位"。因此，可以说，坚持舆论的正确导向，最根本的是坚持正确的政治方向。

（一）讲政治是新闻舆论工作的本质特征

坚持正确的舆论导向，固然包括多方面的内容，但其中政治导向无疑占有重要地位。正因为如此，习近平总书记强调，"必须把政治方向摆在第一位"①。然而，一提到政治，有的人就反感甚至排斥；一提到新闻媒体要讲政治导向，就认为那只是主流媒体的事情；甚至有人认为，新闻媒体应远离任何政治，完全保持客观和中立。这说明，人们对政治有误解，对新闻媒体讲政治的认识有偏颇。

其实，人们都生活在政治之中。很多人熟悉古希腊哲学家亚里士多德一句著名的话："人是有理性的动物"，但不一定知道同时作为政治家的他，还有一句著名的话："人天生是政治的动物。"政治是人类历史发展到一定时期，即进入阶级社会必然产生的一种重要社会现象。因此，在当今人类还处于阶级社会的时代，任何远离政治的人是根本不存在的，思想上层建筑的任何领域想要"去政治化"是根本不可能的。所谓的"去政治

---

① 《习近平在党的新闻舆论工作座谈会上强调：坚持正确方向创新方法手段 提高新闻舆论传播力引导力》，《人民日报》2016年2月20日第1版。

化"，无非是去掉特定的政治，代之而起的是另一种政治。

新闻舆论与政治有着十分密切的联系。政治性是新闻舆论工作的首要的和根本的属性。马克思主义认为，在阶级社会，新闻媒体是社会上层建筑的重要组成部分，其性质是由经济基础决定的。任何新闻媒体都是为所属阶级服务的，因而都是具有阶级属性的。任何社会的新闻活动，都要受到这个社会占统治地位的政治思想及国家政治制度的指导和制约。新闻媒体所报道的内容，总是代表特定阶级的利益，总是带有某种宣传目的和政治诉求。新闻既为政治所左右，又反过来影响政治。可见，新闻媒体具有鲜明意识形态性是不言而喻的，只不过是有的不公开讲，甚至忌讳讲这个问题。马克思主义则从不隐瞒自己的政治立场，公开承认新闻媒体的政治性或意识形态性。

古今中外，无论人类信息传播方式如何变化，但传播内容始终与政治相联系。古代的报纸是适应当时社会政治生活需要而产生的，其内容反映着当时社会阶级之间的矛盾和斗争。例如，中国古代的《邸报》，是为了历代封建统治者向下属传达政令、通报消息、维护封建专制统治而出现的。古罗马时期的《每日纪闻》，是古罗马的恺撒大帝为了实行个人独裁统治、维护反动统治而出版的官方公报。近代出现的印刷报纸，是新兴资产阶级同腐朽的封建统治阶级斗争的武器，也是他们宣传自己的"自由、平等、博爱"政治思想的工具。现代西方国家一贯标榜媒体是"社会公器""第四权力"，享有所谓的绝对"新闻自由"。但事实上，现代西方传媒的政治立场和政治倾向性是显而易见的。在本国内，它是为垄断资本主义服务、维护资本主义制度、资产阶级生活方式和价值观念的工具；在国际上，它在煽动"颜色革命"、颠覆别国政权、服务本国对外战争中，充当着信息战、舆论战、心理战的工具。

我国是社会主义国家，公开申明新闻舆论工作的政治属性。新闻舆论工作处于意识形态领域的前沿，不仅在党和国家的思想文化建设、社会的精神文明建设以及引导人的思想意识等方面具有重要作用，而且作为建立在公有制为主体的经济基础之上的上层建筑的重要组成部分，它要致力于维护和巩固社会主义经济制度和政治制度。因此，做好党的新闻舆论工作，事关旗帜和道路，事关贯彻落实党的理论和路线方针政策，事关顺利推进党和国家的各项事业，事关全党全国各族人民的凝聚力和向心力，事关党和国家的前途命运。这五个"事关"，表明了新闻舆论工作的根本性、战略性、全局性意义，也充分表明了新闻舆论工作的政治属性。

（二）新闻舆论工作讲政治是中国共产党的优良传统

马克思主义政党十分重视新闻舆论工作，从无产阶级报刊诞生之日起，就表明自己鲜明的政治立场，公开申明无产阶级的新闻舆论是无产阶级的政治思想武器。马克思、恩格斯、列宁，不仅是伟大的革命家、思想家，也是卓越的新闻工作者。马克思、恩格斯多次强调"党报是党的旗帜"，是与敌人斗争的"武器""阵地"，是"政治中心"等。马克思揭露一向标榜自己独立性的英国《泰晤士报》是"政府机关报""内阁大报""半官方报纸"，并指出它虽然一向标榜自己是独立的，不固定投靠某一政党或政治集团，而实际投靠的是英国整个资产阶级，是忠诚为它们服务的资产阶级报纸。列宁强调新闻工作是党的工作的重要组成部分："对于社会主义无产阶级，写作事业不能是个人或集团的赚钱工具……写作事业应当成为整个无产阶级事业的一部分，成为由整个工人阶级的整个觉悟的先锋队所开动的一部巨大的社会民主主义机器的'齿轮和螺丝钉'。"[①]

中国共产党历来重视新闻舆论工作的重要作用，并在实践中丰富和发展了马克思主义新闻思想。中国共产党始终认为，我们国家的报纸、电台、电视台都是党、政府和人民的喉舌，从而决定了新闻工作必须坚持党性原则，必须旗帜鲜明地讲政治。毛泽东不仅是伟大的无产阶级革命家、战略家、理论家，也是卓越的新闻舆论大师，他特别强调新闻舆论工作的政治方向。1957年，毛泽东指出："写文章尤其是社论，一定要从政治上总揽全局，紧密结合政治形势，这叫做政治家办报。"[②] 1958年，毛泽东指出："一张省报，对于全省工作、全体人民，有极大的组织、鼓舞、激励、批判、推动的作用。"[③] 1959年，他再次重申："搞新闻工作，要政治家办报。"[④]"政治家办报"思想的核心，就是要确保新闻舆论工作的领导者懂政治、懂策略、懂理论，准确传达党和国家的声音，如实反映人民的期盼和心声。

---

① 《列宁选集》第1卷，人民出版社1995年版，第663页。
② 吴冷西：《忆毛主席》，新华出版社1995年版，第40页。
③ 中共中央文献研究室、新华通讯社编：《毛泽东新闻工作文选》，新华出版社1983年版，第202页。
④ 同上书，第215—216页。

改革开放以来,党的新闻舆论工作出现了一系列新情况和新问题、新矛盾和新挑战。在国际国内形势日益复杂的条件下,当代中国共产党人始终强调新闻舆论工作要坚持正确的政治方向。邓小平指出:"作用最广泛的是写文章登在报纸上和出小册子,再就是写好稿子到广播电台去广播。出报纸、办广播、出刊物和小册子……就比其他方法更有效、更广泛,作用大得多。"① 1996 年 9 月,江泽民视察人民日报社并发表重要讲话指出:"历史经验反复证明……舆论导向正确,是党和人民之福;舆论导向错误,是党和人民之祸。党的新闻事业与党休戚与共,是党的生命的一部分。可以说,舆论工作就是思想政治工作,是党和国家的前途命运所系的工作。"② 1994 年 1 月,江泽民在全国宣传思想工作会议上讲话强调,"我们的宣传思想工作,必须以科学的理论武装人,以正确的舆论引导人,以高尚的精神塑造人,以优秀的作品鼓舞人,不断培养和造就一代又一代有理想、有道德、有文化、有纪律的社会主义新人"③。也是在这次会议的讲话中,江泽民提出了"五个有利于",即"坚持正确的舆论导向,就是要造成有利于进一步改革开放,建立社会主义市场经济体制,发展社会生产力的舆论;有利于加强社会主义精神文明建设和民主法制建设的舆论;有利于鼓舞和激励人们为国家富强、人民幸福和社会进步而艰苦创业、开拓创新的舆论;有利于人们分清是非,坚持真善美,抵制假恶丑的舆论;有利于国家统一、民族团结、人民心情舒畅、社会政治稳定的舆论"④。进入 21 世纪以来,舆论工作面临复杂多变的国际国内环境。2003 年 12 月,胡锦涛在全国宣传思想工作会议上指出:"新闻工作要牢牢把握正确的舆论导向,坚持团结稳定鼓劲、正面宣传为主的方针,唱响时代主旋律,在全社会形成和发展积极健康的主流舆论。"⑤ 2008 年 6 月,胡锦涛在人民日报社考察工作时指出:"当前,世界范围内各种思想文化交流、交融、交锋更加频繁,'西强东弱'的国际舆论格局还没有根本改变,新闻舆论领域的斗争更趋激烈、更加复杂。"⑥ 在这样的条件下,坚持正确的舆论导向

---

① 《邓小平文选》第 1 卷,人民出版社 1994 年版,第 145 页。
② 《江泽民文选》第 1 卷,人民出版社 2006 年版,第 563—564 页。
③ 中共中央文献研究室编:《十四大以来重要文献选编》上,人民出版社 1996 年版,第 647—648 页。
④ 同上书,第 654 页。
⑤ 《胡锦涛在全国宣传思想工作会议上发表重要讲话》,新华社北京 2003 年 12 月 7 日电。
⑥ 胡锦涛:《在人民日报社考察工作时的讲话》,《人民日报》2008 年 6 月 21 日第 4 版。

尤为重要。胡锦涛强调："舆论引导正确，利党利国利民；舆论引导错误，误党误国误民。要牢固树立政治意识、大局意识、责任意识、阵地意识，把坚持正确导向放在新闻宣传工作的首位。"①

党的十八大以来，以习近平同志为核心的党中央，非常重视新闻舆论工作的政治方向问题。2013年8月，习近平总书记在全国宣传思想工作会议上的讲话指出，"要坚持政治家办报、办刊、办台、办新闻网站"②。2016年2月19日，习近平总书记在北京主持召开党的新闻舆论工作座谈会并发表重要讲话进一步强调，党的新闻舆论工作是党的一项重要工作，是治国理政、定国安邦的大事，必须把政治方向摆在第一位，牢牢坚持党性原则，牢牢坚持马克思主义新闻观，牢牢坚持正确舆论导向，牢牢坚持正面宣传为主，并具体讲了"八个讲导向"："新闻舆论工作各个方面、各个环节都要坚持正确舆论导向。各级党报党刊、电台电视台要讲导向，都市类报刊、新媒体也要讲导向；新闻报道要讲导向，副刊、专题节目、广告宣传也要讲导向；时政新闻要讲导向，娱乐类、社会类新闻也要讲导向；国内新闻报道要讲导向，国际新闻报道也要讲导向。"③ 习近平总书记特别强调新闻舆论工作"必须把政治方向摆在第一位"。因此，可以说，坚持正确的舆论导向，最根本的是坚持正确的政治方向。

从"喉舌论"到"祸福论"再到"全面导向论"，反映了党的新闻舆论工作思想的与时俱进，丰富了中国新闻舆论工作实践的内涵。历史经验充分表明，越是面对艰巨的形势和复杂的问题，新闻舆论工作越是要坚守政治性。在当前复杂的舆论生态环境下，新闻舆论工作要坚定政治方向，始终与党保持高度的统一、与人民同呼吸共命运，在新的形势下一如既往地发挥好自身应有的重要作用。

（三）当前舆论导向坚持正确政治方向的核心内容

舆论导向坚持正确政治方向包括多方面的内容，但坚持党性与人民性的统一，是舆论导向坚持正确政治方向的核心内容。坚持党性与人民性的

---

① 胡锦涛：《在人民日报社考察工作时的讲话》，《人民日报》2008年6月21日第4版。
② 习近平：《胸怀大局 把握大势 着眼大事 努力把宣传思想工作做得更好——在全国宣传思想工作会议上的讲话》，《人民日报》2013年8月21日第1版。
③ 《习近平在党的新闻舆论工作座谈会上强调：坚持正确方向创新方法手段 提高新闻舆论传播力引导力》，《人民日报》2016年2月20日第1版。

统一,就是要坚持党性原则,坚定不移地与党中央保持高度一致;就是要坚持人民性的价值取向,反映人民期盼、维护人民利益。二者并不对立而是高度统一的。

习近平总书记强调:"党和政府主办的媒体是党和政府的宣传阵地,必须姓党。"① 舆论导向要坚持正确政治方向,首先是坚持政治家办报,坚持党管媒体,坚定不移地与党中央保持高度一致。新闻舆论是意识形态的特殊性的外在体现,新闻舆论工作是社会政治上层建筑的重要组成部分,必然具有鲜明的阶级性和党性。坚持党管媒体,事关党的执政地位,事关中国特色社会主义事业,因此,在任何时候都不能动摇。坚持党性原则,核心是新闻舆论工作要坚决维护中央权威。习近平总书记指出:"坚持党性,核心就是坚持正确政治方向,站稳政治立场,坚定宣传党的理论和路线方针政策,坚定宣传中央重大工作部署,坚定宣传中央关于形势的重大分析判断,坚决同党中央保持高度一致,坚决维护中央权威。"② 新闻舆论工作者要不断增强政治敏锐性和政治鉴别力,在众声喧哗的舆论生态中保持政治定力,在思想上政治上排除各种干扰、消除各种困惑,坚持正确立场、坚持正确方向。"咬定青山不放松,任尔东西南北风。"有了这种定力,就能时刻保持清醒头脑,不为杂音噪声所扰,不为错误思潮所惑,确保新闻舆论工作始终沿着正确方向前进。

舆论导向要坚持正确政治方向,就是要坚持人民性的价值取向,反映人民期盼、维护人民利益。不代表人民利益、不反映人民心声的舆论导向,只能是舆论操纵或舆论控制。中国共产党是最广大人民利益的忠实代表者,因而中国共产党与人民的根本利益是一致的,党除了工人阶级和最广大人民群众的利益,没有自己特殊的利益。在中国共产党领导下的社会主义中国的新闻媒体,是党的媒体,也是人民的媒体。全心全意为人民服务是中国共产党的根本宗旨,也是社会主义新闻舆论工作的唯一宗旨。因此,我们的新闻舆论工作,从根本上说,就是要维护好党和人民的利益。新闻舆论工作要宣讲阐释好党和国家的政策主张,报道反映好人民的期盼要求,搭建好党和人民之间的桥梁和纽带。要关注人

---

① 《习近平在党的新闻舆论工作座谈会上强调:坚持正确方向创新方法手段 提高新闻舆论传播力引导力》,《人民日报》2016年2月20日第1版。
② 习近平:《胸怀大局 把握大势 着眼大事 努力把宣传思想工作做得更好——在全国宣传思想工作会议上的讲话》,《人民日报》2013年8月21日第1版。

民的疾苦，反映人民的呼声和愿望，了解社情民意、引导社会情绪、发现矛盾和问题并推动其有效解决。在工作作风上，要更加接地气，深入基层、深入人民群众当中去，把党的路线方针政策转化为鼓舞群众的物质力量，团结和激励广大人民群众为实现中华民族伟大复兴的中国梦而共同努力奋斗。

中国共产党的阶级性决定了党性和人民性的高度统一。坚持党性就是坚持人民性，坚持人民性就是坚持党性。习近平总书记指出："党性和人民性从来都是一致的、统一的"[1]，"从本质上说，坚持党性就是坚持人民性，坚持人民性就是坚持党性，党性寓于人民性之中，没有脱离人民性的党性，也没有脱离党性的人民性"[2]。党性和人民性的一致性、统一性，根源于党和人民的内在统一关系。我们党来自人民，植根人民，服务人民，始终坚持把群众路线作为党的生命线和根本工作路线，与人民群众同呼吸、共命运、心连心，形成休戚与共的命运共同体、血肉共同体和精神共同体。我们党的性质和宗旨决定了其指引的政治方向，从来就是与实现好、维护好、发展好最广大人民根本利益的目的导向高度一致的，是与坚持人民主体地位的政治要求高度一致的，因而也就是与以人民为中心的工作导向高度一致的。

三　当前坚持正确舆论导向的着力点

坚持正确舆论导向是一个系统工程，需要从多方面入手进行综合治理。但就当前的现状而言，坚持正确舆论导向应将以下三个方面作为着力点：一是思想引导。舆论的本质是意识形态，舆论导向工作是社会主义意识形态建设的重要内容。因此，要把坚持以马克思主义为指导作为坚持正确舆论导向的本质内容。二是实践引导。现实的问题和矛盾是引发舆论关注的根本原因。因此，要把解决社会问题和化解社会矛盾作为根本点，卓有成效地解决问题。三是环境引导。环境是影响舆论导向的重要因素，而当下以互联网为基础的新兴媒体，无疑构成了影响人观念和行为的重要环

---

[1] 习近平：《胸怀大局 把握大势 着眼大事 努力把宣传思想工作做得更好——在全国宣传思想工作会议上的讲话》，《人民日报》2013年8月21日第1版。
[2] 钱均鹏、徐荣梅：《习近平总书记系列重要讲话精神学习辅导读本》，中国言实出版社2014年版，第43页。

境。因此，应把引导复杂多变的舆论生态良性发展作为关键点，营造积极健康的网络舆论环境。而要有效实现这三个方面的引导，又都需要完善的体制机制作为保证。因此，健全和完善正确舆论导向的体制机制则更具有全局性意义。

（一）思想引导：把坚持以马克思主义为指导作为坚持正确舆论导向的本质内容

要引导作为社会意识的舆论，首要的和直接的还是思想引领。尽管在实践中解决社会问题和化解社会矛盾是坚持正确舆论导向的根本，但我们不能等到社会矛盾和问题解决了再去引导。况且坚持正确的舆论导向，是有利于化解社会矛盾和解决社会问题的。前面已述及，舆论的本质是意识形态，无论是哪种舆论都不过是特定思想意识的反映和体现。因而，所谓舆论导向，就是要使舆论向着一定社会主体所需要的思想意识而导向。那么，由于迄今为止人类还处在阶级社会之中，人们的思想意识也必然具有阶级性，因而，作为舆论导向主体的社会集团或个人，由于其处于不同阶级关系中，必然用自己阶级的思想意识进行舆论导向。资产阶级的意识形态构成了资本主义思想舆论的核心内容，以马克思主义为指导的社会主义意识形态则是我们进行舆论导向的核心内容。

无产阶级政党的阶级性和社会主义国家的性质，决定了我们的舆论导向工作必须坚持以马克思主义为指导。马克思主义是我们立党立国的根本指导思想，是社会主义意识形态的旗帜和灵魂，坚持马克思主义在意识形态领域的指导地位，既是加强党的执政能力建设的重要内容，也是坚持党的执政目的的内在要求。舆论作为意识形态的具体体现，作为社会主义意识形态建设的重要内容，舆论导向工作也必然要坚持马克思主义的指导地位。尤其在当下舆论环境、媒体格局、传播方式发生深刻变化，意识形态交锋日益激烈的大背景下，要做好处于意识形态斗争最前沿的舆论工作，更加需要坚持以马克思主义科学理论为指导。

舆论导向要坚持以马克思主义为指导，必须加强党的思想理论建设和意识形态建设。舆论引导说到底是个思想引领问题，是个意识形态问题。要坚决反对和抵制"意识形态趋同论"和"意识形态终结论"，巩固马克思主义在意识形态领域的指导地位。"意识形态趋同论"故意抹杀各种社会制度和意识形态的根本区别，认为社会主义和资本主义随着发展，相似点越来越多，两种制度和意识形态可以相互妥协、交融，直至趋同。20世纪50年代以后，"意识形态趋同论"向完善、成熟的理论形态发展，并且为资本主义国家向社会主义国家实施"和平演变"战略提供理论说明，其实质在于把社会主义演变成资本主义。"意识形态终结论"则宣扬马克思主义终结、资本主义不可超越。苏东剧变，世界社会主义运动遭受严重挫折后，"意识形态终结论"更是甚嚣尘上。一些别有用心的西方政客大肆吹嘘资本主义的"胜利"，宣告"马克思主义已破产"，称"20世纪是最后埋葬共产主义的世纪"。西方的一些思想家也认为，马克思主义作为"最后一个宏大的意识形态就要终结"，人们的思想观念将在没有党派和阶级性的社会共同意识中统一起来。然而，从马克思主义观点看来，"意识形态终结论"的荒谬性不言而喻。意识形态作为一种思想体系，是一定阶级、国家和政党根本利益的体现。只要阶级、国家和政党还存在，意识形态就不会"趋同"，也不会"终结"。因此，无论是"意识形态趋同论"还是"意识形态终结论"，其实质是要消除、否定马克思主义意识形态的主导地位，以实现资产阶级意识形态一体化。因此，必须坚决抵制和反对"意识形态趋同论""意识形态终结论"等错误观点，以及新自由主义、民主社会主义、历史虚无主义等反马克思主义思潮，才能巩固马克思主义在意识形态领域的指导地位，也才能为坚持正确的舆论导向提供思想理论指南。

在坚持正确舆论导向中坚持马克思主义为指导，必须坚持党对新闻媒体的领导，使舆论导向工作的领导权牢牢把握在真正的马克思主义者手中。列宁创办《火星报》时说过，"我们将严格按照一定的方针办报。一言以蔽之，这个方针就是马克思主义"[①]。思想舆论阵地是党和人民的喉舌，必须坚持党对新闻事业，特别是党对新兴媒体的领导，提高新闻舆论阵地领导的党性原则，树立新闻媒体的政治意识、主体意识、大局意识。近年来，舆论导向领域出现的与主流意识形态相悖甚至对立的现象，说到底是该领域领导权弱化的结果。在一些领域，领导权没有完全掌握在马克思主义者手中，一些领导理想信念淡漠，缺乏责任感和使命感；一些领导者"爱惜羽毛"，不敢管理、不敢亮剑；一些领导者马克思主义理论水平不强，缺乏辨别是非的能力，"不会管理"，客观上导致了舆论导向上的偏差。因此，要真正把握新闻舆论工作的领导权，最重要的是把领导干部强

---

① 《列宁全集》第4卷，人民出版社1984年版，第316页。

起来，领导班子强起来，按照建设一支立场坚定、作风过硬、业务精良的领导干部队伍的要求，切实加强领导班子建设，将那些信念坚定、为民服务、勤政务实、敢于担当、清正廉洁的领导干部选拔到领导岗位上来。新闻舆论战线在选人、用人上要坚持"又红又专"，尤其强调必须首要的是"红"，这个"红"，就是政治标准，即要把政治标准作为首要标准，就是马克思主义的立场、党性和人民性。因此，把那些在工作中立场坚定、旗帜鲜明、敢于亮剑，有高度的使命感和责任感，真正坚持以马克思主义为指导，始终坚定不移地坚持马克思主义立场观点同时又是该领域的行家的优秀人才选拔出来并重点来培养和使用。

习近平总书记强调，媒体竞争的关键是人才竞争，媒体优势的核心是人才优势。舆论导向工作能否坚持正确的政治方向，新闻舆论队伍是关键因素。忠实履行职责使命，归根到底是要培养造就一支党和人民放心的新闻舆论工作队伍。如何打造这支队伍，提高舆论工作队伍的马克思主义理论素养和水平至关重要。马克思主义科学理论为舆论导向工作指明了根本方向，是舆论导向工作的"主心骨"和"定盘星"。新闻舆论工作者应加强马克思主义基本理论的学习，提高自身的理论素养。中国共产党历来主张新闻舆论与理论的不可分割性。"两论起家""理论当家"是做好新闻舆论工作的重要法宝。习近平总书记指出："政治上的坚定源于理论上的清醒，要自觉加强理论学习，掌握马克思主义立场、观点、方法，同时要用各种科学知识把自己更好武装起来，增强政治敏锐性和政治鉴别力。"[①]实践表明，只有理论上的成熟和彻底，才能有政治上的清醒和坚定。要抓好马克思主义新闻观教育这个"塑魂"工程，引导广大新闻舆论工作者牢固树立辩证唯物主义和历史唯物主义观点，去分析社会、反映现实、传播正能量。

毛泽东历来重视调查研究，在早年主编《湘江评论》时就大力倡导编写人员多编写"能反映实际问题，解决实际问题"的稿件。要以马克思主义唯物辩证法为指导，就要坚持客观与主观的统一，注重理论联系实际，坚持实事求是原则，秉持调查研究的职业精神，坚持"没有调查，就没有发言权"的原则，及时、准确、全面、客观地反映现实世界。充分发挥主

[①]《中共中央政治局召开专题民主生活会》，新华网 2015 年 12 月 29 日（http://news.xinhuanet.com/politics/2015-12/29/c_1117617951.htm）。

观能动性，深入研究和准确把握媒介融合时代的客观规律，准确认识和把握局部真实与全局真实、微观真实与宏观真实、个别真实与整体真实的关系，既准确报道具体事实，又要从宏观上把握和反映全貌，积极唱响主旋律、传播正能量。要正确认识和处理主流与支流、全局与局部、正面与负面等各种矛盾关系，透过现象看到本质，把对新闻事件表面的、感性的初级认识升华为深刻的、理性的、全面的认识，不断提升新闻媒体传播力、公信力、影响力，从而更有效地引领社会舆论。

在新的历史条件下，坚持正确的舆论导向，把握正确的政治方向，更需要坚持马克思主义在意识形态领域的指导地位。当今世界，各种思想文化交流、交融、交锋更加频繁，价值观念相互碰撞，一些错误的社会思潮暗流涌动，意识形态领域的斗争异常尖锐复杂。越是在这样的形势下，越需要马克思主义科学理论的指导，拨开重重迷雾，认清各种错误思潮的本质和危害，澄清各种模糊认识，凝聚起举旗定向、激浊扬清、去伪存真的真理力量，发挥好新闻舆论工作在巩固马克思主义在意识形态领域指导地位的重要作用。时代前进需要向上的主流思想来引领，社会发展需要强大的精神力量来推动，没有坚定的理想和信念，没有统一的思想和意志，就会失去前进的方向和动力。面对复杂多变的国际形势和艰巨繁重的国内现代化建设任务，要求我们始终保持政治上的清醒和坚定，始终坚持马克思主义在意识形态领域的指导地位，高举社会主义文化的旗帜，用一元化的指导思想引领、整合多样化的社会思想，巩固全党全国人民共同奋斗的思想基础，为创造稳定和谐的社会环境提供思想理论支持。这正是坚持正确舆论导向的重要内容。

（二）实践引导：把解决社会问题和化解社会矛盾作为坚持正确舆论导向的根本途径

坚持正确的舆论导向，有利于化解社会矛盾和解决社会问题；反过来，有效化解社会矛盾和解决社会问题，对于坚持正确的舆论导向具有重要作用。因为舆论的本质是社会现实的反映，从根本上解决现实中存在的问题，能够为坚持正确舆论导向提供基础和条件。解决问题需要对症下药。把握舆论形成的原因是坚持正确舆论导向的前提。前面已述及，英国《大不列颠百科全书》所讲的构成舆论的四个要素中，其中第一个是"必须有一个问题"①；我国学者陈力丹提出舆论构成的八要素，其中第二个是舆论的客体②，即现实社会以及各种社会现象、问题。这表明，舆论形成及传播的前提，是有一个问题的存在，或者说，舆论往往是针对某一事件而形成的。这些事件实际上是现实社会各种矛盾和问题的集中反映。舆论是众人对社会现象的态度和意见，任何社会任何时期都存在舆论现象，即使在社会稳定时期，也存在舆论引导问题。因此，从这个意义上说，舆论引导是社会的一种常态。但是，"一个高度传统化的社会和一个已经实现了现代化的社会，其社会运行是稳定而有序的，而一个处在社会急剧变动、社会体制转轨的现代化之中的社会往往充满着各种社会冲突和动荡"③。因此，社会转型期往往是舆论事件的高发期。

改革开放以来中国经济社会的重大变革，在推进社会进步的同时，也带来诸多的社会矛盾和社会问题。建设中国特色社会主义是前无古人的崭新实践，不可避免地出现一些问题和矛盾，有时问题还很严峻，矛盾还很尖锐。对此，既不能草木皆兵、惊慌失措，但也不能若无其事、掉以轻心，必须从战略的高度给予高度重视。因为，不是任何事件、信息和议论都能引发舆论风波，能够引发舆论风波的事件，一般都是关注度高的问题。当前我国的舆论事件主要还是由于当前社会现实问题引发的，舆论只是社会巨大变迁影响下的表层和现象。因此，在当前，要坚持正确的舆论导向，应着力现实社会中的问题和矛盾，从而减少和消除引发舆论事件的根源。

一是着力解决民生问题。通过科学发展做实惠民工程，力争在民生这一根本点上少出问题乃至不出问题。所谓"民生问题"，顾名思义，即人民生活问题，其内涵是动态发展的，不同时期和同一时期的不同阶段人民对民生问题有不同的期待和诉求。一般而言，民生问题的内涵可以界定为直接与人民群众的生存、生活和发展息息相关的各种问题，内容主要包括住房、就业、教育、医疗卫生、社会保障、食品安全、生态环境等问题。民生问题是广大人民群众最关心、最直接、最现实的利益问题。而物质利益无疑是最深层的根源，利益调整而引发利益失衡，是现阶段我国社会问

---

① 转引自时蓉华《社会心理学》，浙江教育出版社1998年版，第556页。
② 陈力丹：《舆论学——舆论导向研究》，中国广播电视出版社1999年版，第11页。
③ [美]塞缪尔·亨廷顿：《变化社会中的政治秩序》，王冠华等译，生活·读书·新知三联书店1989年版，第40—41页。

题和社会矛盾的实质所在。这些问题如果长期不能得到很好的解决就容易引发社会矛盾，并借助某一突发事件而引发舆论风波。

必须承认，改革开放以来，我们在解决民生问题上取得了巨大成就。尤其是党的十八大以来，以习近平同志为核心的党中央，把人民对民生问题的愿望和要求、人民对美好生活的向往，确立为新一届领导集体的奋斗目标，并通过深化改革越来越接近这个目标。但也必须看到，这方面的问题仍然比较突出。中国社会科学院社会学研究所在2008年进行了一项"中国社会状况综合调查"，针对当前亟待解决的18个社会问题调查了公众的看法。公众认为最为严重的前三项是"物价上涨""看病难、看病贵"和"收入差距过大"；排位第四到第七的分别是"就业失业""住房价格过高""贪污腐败"以及"养老保障"；排在第八至第十位的分别是"环境污染""教育收费"和"社会治安"。除了"物价上涨"属于阶段性问题外，其余社会问题的排序和2006年的调查结果相比没有明显的变化。① 以上10个社会问题除"贪污腐败"外，均为民生问题。调查结果一方面表明，民生问题已成为重要的社会问题，处理不当，将成为社会矛盾和冲突的诱发因素；另一方面表明，近年来公众关注的民生问题还没有得到妥善解决，由此导致的社会矛盾特别是公众的不满情绪仍在积累之中。中国社会科学院蓝皮书显示：近年来，每年因各种社会矛盾而发生的群体性事件多达数万起甚至十余万起。群体性事件的形成原因，以征地拆迁冲突、环境污染冲突和劳动争议为主。征地拆迁引发的群体性事件占一半左右，环境污染和劳动争议引发的群体性事件占30%左右。《2014年中国法治发展报告》对近14年间的群体性事件特点进行了梳理，发现过半数以上的群体性事件是由平等主体间的纠纷引发，而官民矛盾引发的纠纷位居其次。近年来，党和政府以及社会各方面努力化解社会矛盾冲突，以及随着大规模的城市化过程中征地拆迁工作的结束，与此相伴随的社会矛盾、社会冲突以及上访和群体性事件也有所缓和。但社会矛盾冲突仍有反弹现象。其中，"征地拆迁矛盾、劳动关系冲突、环境污染问题、城管执法问题，继续成为社会矛盾冲突多发频发的主要诱因"。大量的民生问题不能得到很好地解决，在一定程度上使人们对政府的信任度下降，导致部分人出现对改革的成效和社会主义

---

① 汝信、陆学艺、李培林：《2009年中国社会形势分析与预测》，社会科学文献出版社2008年版，第24—25页。

的优越性的质疑，这影响了社会主义的形象和社会主义制度的巩固，也影响了社会成员对改革开放基本国策和中国特色社会主义制度的认同感，并最终影响了改革开放和中国特色社会主义事业的成败。

社会主义的目标是要实现共同富裕、人民幸福。我们改革开放的目的，就是要通过改革来发展经济，最终实现人民幸福。因此，党和国家要把满足人民群众基本的民生诉求作为自己的责任和使命，将解决民生问题放在经济社会发展全局和深化改革的首要位置，并将改善民生的政策进一步制度化。这是中国共产党全心全意为人民服务宗旨的必然要求。因此，要坚持正确的舆论导向，必须解决社会问题和化解社会矛盾，从而消除引发舆论事件的深层根源。有效解决民生问题，可以坚定广大干部群众的社会主义中国特色社会主义制度信念，对于维护社会稳定和巩固执政党的地位具有重要意义。这正是坚持正确舆论导向新的核心内容。

二是着力解决腐败问题。"腐化是指国家官员为了谋取个人私利而违反公认准则的行为"，"腐化的形式大都涉及政治行为和经济财富之间的交易"。[①] 党政官员腐败问题一直是我国社会矛盾的焦点、社会不公的源头和社会风气的污染源。《人民论坛》2009年第24期公布的"未来10年10大挑战"调查报告显示，排在首位的挑战就是"腐败问题突破民众承受底线"。可见，腐败问题已成为社会主义和谐社会建设的一大障碍。2012年，《人民论坛》进行的"国家级课题"调查报告显示，"腐败多发高发，反腐不力亡党亡国，如何跳出历史周期律"成为公众推举的第一难题，总得票率达100%。腐败造成的不仅仅是经济上的损失，它所造成的政治影响和社会危害是用金钱所无法衡量的。腐败问题不仅严重侵蚀社会主义肌体，在很大程度上阻碍着中国的发展，而且严重损害了党群、干群关系，极易引发舆论风波。

密切联系群众，是中国共产党的性质和宗旨的体现，是中国共产党区别于其他政党的显著标志，也是党发展壮大的重要原因。能否保持党同人民群众的血肉联系，决定着党的事业的成败。我们党历来高度重视党干群关系问题，毛泽东将其比作"鱼水关系"。密切党群、干群关系，保持同人民群众的血肉联系，始终是我们党立于不败之地的根基。民者，国之本

---

① [美] 塞缪尔·亨廷顿：《变化社会中的政治秩序》，王冠华等译，上海人民出版社2008年版，第45、50页。

也。天下兴亡，系于民心向背，历史上封建统治者尚且知晓"水可载舟，亦可覆舟"的道理；20世纪末的苏东剧变，则说明了执政党在对待人民群众这一根本问题上不能保持清醒的头脑，不但会在实践中走弯路，而且会遭到人民群众的抛弃。这绝不是危言耸听。党和国家的命运，根植于人民群众的根本利益之中。人民群众是我们党存在和发展的根本，群众路线是我们党的根本工作路线，也是我们党的生命线。正因为如此，改革开放以来，我们党一直非常重视群众工作。邓小平提出了执政党的党风是关系党的生死存亡的问题，强调党的各项政策和工作，必须以人民拥护不拥护、赞成不赞成、高兴不高兴、答应不答应，作为出发点和归宿，作为衡量一切工作的标准。江泽民指出："历史和现实都表明，一个政权也好，一个政党也好，其前途命运最终取决于人心向背，不能赢得最广大人民的支持，就必然垮台。"①"我们党来自人民，植根于人民，服务于人民。建设有中国特色社会主义全部工作的出发点和落脚点，就是全心全意为人民谋利益。"② 胡锦涛提出："相信谁、依靠谁、为了谁，是否始终站在最广大人民的立场上，是区分唯物史观和唯心史观的分水岭，也是判断马克思主义政党的试金石。""坚持以人为本、实现科学发展、构建社会主义和谐社会、建设社会主义新农村、建设创新型国家等重大任务，同样是为了顺应人民意愿、实现人民利益。"③ 习近平总书记2013年6月18日在党的群众路线教育实践活动工作会议上指出："在任何时候任何情况下，与人民同呼吸共命运的立场不能变，全心全意为人民服务的宗旨不能忘，群众是真正英雄的历史唯物主义观点不能丢，始终坚持立党为公、执政为民。""得民心者得天下，失民心者失天下，人民拥护和支持是党执政的最牢固根基。人心向背关系党的生死存亡。党只有始终与人民心连心、同呼吸、共命运，始终依靠人民推动历史前进，才能做到哪怕'黑云压城城欲摧'，'我自岿然不动'，安如泰山、坚如磐石。"④

在新的历史时期，我们党同人民群众的关系从总体上讲是健康和谐的，但也存在着一些问题和矛盾。干群出现矛盾，从根本上说，是干部没有发挥

---

① 《江泽民文选》第3卷，人民出版社2006年版，第129页。
② 《江泽民文选》第2卷，人民出版社2006年版，第45页。
③ 胡锦涛：《在学习"三个代表"重要思想理论研讨会上的重要讲话》，《人民日报》2003年7月2日第1版。
④ 《习近平谈治国理政》，外文出版社2014年版，第367、368页。

好"骨干"和"公仆"作用。在少数领导干部那里，老百姓给予的权力，不是用来为国为民造福，反而成了损害人民利益和伤害百姓的身心、为个人谋取利益的工具。在少数领导干部身上发生的权钱交易和侵吞国家财产等腐败和非法行为，势必严重损害最广大人民的根本利益，导致社会上一些人对马克思主义和共产主义的理想信仰、社会主义的信念、改革开放和现代化建设的信心、党和政府的信任均出现不同程度的困惑和质疑，进而影响广大人民群众对党的信任和支持以及对未来发展的信心，破坏党和群众的联系，削弱我们党执政的社会基础，严重威胁党的执政地位的巩固和领导作用的发挥。影响我们党政治优势的发挥，影响社会的稳定和发展。长期以来积累下来的干群矛盾、官民矛盾并未彻底解决，尤其在人们的心目中留下了深深的印象，那就是当官的没有好东西，逢官必腐、逢官必贪，因而"逢官必疑"成为一些人的思维定式，导致政府公信力下降（他们是公权力的象征）。而当失去公信力时，就会出现"塔西佗陷阱"，即古罗马伟大的历史学家塔西佗所说的："当一个政府或部门失去公信力时，不论说真话还是假话，做好事还是坏事，都会被认为是说假话，做坏事。"[①]

党的十八大以来，以习近平同志为核心的党中央把党风廉政建设紧紧抓在手上，从中央八项规定到反对"四风"，从党的群众路线教育实践活动到"三严三实"专题教育，党中央言必信、行必果，以身作则、率先垂范，党风政风为之一振、社情民风为之一新。人民群众对干部清正、政府清廉、政治清明的殷切期盼正在逐步变为现实。新一届领导集体对打击腐败的决心也让公众对未来几年有效破解腐败难题充满信心。但是，面对防治力度加大和腐败现象易发多发并存，群众对反腐败期望值不断上升和腐败现象短期内难以根治并存的现实，反腐败斗争形势依然严峻、任务依然艰巨。"反腐不力亡党亡国"，如何跳出历史周期律，破解这一世界性难题，是对我们党的严峻考验。我们党来自人民、植根人民、服务人民，党的根基在人民、血脉在人民、力量在人民。失去了人民拥护和支持，党的事业和工作就无从谈起。历史的经验告诉我们，中国共产党作为执政党，肩负着中华民族伟大复兴的历史重任，要想高质量地完成这项艰巨使命，就必须密切联系群众、依靠群众。这是中国共产党全心全意为人民服务宗

---

① 转引自韩宏伟《超越"塔西佗陷阱"：政府公信力的困境与救赎》，《湖北社会科学》2015年第7期。

旨的必然要求。有效遏制腐败，处理好党群、干群关系，对于维护社会稳定和巩固执政党的地位具有重要意义。这正是坚持正确舆论导向的重要内容。

（三）环境引导：把引导复杂多变的舆论生态良性发展作为坚持正确舆论导向的关键环节

人与环境是相互作用的辩证关系。18世纪法国唯物主义者提出"人是环境的产物"，包含着唯物主义的因素但其本质是唯心主义的。马克思、恩格斯批判了旧唯物主义片面夸大环境对人的决定作用的观点，在《德意志意识形态》中提出了有关人与环境的关系的经典论断——"人创造环境，同样，环境也创造人。"① 正因为如此，在现实中，我们既要重视人在改造环境中的主体作用，同时也不能忽视环境对人的影响作用。当下，互联网无疑构成了对人们影响最大的"空间环境"。

舆论是社会中相当数量的人对于一个特定话题所表达的个人观点、态度和信念的集合体。由于社会客观存在着不同的甚至是对立的社会群体，他们的利益诉求、价值观、信念、情感等是不同的，因而也就必然出现不同的舆论。中国社会转型传统利益格局的打破，是我国当下多元舆论生态产生的社会现实基础。但是，社会舆论生态的失衡，与新媒体的信息传播有直接的关系。因此，如何培育健康的舆论生态环境，建设积极向上的新媒体文化，成为当前我国舆论引导工作的重要任务。

毋庸讳言，当前我国社会已经形成一个多元的舆论生态环境。"当前舆论场的形成与发展日趋多样化，既有官方舆论场与民间舆论场、精英舆论场与大众舆论场，也有群体舆论场与个人舆论场、利益群体舆论场与看客舆论场，还包括各种网络舆论场以及各种圈子形成的舆论场。"② 这种舆论环境的形成，既与我国社会改革引发的传统利益格局被打破有关，也与当代新媒体的信息传播直接相关。

所谓"新媒体"，是相对于原有的报纸、杂志、广播、电视等传统媒体而言的，一般认为是指依赖于新的网络技术而出现的新兴媒体，被称为是继报纸、杂志、广播、电视等传统媒体之后出现的"第四媒体"。广义

---

① 《马克思恩格斯选集》第1卷，人民出版社1995年版，第92页。
② 赵成斐：《多元舆论场中党的舆论引导能力研究》，《政治学研究》2014年第1期。

上包括所有数字化的传统媒体、网络媒体、移动端媒体、数字电视、数字报刊等媒体形式，狭义一般是指手机、微博、微信等微媒体形式。中国是新兴媒体相对发达的国家，拥有全世界最大的用户群体。随着互联网的普及率迅速上升，尤其是微博、微信、客户端等新兴媒体的快速发展，传媒格局发生了深刻变化，中国进入了一个"人人都有麦克风""人人都是通讯社""人人都是信息发布者""人人都是评论员"的"自媒体"时代。随之形成了一个有别于传统舆论环境的新舆论生态。网络、微博、微信等新媒体对舆论生态的影响越来越大，"众声喧哗"成为舆论环境的常态。

新媒体具有互动性、偶发性、碎片化、个性化等特征，具有传播快捷、沟通便畅、公开透明、表达自由等优势。"新媒体突破了传统信息传播的时空限制，初步实现与受众生活的无缝衔接、全程参与和全面覆盖，开启了媒体全面参与人们生活的新时代。"[①] 网络、微博、微信等新媒体提供了一个强大的传播信息、表达声音的平台，成为不同利益群体进行利益表达的方式。给每个社会成员提供了表达机会，特别是弱势群体维护基本权益的平台。新媒体的出现不仅是人类传播方式的革命，也为政府提高工作效率和民众参与社会管理开辟了广阔前景。各级政府都认识到网络对于传达民意的重要性，纷纷开通政务微博，积极通过网络、微博等形式与民众进行交流沟通了解社情民意，发布各种信息接受群众的监督和批评。新媒体提供了一个强大的传播信息平台，为每个社会成员提供了表达意见的机会和表达诉求的新渠道，并提供了公民参与公共事务的接口，全民"织围脖""刷微信"，或发布"新闻"，或传播信息，或表明态度和倾向。新媒体提供了表达诉求新的渠道，提供了公民参与公共事务的接口，带动了社会进步，因而成为社会舆论生态中正常、合理的组成部分。

然而，就是这样一个本来给人们带来诸多好处的新媒体，却成了一些人任性妄为、肆无忌惮、胡作非为的场所。新媒体的即时性、自主性、开放性和互动性为人们提供了一定程度的话语自由，但这里的自由同时也带来了很多负面的东西。一些人不负责任地发布不实消息、夸大甚至肆意捏造事实造谣惑众，一些人站在自己的主观立场上进行片面评论，把网络当成非理性宣泄的场所，对网络不良情绪的泛起起到了推波助澜的作用。

---

① 姜华：《新媒体时代大学生思想政治教育面临的挑战与应对》，《思想政治教育研究》2015年第3期。

"网络推手""网络水军"利用一些事件不时掀起舆论风暴,新媒体成为许多公共话语和公民行动的策源地,甚至成为"无组织的组织力量"。特别是微博的兴起,使舆论场更加充满变数和不可控性。微博作为一种"点对面"的即时通信工具,通过社会传播,成为一种"生活化媒体"。一些事件通过微博转发而被"围观"放大成为极具轰动效应的重大舆论事件,引发人们的普遍关注,从而制造出巨大的舆论场。近年来,几乎所有的重大舆论事件无不是通过网络、微博微信的传播而发酵的。例如,2012 年的"北京长安街枪战"事件,2013 年"南周"新年献词事件。2014 年 2 月,东莞扫黄行动,本来是一场揭丑黜恶的正义之举,一个是非明确的事件,竟也在网络上搅起了不小的舆论风波。这些片面、虚假甚至捏造的信息,不仅混淆视听、误导民意,损害国家的整体形象,降低政府公信力,更值得注意的是,一些势力操纵网络舆论,编造政治谣言,恶意抹黑党和政府形象,削弱社会主义主流价值观的认同度,腐蚀和瓦解我们党的执政根基。

习近平总书记强调,要把网上舆论工作作为宣传思想工作的重中之重来抓。① 这充分体现了党中央的与时俱进和对互联网发展趋势的准确把握,对于我们坚持正确的舆论导向显得尤为重要。因为"在多元舆论场共生共存的新媒介环境下,呈现出诸如民间舆论场隐匿、媒体审判、舆论泛社会化等一系列安全隐患"②,新媒体作为一种载体,它本身是中性的东西,正如西方学者埃瑟·戴森所言:"数字化的世界是一片新的疆土,可以释放难以形容的生产能量,但它也可能成为恐怖主义和江湖巨骗的工具,或是弥天大谎和恶意中伤的大本营。"③ 这就是我们所说的"双刃剑"。当前,新兴媒体已成为意识形态舆论引导的重要领域,成为各种意识形态和价值观念传播和争夺的前沿阵地,成为舆论斗争的主战场。

诚然,"网上"的问题根源于"网下"。从根本上说,当前我国舆论生态的良性发展,一是要解决那些诸如利益、公平等所引发的社会矛盾,从而消除引发舆论事件的根源。二是要建立健全法律法规,运用法律武器管

---

① 习近平:《胸怀大局 把握大势 着眼大事 努力把宣传思想工作做得更好——在全国宣传思想工作会议上的讲话》,《人民日报》2013 年 8 月 21 日第 1 版。
② 胡锦玉:《新媒介环境下党的舆论引导能力建设》,《贵州社会科学》2016 年第 12 期。
③ [美] 埃瑟·戴森:《2.0 版数字化时代的生活设计》,胡泳等译,海南出版社 1998 年版,第 17 页。

好舆论，从而对正确舆论引导提供有力保障。但是，要引导作为精神属性的社会舆论，最直接的途径还是要发挥主流意识形态的重要作用，牢牢掌握舆论工作的领导权和主动权，不断改进党对新媒体舆论工作的领导。可以说，意识形态工作的重要功能，就是做好社会舆论的引导工作，营造良好的社会舆论环境。舆论可以诱导社会思潮、影响意识形态。可见，掌握舆论和引导舆论，是意识形态工作的重要内容。意识形态作为一定阶级或社会集团政治制度、经济形态和根本利益的自觉反映，是理论化、系统化的思想观念体系，其重要功能就是引导整个社会和全体社会成员形成符合自身的思想观念、理想信念、道德信仰、价值取向和行为方式。坚持正确的舆论导向，是我们党对意识形态或思想宣传工作的根本要求。思想宣传工作部门与各类媒体在反映舆论、评介舆论的过程中有选择地进行宣传报道，对社会舆论起到正确的引导作用，从而体现着党的执政能力在意识形态领域的控制力和影响力。

在新媒体时代舆论生态的复杂态势的当下，正确的舆论引导尤显重要。面对新媒体复杂的舆论环境，我们必须牢牢掌握舆论工作领导权和主动权，加强和改进党对新媒体舆论工作的领导。领导干部要自觉培养舆论意识，增强政治意识、大局意识、责任意识、危机意识，从全局和战略的高度，切实把网上舆论工作摆上重要位置，解放思想、实事求是、改革创新。各级党委和政府要从全局高度、战略高度，切实把网上舆论工作摆上重要位置，列入重要议事日程。主要负责同志要亲自抓，把全党动手和部门负责相结合，形成全党全社会共同做网上舆论工作的良好格局。领导干部要自觉培养舆论意识，提高舆论引导水平和运用舆论力量推进工作的能力，善于通过新媒体来了解社情民意、了解群众关心的热点问题和群众的倾向性意见。"在舆论宣传中，把握好话语时机既要抢占话语先机，又要抓准时间节点"，"抓准了时间节点，才能做到抓关键抓重点，适应民众的关注点，有效化解公众的思想疑虑"。[①] 要及时发布正确的舆论信息，引导公众扫除疑惑、清除不良信息、清理掉垃圾信息。对那些模糊认识和社会情绪以及人们普遍关注的社会热点问题进行有效的阐释、引导和疏导。同时，要切实加强人才队伍建设，要加强网络编辑从业人员管理，开展大规

---

① 王娟、骆郁廷：《论新形势下我国网络舆论引导能力的提升》，《思想理论教育导刊》2012年第11期。

模培训，形成一支政治素质高、业务能力强的网络人才队伍。加强阵地建设，有效地应对复杂的新媒体舆论场。要坚持正面宣传为主，深入开展中国特色社会主义和中国梦的宣传教育，大力弘扬主旋律、积极传播正能量。加强和改进舆论引导，以马克思主义为指导，对新媒体中的各种思潮、模糊认识和社会情绪以及普遍关注的社会热点问题进行有效的阐释、引导和疏导，使其成为党的舆论宣传的重要载体和阵地。要积极培育健康向上的新媒体文化，构建和谐有序的舆论生态环境，从而引导复杂多变的舆论生态良性发展。

总之，坚持正确的舆论导向来有效引导舆论，关涉党的执政安全和国家安全，在当前国际国内形势异常复杂、舆论引导工作面临严峻挑战的现实条件下，做好当前的舆论引导工作，必须着力解决引发舆论事件根源的社会问题和社会矛盾，必须着力提高引导复杂多变的舆论生态的能力和水平，必须着力健全和完善保障正确舆论导向的体制机制。只有一方面坚持思想领域本身的引导，巩固马克思主义在我国意识形态领域中的指导地位，坚持用社会主义核心价值观引领社会风气，同时又突破那种仅仅局限于引导本身"就引导而抓引导"的常规思维，以全新的思维和理念，"跳出引导抓引导"，注重从源头抓起，切实找准舆论引导的"着力点"，才能卓有成效地做好当前的舆论引导工作。

第二章 坚持正确舆论导向对体制机制的要求

舆论导向与舆论引导既有区别又有联系。舆论导向是指舆论引导的正确方向，而舆论引导则是如何使这一导向得以实现的具体方法途径。前者强调鲜明的意识形态立场；后者则是在明确舆论导向前提下的具体层面的操作。只有正确的舆论导向，才能保证在具体的引导中的方向正确；只有提高舆论引导能力，才能使正确的舆论导向得以实现。真正实现舆论导向的正确性，固然需要多方面的条件，但在当前的形势下，对体制机制提出的要求更高。正确舆论导向和舆论引导的体制机制，是指能够保障舆论向着既定方向发展的制度、体制、手段、方式等的总和。正确的舆论导向和有效的舆论引导都依赖于体制机制的完善及其严格的执行。因此，这是坚持正确舆论导向的关键。

一 舆论导向为舆论引导指明方向

很多人包括一些研究者，都将"舆论导向"与"舆论引导"等同，认为舆论导向也就是舆论引导。这是不准确的。的确，"舆论导向"与"舆论引导"密不可分，有时也是一个问题。但严格说来二者是有区别的。舆论引导是有方向的，任何舆论引导都是向着一个方向引导的，这就是"舆论导向"问题。舆论导向是指社会的舆论宣传、舆论传播、舆论引导所持有的政治方向。任何舆论宣传、舆论传播、舆论引导都是有方向性的，有的是鲜明的，有的是隐晦的；有的是正确的，有的是错误的，但没有方向或"中立"的舆论引导是不存在的。正确的舆论导向能够引导社会舆论向正确的方向发展，形成一个良好的舆论环境，对社会文明进步起促进作用。而错误的舆论导向则会引导社会舆论向错误的方向发展，所形成的舆论环境会阻碍社会的进步。

"舆论导向"主要是指舆论宣传要坚持正确的政治方向。这一概念是1994年江泽民同志在全国宣传思想工作会议上正式提出的,同时明确指出了"舆论导向"的内容,即"坚持正确的舆论导向,就是要造成有利于进一步改革开放,建立社会主义市场经济体制,发展社会生产力的舆论;有利于加强社会主义精神文明建设和民主法制建设的舆论;有利于鼓舞和激励人们为国家富强、人民幸福和社会进步而艰苦创业、开拓创新的舆论;有利于人们分清是非,坚持真善美,抵制假恶丑的舆论;有利于国家统一、民族团结、人民心情舒畅、社会政治稳定的舆论。"[1] 1996年江泽民同志在视察人民日报社时又进一步强调舆论导向的重要性:"舆论导向正确,是党和人民之福;舆论导向错误,是党和人民之祸。"[2] 2008年6月,胡锦涛同志在人民日报社考察工作时强调,舆论引导正确,利党利国利民;舆论引导错误,误党误国误民。要牢固树立政治意识、大局意识、责任意识、阵地意识,把坚持正确导向放在新闻宣传工作的首位。2016年2月19日,习近平总书记在新闻舆论工作座谈会上的讲话中强调,必须把政治方向摆在第一位,牢牢坚持党性原则,牢牢坚持马克思主义新闻观,牢牢坚持正确舆论导向,牢牢坚持正面宣传为主,并具体讲了八个方面的导向,丰富了舆论导向的内涵。

当前,坚持正确舆论导向,是指一切舆论发布、舆论宣传、舆论传播者,都必须坚持党性与人民性相统一的政治立场,担当起宣传马克思主义和中国特色社会主义、社会主义核心价值观以及党和国家的路线方针政策的政治责任,努力促进全社会的和谐有序与健康发展。坚持正确舆论导向的实质是坚持正确政治方向,其核心内容是坚持党性原则,坚定不移地与党中央保持高度一致;坚持人民性的价值取向,反映人民期盼、维护人民利益;强调党性与人民性的高度统一。同时,坚持正确舆论导向还包括多方面的内容:努力营造有利于改革发展的舆论,有利于人们分清是非、坚持真善美、抵制假恶丑的舆论,有利于加强社会主义精神文明建设和民主法制建设的舆论,有利于鼓舞和激励人们艰苦创业、开拓创新的舆论,有利于国家统一、民族团结、社会政治稳定的舆论。

---

[1] 中共中央文献研究室编:《十四大以来重要文献选编》上,人民出版社1996年版,第654页。
[2] 《江泽民文选》第1卷,人民出版社2006年版,第564页。

第一,坚持党性原则,坚定不移地与党中央保持高度一致。

新闻舆论是意识形态的特殊性,新闻舆论工作是社会政治上层建筑的重要组成部分,必然具有鲜明的阶级性和党性。在无产阶级政党建立之初,马克思就强调,"党派名称对政治性报刊来说则是一种必要的范畴"①。"党的机关报必须和党站在同一观点的立场上,忠实地宣传党的观点。"②中国共产党创造性地发展了马克思主义关于媒体的党性思想。毛泽东曾指出:"报纸同政治关系密切,甚至有些形式,有些编排,就表现记者、编辑的倾向,就有阶级性、党派性了。"③习近平总书记强调,"党和政府主办的媒体是党和政府的宣传阵地,必须姓党"④。坚持党管媒体,事关党的执政地位,事关中国特色社会主义事业,因此,在任何时候都不能动摇。

坚持党性原则,最根本的是始终坚持党对新闻舆论工作的领导。毛泽东曾指出,革命要靠二杆子:"枪杆子"和"笔杆子"。党不仅要指挥"枪杆子",也要指挥"笔杆子"。党管媒体、党管笔杆子,如同党管军队、党管枪杆子一样,是坚持党的领导不可动摇的基本原则,是党在长期实践中形成的根本原则,也是任何时期做好新闻舆论工作的根本保证。习近平总书记指出,"要坚持党管媒体原则,严格落实政治家办报要求,确保新闻宣传工作的领导权始终掌握在对党忠诚可靠的人手中"⑤。在当今世界范围内各种思想文化交流、交融、交锋更加频繁,国内社会思想多元多样多变特征日益凸显的形势下,只有把新闻宣传工作的领导权牢牢掌握在忠于马克思主义、忠于党、忠于人民的人手中,才能确保新闻宣传工作在风云变幻的历史进程中保持政治定力。

坚持党性原则,核心是新闻舆论工作要坚决维护中央权威。党和政府主办的媒体是党和政府的宣传阵地,必须姓党。党的新闻舆论工作,必须体现党的意志、反映党的主张,维护党中央权威、维护党的团结,切实增强政治意识、大局意识、核心意识、看齐意识,切实做到在党言党、在党

---

① 《马克思恩格斯全集》第1卷,人民出版社1995年版,第125页。
② 吴廷俊:《马列新闻活动与新闻思想史》,华中理工大学出版社1992年版,第168页。
③ 吴冷西:《忆毛主席》,新华出版社1995年版,第36—37页。
④ 《习近平在党的新闻舆论工作座谈会上强调:坚持正确方向创新方法手段 提高新闻舆论传播力引导力》,《人民日报》2016年2月20日第1版。
⑤ 习近平视察解放军报社,新华网2015年12月26日北京电。

兴党，在思想上政治上行动上同党中央保持高度一致。新闻舆论工作者要不断增强政治敏锐性和政治鉴别力，在众声喧哗的舆论生态中保持政治定力，在思想上政治上排除各种干扰、消除各种困惑，坚持正确立场、坚持正确方向。

坚持党性原则，当前的重点是确保新闻媒体全方位和全过程的讲党性、讲政治。2016年2月19日，习近平总书记在党的新闻舆论工作座谈会上的讲话中强调"必须把政治方向摆在第一位"，并具体指出：党的新闻舆论媒体的所有工作，都要体现党的意志、反映党的主张，维护党中央权威、维护党的团结，做到爱党、护党、为党；都要增强看齐意识，在思想上政治上行动上同党中央保持高度一致；都要坚持党性和人民性相统一，把党的理论和路线方针政策变成人民群众的自觉行动，及时把人民群众创造的经验和面临的实际情况反映出来，丰富人民精神世界，增强人民精神力量。同时又明确提出了"八个讲导向"。因此，坚持党性原则，坚持把政治方向摆在第一位，绝不仅仅是主流媒体的事情。在社会主义的中国，无论是主流媒体还是非主流媒体，无论是传统媒体还是新兴媒体，在坚持党性原则这一点上没有例外。

第二，坚持人民性的价值取向，反映人民期盼、维护人民利益。

中国共产党是最广大人民利益的忠实代表者，因而中国共产党与人民的根本利益是一致的，党除了工人阶级和最广大人民群众的利益，没有自己特殊的利益。在中国共产党领导下的社会主义中国的新闻媒体，是党的媒体，也是人民的媒体。全心全意为人民服务是中国共产党的根本宗旨，也是社会主义新闻舆论工作的唯一宗旨。因此，我们的新闻舆论工作，从根本上说，就是要维护好党和人民的利益。

"人民性"是马克思主义区别于其他任何理论最本质的理论品性。马克思主义的这一重要特征，体现在无产阶级革命和建设实践的各个领域。作为党的事业重要组成部分的新闻舆论工作，也必然体现出人民性的特征。马克思说："报刊按其使命来说，是社会的捍卫者，是针对当权者的孜孜不倦的揭露者，是无处不在的耳目，是热情维护自己自由的人民精神的千呼万唤的喉舌。"[①] 江泽民同志指出："政治问题，从根本上说，就是

---

① 中国社会科学院新闻研究所编：《马克思恩格斯论新闻》，新华出版社1985年版，第234页。

对人民群众的态度问题和同人民群众的关系问题。"① 习近平总书记在"8·19讲话"中强调，坚持人民性，就是要把实现好、维护好、发展好最广大人民根本利益作为出发点和落脚点，坚持以民为本、以人为本。

新闻舆论工作坚持人民性的政治立场与价值取向，就是要在工作中坚持人民群众创造历史的马克思主义观点，体现我们党立党为公、执政为民的先进性，体现社会主义人民当家作主的制度特征。新闻舆论工作要坚持以人民为中心的工作导向，尊重人民主体地位，向群众学习、拜群众为师、从群众中汲取智慧和力量，坚持贴近实际、贴近生活、贴近群众，倾听人民心声，关注人民创造，忠实记录人民群众创造历史的伟大进程，及时把人民群众创造的经验和面临的实际情况反映出来，丰富人民精神世界，增强人民精神力量。

第三，弘扬主旋律、传播正能量，不断巩固壮大主流思想舆论。

主旋律是社会思想的主心骨，正能量是社会发展的动力源。弘扬主旋律，传播正能量，可以为坚持和发展中国特色社会主义提供强大精神动力和舆论支持，可以抵制各种消极不良的思想舆论，营造积极健康向上的社会氛围。弘扬主旋律、传播正能量，是新形势下做好舆论导向工作的行动指南和必须遵循的重要方针，巩固壮大积极健康向上的主流舆论是舆论导向工作的责任与使命。可以说，我们的舆论导向工作，就是要通过主旋律的弘扬和正能量的传播，来激浊扬清、统一思想、凝聚力量，激发全社会团结奋进的精神动力。

近年来，网络负面信息和舆论屡禁不止甚至甚嚣尘上，有的只抓一点无限放大，含沙射影地贬低中国政府和中国共产党，否定马克思主义指导思想和社会主义制度，有的则直接肯定和赞扬其他国家与政党以及反马克思主义和反社会主义理论。其实质和最终目的就是否定我们党和政府，否定我们的主流意识形态。这些负面信息和舆论，很多都是精心准备的。比如帮助老人反受其害，比如天价饭菜、某位明星酒吧一夜花费几百万，等等。这些负能量极大地增加了社会的不稳定性，使越来越多的人对社会感到冷漠、缺乏安全感、心里不平衡，似乎虽然人们的生活水平在提高，但幸福感却在下降。在这种情况下，弘扬主旋律、传播正能量，不断巩固壮大主流思想舆论，具有极其重要的意义。

---

① 江泽民：《论党的建设》，中央文献出版社2001年版，第281页。

中国共产党历来重视舆论斗争，新中国诞生以来，无论是对党和人民奋斗历程的宣传教育，还是社会主义建设、改革开放重大成就和进步的宣传教育，或者是先进人物先进典型的宣传教育，都取得了显著成效，极大地振奋了民族精神，夯实了全国各族人民团结奋斗的思想基础，为不断推进中国特色社会主义事业提供了精神力量。今天，我们正在进行具有许多新的历史特点的伟大斗争，面临着前所未有的复杂局面。国际形势在风云变幻中经历着大变局，我国社会深刻变革，对外开放不断扩大，各种社会矛盾和问题相互叠加、集中呈现，人们思想活动的独立性、选择性、多变性、差异性明显增强，思想舆论领域出现一些不容忽视的现象。在深化改革、攻坚克难，应对巨大挑战的关键时期，我们更要坚持正确的舆论导向，在事关大是大非和政治原则问题上，增强主动性、掌握主动权、打好主动仗，找准思想认识的共同点、利益关系的交汇点、化解矛盾的切入点，帮助干部群众划清是非界限、澄清模糊认识，从而引导社会情绪、社会心理朝着积极健康的方向发展。发挥正面宣传的作用，多宣传那些感动人、温暖人、教育人、引导人、鼓舞人、激励人的正面典型事迹，以此来引领社会风气。要充分利用网络的作用，理直气壮地唱响网上主旋律，让网络成为宣传社会正能量的重要渠道。要加强网络社会管理，加强网络新技术新应用的管理，形成网上正面的舆论强势。总之，坚持正确的舆论导向，就是要弘扬主旋律、传播正能量，不断巩固壮大主流思想舆论，鼓舞干劲、增强信心、凝聚共识，提振全社会的精气神，激发全社会的强大力量，汇聚起为全面建成小康社会、实现中华民族伟大复兴中国梦的强大正能量。

第四，助力社会矛盾的化解，维护社会和谐与稳定。

2016年2月19日，习近平总书记在党的新闻舆论工作座谈会上的讲话中强调，党的新闻舆论工作是党的一项重要工作，是治国理政、定国安邦的大事。舆论引导工作事关社会的和谐稳定与安定团结。尽管舆论往往成为激化社会矛盾的"易燃易爆点"，成为影响社会稳定的重要因素，但现实社会的各种矛盾和问题则是舆论形成和传播的最终根源。因而推动社会矛盾的化解就成为新形势下做好舆论导向工作的重要内容。可以说，我们的舆论导向工作，就是要通过回应关切、解达诉求、解疑释惑，来消除误解、统一思想、凝聚力量，维护社会的和谐与稳定。

当前，我国正处在各种社会矛盾和社会问题的易发期和多发期。在深化改革的过程中，我们面临一系列不稳定因素，诸如社会分配、地区差异、教育、医疗、劳动就业等一系列问题。这些问题如果处置不当，就会进一步导致群体性事件和矛盾冲突的发生，有可能使局部问题转化为全局性问题，非对抗性矛盾转化为对抗性矛盾，从而影响社会的和谐与稳定。虽然社会改革引发的利益调整是这些问题和矛盾固然有的社会根源，但就具体原因来讲，生活中的很多问题和矛盾，有的是由于不全面、不准确信息的误导而引发的；有的是由直接利益冲突的当事人为争取支持和同情，夸大其词甚至捕风捉影，使一些不明真相的人卷入矛盾冲突而造成的；有的是由别有用心的个人、组织或借人权、民族、宗教，或借重大活动、重大事件等热点问题误导公众，蓄意攻击党和政府而引发的；也有的是由于有关部门不愿、不敢、不会与媒体打交道，在出现危机后不知所措，一味封锁消息，频出错招，工作方法简单粗暴，坐失良机而激化的。从这里可以看出，能否发挥好舆论的引导和导向作用，对于社会矛盾和问题的化解具有非常重要的作用。

处理和解决涉及群众切身利益的矛盾，根本上要依靠深化改革、促进发展，也就是我们常说的，发展中出现的问题最终还是要用发展来解决。近几年来的大量事实已经证明，漠视群众利益，不以积极的态度化解矛盾，就有可能导致信访案件剧增和群体性事件的爆发，从而影响整个社会的和谐稳定。但是，事实也同样证明，并不是说社会经济发展了，这些矛盾就会自然而然地解决。面对转轨时期错综复杂的社会矛盾，我们需要发挥舆论导向工作的作用，坚持"以人为本"，充分反映不同阶层、不同方面群众的利益，倾听群众呼声，通过各种方式协助解决好群众生产生活中的实际问题，对于发生的矛盾事件，要及时调查、及时处理、及时回应质疑，着力做好解疑释惑工作，对恶意炒作、抹黑诋毁的，要旗帜鲜明揭露和抵制、依法依规严厉查处，从而维护社会和谐与稳定，为深化改革发展扫清障碍。

二　舆论引导为实现舆论导向提供具体途径

舆论导向依赖于舆论引导，有效的舆论引导是实现正确舆论导向的具体途径。因此，舆论导向最终要落实到舆论引导上。"舆论导向"强调"舆论引导方向的正确性"，而"舆论引导"则强调"引导的艺术性、规律性和实效性"。舆论引导是否有效，直接关系到舆论导向目标的实现。如果离开有效的舆论引导，任何正确的舆论导向都无法实现。因此，要坚持正确舆论导向，就必须提高舆论引导能力。

"舆论引导"是以胡锦涛同志为总书记的领导集体在"舆论导向"概念基础上提出来的。2002年，胡锦涛同志在全国宣传部长会议上明确提出要"提高舆论引导的水平和效果"。2003年1月8日，李长春同志在全国宣传部长会议上的讲话中谈道："导向的正确，不仅体现在坚持正确的政治方向上，而且体现在宣传效果上。要改进宣传方法，提高引导水平。"[1] 2008年6月20日，胡锦涛同志在人民日报社考察工作时进一步强调了舆论引导的问题。他说："舆论引导正确，利党利国利民；舆论引导错误，误党误国误民。"[2] 从利国利民的高度来强调"舆论引导"的极其重要性。党的十八大以来，习近平同志高度重视舆论引导工作，就如何做好新形势下的舆论引导工作作出一系列重要论述。这些重要论述，充分体现了马克思主义的立场、观点、方法，是我们做好新形势下舆论引导工作、巩固壮大主流思想舆论的科学指南。习近平总书记特别强调，做好网上舆论工作是一项长期任务，要创新改进网上宣传，运用网络传播规律，弘扬主旋律、激发正能量，大力培育和践行社会主义核心价值观，把握好网上舆论引导的时、度、效，使网络空间清朗起来。习近平总书记还指出，要适应分众化、差异化传播趋势，加快构建舆论引导新格局。要推动融合发展，主动借助新媒体传播优势。要抓住时机、把握节奏、讲究策略，从时、度、效着力，体现时、度、效的要求。要加强国际传播能力建设，增强国际话语权，集中讲好中国故事，同时优化战略布局，着力打造具有较强国际影响的外宣旗舰媒体。习近平总书记的这些论述，对于我们深化对舆论引导的认识具有重要意义。

"舆论引导"是指在舆论导向正确的前提下，舆论引导主体通过具体的引导途径使舆论朝着既定的舆论导向发展的实践活动。其本质是引导公众形成正确的公共利益共识、社会信念、社会情感和社会价值观。因此，舆论引导实际上是实现舆论导向的过程，是舆论导向的具体实现方式。舆论引导的基本问题是"谁来引导、引导什么、用什么引导、怎样引导"，

---

[1] 李长春：《在全国宣传部长会议上的讲话》，《党建》2003年第2期。
[2] 胡锦涛：《在人民日报社考察工作时的讲话》，《人民日报》2008年6月21日第4版。

因而舆论引导是一个由"舆论引导的主体、舆论引导的客体（对象）、舆论引导的环境、舆论引导的目标、舆论引导的内容、舆论引导的体制机制"等基本要素所构成的复杂系统，舆论引导就是这些基本要素之间相互作用的过程。在舆论引导过程中需要使各要素相互协调、形成引导合力，最终达到最佳引导效果。

第一，舆论引导的主体。广义上说，所有对舆论走向产生较大影响、对舆论发展方向发生较大影响作用的组织和个人，都可称为舆论引导的主体。具体包括：政党、政府、意识形态主管部门、新闻媒体、大众传媒以及"网络意见领袖""网络大V"等。[①] 在现代传播对舆论的影响日益增大的条件下，新闻媒体在舆论引导中发挥着极其重要的作用，以至于人们一说到舆论引导，首先想到的就是媒体。不可否认，在舆论引导的众多主体中，新闻机构的确是重要的引导主体，但其他主体也是不可忽视的。例如，伴随互联网这一新兴媒体而产生的"网络意见领袖""网络大V"，对舆论的走向产生非常大的影响。不夸张地说，他们的一条微博就能掀起巨大波澜。另外，社会上出现的一些舆论调查机构，也是不容忽视的重要引导者。在西方国家，舆论调查机构等被认为是"新闻机构"之外的"第二舆论机构"。例如，它们对"选举"的舆论调查在一定程度上影响选举舆论。[②] 因此，在那些国家，它们也是不容忽视的舆论引导者。我国近年来也有很多类似的舆论调查机构，如"人民网舆情监测室"等。但在当代中国的舆论引导主体系统中，主要有三类主体起着重要作用。一是政府和意识形态主管部门，这类主体是最终的引导者；二是新闻媒体及其从业人员，这类主体是关键的引导力量；三是相关的社会组织和"网络意见领袖"，这类主体对舆论产生引导作用具有波动性，但在新媒体条件下其作用越来越不可忽视，有时会裹挟政府和左右媒体。因此，从舆论引导主体本身的多元性和舆论本身的复杂性来看，要有效进行舆论引导，舆论引导

[①] 在一定意义上说，公众也是舆论引导的主体。但是，公众对舆论的引导是不自觉的一种客观性的"引导"。与其说"引导"不如说是左右舆论走向，但这不是舆论引导。我们说的舆论引导是依据一定的导向而进行的自觉的引领。因而确切地说，公众主要是舆论引导的对象，如果说是引导者，也只能是舆论引导的参与者。正因为如此，政府、媒体尤其是大众传媒要积极吸引公众参与舆论引导。故本书并未将"公众"作为独立的舆论引导的主体。关于公众在舆论引导中的作用，将在第八章第三节"发挥广大民众参与舆论引导的作用"中论述。

[②] 刘建明、纪忠慧、王莉丽：《舆论学概论》，中国传媒大学出版社2009年版，第196—201页。

依靠某个单一的主体是很难完成的,这就需要主体之间相互配合、形成引导合力。

第二,舆论引导的客体。舆论主体解决的是"谁来引导"的问题,而舆论客体则是解决"引导什么"的问题,即引导的对象是什么的问题。有人认为,舆论引导的是人,因而人是舆论引导的客体。但这是不准确的。准确地说,引导的是人所持有的舆论观点或舆论态度,因此,舆论本身构成舆论引导的客体。从舆论引导的实践上看,舆论引导的客体包括非常广泛的内容。首先,很显然我们要引导的客体(对象)是舆论本身,而从目前对舆论的理解来看,舆论是"公众针对现实社会或社会问题而形成的大体一致的意见、信念、情感、行为、价值观和利益诉求",那么,引导的客体(对象)就应是:意见、情绪、行为、信念、价值观、利益诉求等内容。但从舆论传播的形式来看,舆论往往是通过传闻、议论、民谣、会议、理论争鸣、群体活动等展开的,因而,舆论引导也是对这些传闻、议论、民谣、会议、理论争鸣、群体活动等的引导。[1] 其次,从舆论产生的社会根源和形成的具体条件来看,舆论客体包含两个层面,即作为舆论根源的社会现实问题和引发某一舆论的具体问题。"宏观的如社会的变动,微观的如社会活动家的活动、新近发生的重大事件、流行的现象和观念、社会热点问题等等……较为全面而细微地关注这些舆论客体,而不是仅仅关注少数争议性较大的问题,进而观察公众的情绪和态度,对于把握舆论可能的发展方向,进而及时引导是十分重要的。很显然,公众首先关注微观的社会问题,诸如'少数争议性较大的问题',然后才是宏观的现实社会"[2],诸如"社会矛盾和问题"。对此,舆论引导也就分为两种情况:一种是引导人们正确看待作为舆论产生基础的"社会矛盾和问题";一种是针对特定条件下形成的"少数争议性较大的问题"的舆论事件进行精准分析、有效引导。

第三,舆论引导的内容。舆论引导的内容是什么,也即"用什么来引导舆论"的问题。总的来说,舆论的本质是意识形态,是社会意识形态的特殊表现形式,因而从根本上来说,一个社会的主流意识形态就是引导舆论的内容。如,在我国就是用以马克思主义为指导的主流意识形态来引导

---

[1] 刘春波:《舆论引导论》,社会科学文献出版社 2015 年版,第 52—53 页。
[2] 陈力丹:《舆论学——舆论导向研究》,中国广播电视出版社 1999 年版,第 13—14 页。

舆论。但在具体引导中，由于引导客体包括两个方面，使得引导内容也分为两个层次。一是针对社会现实问题而展开的思想舆论引导，其内容就是我们的主流意识形态。也就是说，在具体的舆论事件没有发生之前，已经广泛地存在着舆论引导问题。在这一点上看，舆论引导的内容也就是意识形态工作本身的内容，舆论引导工作也就是日常的思想理论教育工作或舆论宣传工作的内容。二是依据具体引导客体而设置的引导议题。对于具体的舆论引导来说，由于不同的舆论各有自身产生的原因、传播的范围和速度、传播群体的差异等使之具有与以往舆论所不同的特点，那么在具体引导时就不能将主流意识形态作为直接引导的内容。在这里，作为舆论引导内容的主流意识形态，处于舆论引导内容之中的最高层次，即指导思想的地位。也就是说，无论是什么样的舆论引导，都要以此为核心内容和基本导向。而要将其落实为具体的引导内容，还需要结合具体的舆论特征和不同的舆论群体，通过具体的议题设置来实现。另外，由于引导主体的多元化，并不是所有的引导主体都会自觉地用主流意识形态来引导舆论，有的可能正好相反，他们是用与主流意识形态不一致甚至相反的内容来引导舆论。如，少数"网络大V"恰恰是想借助于舆论来实现其"推墙"之目的。因此，党和政府、主流媒体就要发挥其在舆论引导中的引导作用。

第四，舆论引导的目标。舆论引导的目标，实际上是舆论导向的实现。因此，舆论引导的总目标，是引导人们形成正确的价值观，统一思想、凝聚力量，营造良好的舆论环境。从舆论引导的客体（对象）来看，舆论引导的目标实际上也分为两个层面：社会层面和个体层面。就社会层面来说，即使在没有具体的舆论事件发生的常态时期，也有个舆论引导问题，就是日常的思想理论教育工作、舆论宣传工作、意识形态工作、精神文化活动，等等。这一工作实际上很重要，因为如果这项工作做得好，就有利于对具体舆论事件的引导。另一种是一般人们理解的舆论引导的目标，就是引导人们对某一突发事件引发的舆论而达成共识。例如，近年来发生的某一具体的舆论事件，舆论引导要做的首先是对这些事件本身引发的舆情进行精准分析、有效引导，趋于共识，并最终实现舆论引导的总目标。

第五，舆论引导的基本方法和载体。这是说究竟"怎样引导"舆论的问题。要有效引导舆论，固然需要坚持党对新闻媒体的领导，加强意识形态建设，完善相关的体制机制，把法律制度作为舆论引导的根本手段。但是，从微观角度上看，要有效引导舆论则依赖于一定的方法和载体，而究竟用何种方法和载体来进行引导，又依赖于舆论的表达形式和传播形态的特征。舆论的表达形式主要是意见、情绪和行为，因此，舆论引导的基本方法就是"议题互动"，即"围绕特定社会问题与引导对象进行的意见互动、情绪互动和行为互动。舆论的传播形态主要是传闻、民谣、议论、会议、理论争鸣、群体活动等形态，因此，舆论引导的载体有口头语言载体、文化载体、活动载体、会议载体、大众传播媒介载体"①。当然，这是最基本和一般的方法，至于如何进行议题互动和采用何种具体的载体形式，需要不同领域的舆论引导主体结合自身的工作实际，依据不同的舆论客体的特点来选择，将一般方法与特殊情况相结合，具体问题具体分析，一把钥匙开一把锁，才有望取得舆论引导的实效，最终实现舆论导向的目标。

三 体制机制对于舆论导向和舆论引导的作用

完善的体制机制是坚持正确舆论导向的重要保障力量。在一定意义上说，舆论引导是对有意识、有思想、有情感的人的引导。因此，必须加强包括思想政治工作在内的精神文化建设，提高人的思想道德素质和科学文化素质。但思想道德引导是舆论引导的"软引导"或"软约束"。与其相比，作为"刚性引导"或"硬约束"的制度机制在当前形势下显得尤为重要。20世纪80年代，邓小平在总结历史经验的基础上强调制度建设的重要意义。他指出："我们过去发生的各种错误，固然与某些领导人的思想、作风有关，但是组织制度、工作制度方面的问题更重要。这些方面的制度好可以使坏人无法任意横行，制度不好可以使好人无法充分做好事，甚至会走向反面。"② 他虽然是针对党和国家领导制度的改革所说的，但对于舆论引导来说，同样具有重要的指导意义。

（一）制度、体制、机制的关系

制度、体制、机制是既相互联系又相互区别的关系。用马克思主义的

---

① 刘春波：《舆论引导论》，社会科学文献出版社2015年版，第55页。
② 《邓小平文选》第2卷，人民出版社1994年版，第333页。

观点来看，在不同阶级那里，对制度、体制、机制理解也是不同的。其中制度对于体制、机制具有决定作用。因此，我们要理解体制机制问题，首先要正确理解制度问题。用马克思主义的观点来看，制度是对人与人之间的生产关系或社会关系的概括。马克思主义认为，人总是在一定生产力水平上结成生产关系或社会关系，这种社会生产关系体现为相应的生产资料所有制，而生产资料所有制（或与之相应的社会结构形式）构成马克思制度观的核心内容。这是我们理解制度问题的基本思路。在这一基本思想指导下，我们再来正确理解体制机制问题。

制度，通常指社会制度，是指建立在一定社会生产力发展水平基础上，反映该社会的价值判断和价值取向，由行为主体（国家或国家机关）所建立的调整交往活动主体之间以及社会关系中具有正式形式和强制性的规范体系。社会制度是为了满足人类基本的社会需要，在各个社会中具有普遍性、在相当一个历史时期里具有稳定性的社会规范体系。人类社会活动的规范体系，它是由一组相关的社会规范构成的，也是相对持久的社会关系的定型化。制度按照性质和范围总体可分为根本制度、基本制度与具体规章制度三个基本层次。根本制度是同生产力发展的一定阶段相适应的经济基础和上层建筑的统一体，也称社会形态，如资本主义制度、社会主义制度，它包括与之一致的一个社会中不同领域里的制度，如政治、经济、文化制度等。基本制度是社会的具体组织机构的制度，如外交、金融、税收、政党、军事、司法、教育、科技制度等。具体规章制度是各种社会组织和具体工作部门规定的行为模式和办事程序规则，如公务员考试制度、学位管理制度、劳动工资制度、审批制度等。

体制，可以理解为"体制的制度"，是制度形之于外的具体表现和实施形式，是管理经济、政治、文化等社会生活各个方面事务的规范体系。在很多时候，体制与制度是在一个意义上使用的。例如"经济体制"改革，实际上是改革生产关系不适合生产力的那些方面环节，实际上也是制度的改革。经济体制通常是一国国民经济的管理制度及运行方式，是一定经济制度下国家组织生产、流通和分配的具体形式或者说就是一个国家经济制度的具体形式。社会的经济关系，即参与经济活动的各个方面、各个单位、各个人的地位和他们之间的利益关系，就是通过这样的体系表现出来。这里，体制与制度是在同一个意义上使用的。

但二者还是有区别的，主要是体制较之制度更具体，是制度的具体表现和实施形式。体制一般是与社会机构联系在一起的，即与"体"联系在一起的，是社会机构与社会规范的结合体。它既包括社会活动过程中的社会活动实施体制和社会活动管理体制，也包括社会活动领域中的政治体制、经济体制、文化教育体制和其他社会体制。例如，经济体制除了指整个国民经济的管理体制外，还包括各行各业如农业、工业、商业、交通运输等各自的管理体制，以及各个不同企业的企业管理体制，都属于经济体制的范围。在体制结构中，机构是体制的载体；规范是体制的核心。二者是相互依存的，社会活动过程体制是社会活动领域体制的基础；社会活动领域体制是社会活动过程体制的表现形式。

机制是中国改革开放以来广泛使用的概念，诸如竞争机制、合作机制、创新机制、激励机制、监督机制，等等。典型例子如中国经济体制从计划经济转向市场经济，其关键词为"市场机制"。机制，原本是指机器的构造和工作原理，也指有机体的构造、功能及其相互关系，泛指一个复杂的工作系统和某些自然现象的物理、化学规律，等等。机制与我们常说的做事情的方式、方法的含义相近，但又不简单地等同于做事情的方式、方法。机制离不开制度，它是制度机制，即制度化了的方法。在社会学中，机制的内涵可以表述为"在正视事物各个部分的存在的前提下，协调各个部分之间关系以更好地发挥作用的具体运行方式"[1]。

相对于制度和体制来说，机制有所不同的是，机制本身带有自发性。生物学中研究生命遗传机制、人体免疫机制、人脑思维机制、视觉机制、认知心理机制等。在社会领域，当特定的制度体制确立之后，社会有机体的各个部分会在其之下相互作用自然形成特定的机制。但在社会领域，它的自发性是受制度体制决定的。机制也是从属于制度的。机制通过制度系统内部组成要素按照一定方式的相互作用实现其特定的功能。机制是在制度体制确定之下而自然形成的相互作用、相互影响的过程。因而，可以说，在社会领域，机制不是完全自发的。例如，中国经济体制从计划经济转向市场经济，在这一体制下自然形成"市场机制"。因此，从根本上说，社会领域的制度体制机制都是人为设定的，具有强烈的社会性和明显的阶级性，都是为一定目的自觉建立的。如，竞争机制、市场机制、激励机制

---

[1] 转引自易桂姣《新形势下高校宣传思想工作研究》，光明日报出版社2016年版，第67页。

等。一定的制度体制机制是特定社会制度的反映和体现，因而，一个社会建立的制度机制一定是维护该国家的制度。

制度、体制和机制都属于制度范畴，既相互区别，又密不可分。首先有区别，制度、体制和机制处于社会有机体结构的不同层面，各有自身的特殊规定、特点和功能定位，发挥着不同的作用。制度位于社会体系的宏观层面和基础层面，侧重于社会的结构；体制位于社会体系的中观层面，侧重于社会的形式；机制位于社会的微观层面，侧重于社会的运行。制度具有相对稳定性，体制和机制具有易变性。

但更主要的是三者之间存在着极为密切的联系。其中，制度决定体制，并通过体制表现出来。从一定意义上讲是内容和形式的关系：制度对体制具有基础性、根本性和决定性，它规定着相应体制的基本内容、根本性质和主要特点。一个社会究竟选择和采取什么样的社会体制，首先是由其基本制度决定的，其作用的发挥也会受到制度这样或那样的制约。例如，经济制度是经济体制的基础，决定经济体制的根本性质和主要特点，规定着它的变化方向，无论选择何种经济体制，都不能背离经济制度的基本要求。另外，制度是通过体制表现出来和得以实现的，体制是制度的外壳，制度是体制的实质和灵魂。因此，体制虽然受制于制度，但又对制度的实施和完善具有重要作用。体制一旦建立起来，就对制度的实施和完善起重要作用。这种作用主要表现在两个方面：一是将制度的原则规定具体化，更贴近现实，更有利于制度的贯彻实施；二是促进制度的巩固、发展和完善，改革过时的、有缺陷的和不符合实际情况的旧体制，建立适应经济社会发展的新体制，促进制度的巩固、发展和完善。

机制既离不开制度和体制，又有助于制度和体制的运行与实现。一方面，机制隶属于并内含在制度和体制中，它总是这样或那样地与某种制度和体制结合在一起，因而也总是这样或那样地受它们的制约和影响。不同的制度和体制有不同的运行机制；同样的机制，在不同的社会制度和体制下，其表现形式和运作过程、方式是不完全一样的。另一方面，无论制度还是体制，都必须通过一定的机制才能有效运行和更好地发挥作用。因为任何制度或体制都是由若干要素组成的，这些要素只有以一定的方式联系起来并相互作用，才能维持制度或体制的存在和发展，发挥特定的功能和作用。机制的一个重要特点是它的自组织性。在机制内部，各组成部分和环节之间相互联系、相互制约、相互促进、相互作用。任何一个因素和环节的变化，都会引起或受制于其他因素和环节的变化；同样，其他因素和环节的变化，也会影响或受制于这个因素和环节的变化，从而使系统整体在一定时间和条件下保持着相对的稳定性。当某一要素的变化不符合系统整体的要求及其功能的发挥时，系统就会借助自身机制自动进行调节，以确保系统目标的实现。

制度、体制和机制虽然是相互联系、密不可分的，但也非一一对应的关系。一种制度可以通过不同的体制表现出来，如社会主义经济制度既可以采取计划经济体制，也可以采取市场经济体制；同一体制也可以表现不同制度，如同样是民主政体，可以是资本主义的，也可以是社会主义的，甚至在古希腊，也存在过民主政体。这是因为，一个国家在一定历史时期或阶段究竟采取什么样的体制，不仅受制于该社会的基本制度，而且受制于当时当地的其他社会历史条件，特别是生产力的具体发展水平、历史文化传统、民族心理和社会主体的选择，等等。机制与制度和体制的非对应性更为明显，特定制度和体制究竟采取什么样的机制来实现和运作，更多地取决于社会发展的实际需要。

（二）健全坚持正确舆论导向的体制机制的具体内容

党的十八届三中全会通过的《中共中央关于全面深化改革若干重大问题的决定》提出："健全坚持正确舆论导向的体制机制，构建大网络大舆情全媒体工作格局。"[①] 制度体制机制是坚持正确舆论导向的保障，是具体落实正确舆论导向中极具现实性和紧迫性的一个重要环节，因而体制机制是否健全完善和贯彻执行直接关乎舆论导向的成效。因此，坚持正确舆论导向，亟待创新和完善舆论引导体制机制，增强舆论管理的权威性和稳定性，使舆论引导工作逐步走上科学化、制度化和规范化的轨道，提升舆论引导工作的质量和水平。

面对复杂多变的舆论生态以及目前舆论导向和舆论引导体制机制存在的问题，要建立健全舆论导向和舆论引导体制机制，应主要从两个方面入手：一是以党政主管机关为主导的、以行业自律为基础、以专业监督和社会监督为重要手段的舆论引导工作格局，为正确舆论导向提供组织保障；二是从舆论引导过程上，建立健全以舆论调控为核心的涵盖舆论发展全过

---

① 《中共中央关于全面深化改革若干重大问题的决定》，人民出版社2013年版，第39页。

程的工作机制,为正确舆论导向提供制度保障。①

1. 建立健全以党政主管机关为主导的、以行业自律为基础、以专业监督和社会监督为辅助的舆论引导的工作格局,为正确舆论导向提供组织保障

从社会层面来看,要坚持舆论引导的正确方向,必须实现三个层面的相互配合、形成合力:舆论引导部门党政主管机构,以传播媒体为主的相关行业,行业内部的专业监督与外部的社会监督。其中,党政主管机关和媒体单位承担着尤为重要的责任。这三类机构的有机组合与协调合作,形成规划合理、机构健全的舆论引导工作格局,才能为正确舆论导向提供组织保障。

(1) 完善党领导舆论工作的体制机制。加强和改进党对新闻舆论工作的领导,是做好舆论工作的根本保证。落实党对舆论工作的领导权,就是坚持党管宣传、党管媒体,坚持政治家办报,形成党委统一领导、党政齐抓共管的领导体制和工作机制。因此,领导体制机制,是舆论引导运行机制的前提性内容。因为,完善合理的领导体制机制,不仅能够保证舆论引导的正确导向,也是有效调动舆论引导系统各个要素同向发挥作用的关键。就当前我国舆论引导的实际情况来看,我们要牢牢掌握舆论工作领导权、把握意识形态主导权,就必须健全和完善舆论引导的领导体制机制。而完善党领导舆论工作体制机制的关键,是建立责任制并切实落实责任制。2015年,党中央制定出台了《党委(党组)意识形态工作责任制实施办法》,对意识形态工作责任制作出制度规定。舆论导向工作与意识形态工作紧密相关,也应坚持这一责任制规定,各级党委(党组)要增强舆论工作的责任感和紧迫感,切实担负起主体责任,深入研究,组织实施,抓好落实。

党领导舆论工作的体制机制以及责任制的实施,要具体落实到舆论引导部门的党政主管机构,包括中央及地方各级宣传、新闻出版、广播影视等党政主管机构。它们是我国新闻管理工作的主体,承担着舆论引导工作的职责。其中,中宣部还有专门的舆情信息局,在我国舆论引导的宏观管理中担负着重要角色。这些党政主管机关在舆论引导工作中担负着主导角

---

① 以下内容借鉴参考了雷跃捷、唐远清的《论如何建立健全舆论引导工作格局和工作机制》(《现代传播》2007年第2期)一文,在此谨致谢意。

色，应该发挥主导作用。但目前这些部门的党政主管机关在舆论引导工作中的主导角色体现得还不够明显，其作用还有待进一步加强。因此，中央及地方各级（尤其是中央）宣传、新闻出版、广播影视主管机关应加强协调，形成长效的舆论引导工作协调沟通机制。

（2）建立和完善舆论传播媒体的行业自律制度机制。各级各类媒体是具体承担舆论引导工作的主力军，媒体的日常采编活动是舆论引导工作的主战场。因此，媒体行业的自律在舆论引导工作中具有十分重要的基础性的作用。要加强职业道德建设，培养舆论引导相关部门的行业自律和从业人员的个人自律意识并使之制度化。严格来说，舆论宣传部门也是意识形态工作部门。舆论传播平台管理人员的政治觉悟、诚信程度、法律意识、鉴赏能力以及行业自律程度，直接影响着舆论引导的结果。面对新兴媒体舆论传播复杂多变的特点，从业人员如果没有一定的政治素质，是很难鉴别传播内容是否与主流意识形态相一致的。因此，应加强对舆论传播平台管理人员的政治教育和道德教育，提升他们的政治敏锐力和自我约束能力。要建立传媒业尤其是互联网相关行业管理人员的准入机制，严把从业人员的政治关。对其从业者要提出高要求：既要技术上过硬，更要政治上过关，是具有过硬的计算机、信息方面的专业技术能力和管理能力又具有较高的政治素质和丰富的法律知识的复合型人才。

（3）建立和完善专业监督与社会监督相结合的监督机制。在舆论引导工作中，专业监督和社会监督发挥重要作用。因此，要充分发挥行业协会、新闻评议会和媒介批评组织等机构的专业监督的作用，对舆论引导工作中存在的一些问题从专业角度进行批评和反思。同时，舆论引导工作要有成效，并能够取得长效，还应该健全社会监督体系，强化社会监督机制，使错误的舆论导向行为受到批评和谴责。这需要完善举报投诉制度，建立特约监察员队伍，形成全社会关注舆论引导工作的局面。专业监督、社会监督在舆论引导工作中，可以对错误的舆论导向行为产生强大的舆论压力和监督氛围，对一些有争议的舆论导向行为进行探讨和辨析，促进其不断完善。

2. 从舆论引导过程上，建立健全以舆论调控为核心的、涵盖舆论发展全过程的工作机制，为正确舆论导向提供制度保障

做好舆论引导工作，最重要的是做好预防工作，防患于未然。"千里

之堤，溃于蚁穴。"任何舆论的产生都不是偶然的，而是有一个逐步酝酿的过程，经历一个或长或短的萌芽阶段。在萌芽阶段如果能够及早发现潜藏的一些苗头，并对这些情况作出超前的预测，做好前期预防和及时处置工作，就可以减少舆论事件发生的概率或有可能将其化解在萌芽之中。可见，从舆论引导的全过程来看，舆论引导涵盖了"意见酝酿、意见表达、形成多数、达成共识、形成舆论、舆论消退"等舆论发展的全过程。因此，从舆论引导过程上，要有效引导舆论向正确方向发展，应建立健全以舆论调控为核心的，包括舆情收集、舆情分析、舆论调控、监测机制、反馈机制、舆情反馈制度等涵盖舆论发展全过程的工作机制。

（1）进一步完善舆情收集制度与舆情分析制度。及时发布准确的舆情信息是进行有效引导舆论的前提。要做到这一点，首先要收集舆情信息并对其进行全面客观真实地分析，这就是舆情收集与舆情分析。舆情收集就是进行舆情调查，一般是组织专人或委托专门机构来进行。舆情收集的渠道主要包括街巷走访、网络论坛、重点专访、问卷调查等。舆情收集的内容：一是集中收集那些进入"监控"领域的对象信息，重点收集那些已经形成了的显性舆论；二是收集暂时还未形成舆论但已经表现出一些苗头和征兆的潜在的舆论。在收集到的全面客观真实的舆情信息的基础上，运用信息技术和大数据等现代化手段，发挥专家和专业技术人员的作用，对舆情的数据、情报和资料进行整理加工，分析舆情的明显特征、强烈程度，发现问题，分析原因，掌握基本态势，预测发展趋势，尤其是对社会稳定是否存在潜在危险。最后形成舆情研判报告，及时送交有关决策和主管机关以及媒体机构，以便领导和相关负责人作为决策的依据和参考。为此，必须建立专业的舆情部门和专业化的工作队伍作为保障。

（2）进一步完善舆情监测机制与舆论调控制度。对于整个舆论引导过程来说，舆情收集和舆情分析本身不是目的，目的是对舆情的变化进行动态监测，并根据舆情的变化特点向着舆论导向的方向进行调控。在网络舆情复杂多变的条件下，更需要准确地掌握舆情动态，运用逻辑推理和科学预测的方法，对舆情的内容、走向等方面进行密切关注，随时提醒相关部门做好准备，提前预防，规避危险，减少损失。在正确舆情分析的基础上，根据舆情的变化特点对舆论发展进行调控。及时、正确的舆论调控，包括对舆论引导内容、引导议题、引导方案实施载体和方法等方面的调整,这是舆论引导工作的核心。舆情调控贯穿于整个舆论引导的过程中,在舆论发展的不同时期,舆论调控都起着重要作用,也可以说,舆论引导工作实际上就是对舆论进行调控。因此,要加强舆情监管创新,构建全方位舆情监控机制,制定舆情巡查制度。设置专门的舆情管理员,及时加强与新闻媒体中心和社会主流媒体的沟通协作,构建全方位舆情监控网络,共同开展对舆情的监控与调控工作。

(3) 建立健全舆情反馈机制与舆情总结制度。舆论引导方案的实施,并不意味着舆论引导运行过程的结束。要实现引导目的,需要构建效果评价指标,并以此为依据来反馈方案实施效果、调整舆论引导过程。因此,要建立沟通机制,通过各种方法和途径反馈引导方案的实施效果。一般来说,可以通过"直接与调查对象面谈会晤的方式,对重点人物的专访方式,填写调查问卷的方式,网络、电话、手机调查的方式"等进行反馈。尤其是网络调查的方式,在目前被大多数调查者所青睐。另外,还要建立舆情总结机制,对舆情引导工作进行回顾总结,对热点舆论的个案进行深入剖析,以总结其经验教训。

第三章 当前坚持正确舆论导向面临的挑战

要坚持正确的舆论导向，首先要对当前的舆论状况进行深入的分析。毋庸置疑，当下，我国已形成多元复杂的舆论生态。中国社会转型传统利益格局的打破，是我国多元舆论生态产生的社会现实基础。舆论是不同利益群体利益诉求、价值观、情感信念的反映。因此，从客观上来看，一个存在多元利益主体的社会，必然存在着代表不同利益群体的各种舆论，必然形成一个结构多元复杂的"舆论生态系统"。在这个复杂多变的生态系统中，既有官方舆论场与民间舆论场、精英舆论场与大众舆论场，也有群体舆论场与个人舆论场、利益群体舆论场与看客舆论场，等等。多元舆论场的形成，固然有助于弥补单一引导主体在舆论导向上的一些不足和短板，但客观上造成了舆论引导的困难。加之舆论引导主体素质和能力的局限以及相关制度机制的滞后，都给我们坚持正确舆论导向带来了一定的难度与挑战。

一　新媒体环境下的舆论生态格局及特点

尽管利益格局的变化是当下多元舆论生态形成的社会根源，但社会舆论生态的失衡与新媒体的信息传播有直接关系。今天舆论场所显示的复杂性超过了以往任何时代，其原因固然是多方面的，但新媒体的介入无疑是最直接的力量。当下多种舆论场的形成和运行，没有一个不是借助于互联网而实现的，尤其是以微博、微信为主的新媒体而形成走向的。以微博、微信为主的新媒体成为上述所有舆论场舆论传播的基础。当下，由于新媒体对舆论的巨大影响，以至于我们研究舆论问题，必须谈到新媒体。新媒体对舆论场的介入之深、介入能力之强、介入面积之广，是任何时代所不及的。以互联网为代表的信息传输技术的迅猛发展和广泛应用，给当今中国的舆论环境、舆论生态、舆论变迁等诸多方面带来了深刻而巨大的变化。人民日报社前任社长张研农曾经将舆论比喻成一个 KTV 包房，过去有一直抢着话筒的"麦霸"，现在，则是没有"麦霸"的 KTV，人人都有麦克风，都可以发出自己的声音。传播者数量的巨大、个体话语的个性和观点的多元、较宽松的言论环境、传播手段的多样，种种因素促使我国的舆论生态呈现出"百家争鸣"的局面。[①]

（一）中国网络舆论的发展历程

在新媒体环境下，随着多媒介的并存和融合，现实空间和虚拟空间之间相互影响、相互作用的关系越来越密切。越来越多的网民可以通过多种媒介表达自己的意见建议，并得到其他网民的认可和赞同，最终逐步形成相对稳定的虚拟网络空间。这种虚拟网络空间的形成和不断壮大，一方面加强了社会群众之间的沟通和交流；另一方面也使其对社会及世界的影响力逐步提高，在社会舆论形成和发展过程中发挥着越来越重要的作用。[②]我国的网络舆论发展主要经历了三个阶段。

1. 1998—2008 年为我国网络舆论综合发展期

1998 年作为中国互联网的一个分水岭，以新浪、搜狐等商业门户网站开始涉足网络新闻传播领域为始，中国的网络舆论顺势而起，各种论坛、网络新闻频道应运而生。随后，互联网的基础设施建设快速普及，信息量与用户急剧增长。以中国网民数量的发展即可窥一斑，从 1998 年的 210 万发展到了 2008 年年末的 2.98 亿，一系列软硬件的配套发展进一步推动了全民网络时代的到来。这一阶段的网络舆论经历了从初生的新鲜伴随尝试、逐步参与网络发声到最后的积极表达民意，网络舆论焦点涉及了国际政治、爱国卫家、社会热点、伦理道德等多个方面。可以说到 2008 年，中国的网络舆论经过多年的综合发展，已经呈现出强劲的势头和潜力，民意诉求功能凸显。人们开始思考如何利用网络发声、如何表达民意、如何解决问题等，但同时一些负面影响亦如影随形，比如网络暴力、虚假信息等问题。

2. 2009—2013 年为我国网络舆论沉淀升级期

2008 年胡锦涛在人民网与网民短暂对话之后，2009 年，温家宝视察

[①] 张春波、赵远：《"两个舆论场"下的舆论生态》，《青年记者》2015 年 8 月（中）。
[②] 梁芹：《论多媒介背景下如何进行网络舆论引导》，《新闻研究导刊》2015 年第 11 期。

中国政府网和新华网，并与广大网民进行了长达两个多小时的网络沟通。这从侧面反映出我国高层领导人对网络舆论力量的认同和肯定，可以说这是中国网络舆论迈向主流化的标志性事件。此后，网络反腐、网民监督、博客、微博、微信等力量的异军突起，进一步扩展了网络舆论的影响面，改变了中国社会的舆论传播格局和生成、演变机制，重塑了中国社会的舆论生态。这一阶段可谓中国网络舆情的沉淀升级期，说沉淀是指该阶段的网络舆论力量比第一阶段更为积极，也更为理性，网络安全、网络伦理、网络法制方面得到了进一步的完善；说升级是指该阶段的网络舆论从草根向主流在逐步发展演进，网络舆论理性进一步回归，网络环境与网络生态逐步在净化。

3. 2014年以来我国网络舆论呈现"新常态"

2014年，习近平总书记关于中国经济要适应"新常态"这一重要表述发表以后，引发了社会各界的高度评价和公共舆论的强烈关注。而同年，亦是中国接入互联网20周年暨中央网络安全和信息化领导小组组建之年。在中国互联网新闻研究中心召开的网上舆情形势分析发布会上，有关报告指出，2014年，网络空间更加清朗，网络正能量更加巨大，中国开始进入互联网的"新常态"。中国在接入互联网的第20个年头，通过推进实施一系列有力举措，网上舆论生态确实发生了积极而深刻的变化。[①]

（二）新媒体环境下舆论生态的新变化

社会舆论的生成与强化，与新媒体的发展有密不可分的关系，特别是在当前全媒体时代，很难区分不受媒介影响、呈原生态的舆论，也很难出现不产生舆论影响的媒介活动。当前我国新媒体正处于迅猛发展时期，新媒体与舆论的生成已经天然地交融，新媒体成为舆论的发酵场，传统媒体、新媒体等多种媒介并存、融合的新态势也在迅速形成并快速发展。这种新的时代背景必将带来社会舆论新传播方式、新样态的产生。因此，多媒介背景下的舆论新格局也应运而生。[②] 中宣部部长刘奇葆在《人民日报》发表文章指出："网络和数字技术裂变式发展，带来媒体格局的深刻调整

[①] 王荟、伏竹君：《网络舆论生态视域下的网络舆论引导问题探析》，《甘肃社会科学》2015年第6期。

[②] 梁芹：《论多媒介背景下如何进行网络舆论引导》，《新闻研究导刊》2015年第11期。

和舆论生态的重大变化……从媒体发展格局看，传统媒体的受众规模不断缩小，市场份额逐渐下降，越来越多的人通过新兴媒体获取信息，青年一代更是将互联网作为获取信息的主要途径。从舆论生态变化看，新兴媒体话题设置、影响舆论的能力日渐增强，大量社会热点在网上迅速生成、发酵、扩散，传统媒体的舆论引导能力面临挑战。从意识形态领域看，互联网已经成为舆论斗争的主战场，直接关系我国意识形态安全和政权安全。"[①] 从总体上看，新媒介环境下的舆论生态出现了以下新变化。

1. "三微一端"移动舆论场成为中国网络舆论的重心

在原有舆论引导模式下，舆论引导的主体是传统媒体。随着我国移动互联网用户规模的不断增长，互联网全面进入移动互联时代，信息由传统PC端流向移动端，在此条件下，舆论引导主导者发生移位，以微信、微博、微视频、客户端为代表的"三微一端"成为移动舆论场新重心。全球移动数据流量爆发式增长，我国的移动用户规模和移动数据流量总体呈现上升趋势，信息流向移动端，我国移动用户规模进入快速增长期。

传统媒体通过新闻报道和新闻评论等形式，按照新闻报道和舆论引导的规律，对舆论进行有效引导。随着新媒体终端的不断衍生，舆论引导有了各种各样的平台和渠道，呈现出多元化发展的特点；而且，数字技术的不断发展使得广播电视的固有传播模式受到了强大的冲击，特别是新媒体的舆论引导传播互动机制呈现出了传统媒体所不具备的新优势。在自媒体时代，舆论生成变得复杂，网络舆论的生成发酵机制基本遵循以下规律：传统媒体报道或网友爆料（微博异军突起）→网友讨论（新闻跟帖、论坛发帖等）→形成网络舆论压力（意见领袖作用突出）→媒体跟进呼应、挖掘新的事实（新老媒体互动）→有关部门应对→再掀波澜（假如应对不当）→再次应对→网友注意力转移→网络舆论消解（流行语、视频等娱乐化的尾巴长期流传）。[②] 在此过程中，舆论引导的主体变得模糊，掌握信息的人几乎都可以成为信息的提供者和舆论的引导者。可以说，媒介融合彻底改变了广播电视"点对面"的传播模式，构建了超越时间、空间和行为方式限制的传播格局，实现了受众的实时参与。

微博很像古希腊雅典的广场，只要你想，就可搬块石头站上去，振臂

---

① 刘奇葆：《加快推动传统媒体和新兴媒体融合发展》，《人民日报》2014年4月23日。
② 单学刚、郭晶：《网络舆情：自媒体的蝴蝶效应》，《网络传播》2011年第8期。

而呼，全看你的言辞是否有力、是否真诚。同时，以手机为代表的移动互联网，从单一的通信工具逐渐融合了网络的特性，迅速转变成为集便携性、即时性与交互性于一体的移动媒体新平台。随着数字电子技术、互联网技术、通信等技术的迅猛发展与进步，特别是当前以互联网为代表的新媒体的普及，加之智能手机、WiFi 以及 4G 通信网络技术的普及和发展，为社会公众的情绪宣泄和意见表达提供了更多的更具个性空间的舆论空间和便捷平台。

全媒体时代，传统媒体以及博客、视频、即时通信、社交网站、微博客等成了民意表达言论的新的重要平台，畅通的、便捷的渠道，多层次、多元化的方式，都使传播者与受众失去了严格界限，新媒体催生新的舆情，面对全新的传播方式，必然对舆论引导和控制提出了新的挑战。新媒体改变着社会舆论场的生成与存在方式，各种声音都可以在网络空间找到自己的传播对象。[1]

媒介融合使得以互联网为中心的"舆论场"逐步形成，并逐渐成为社会舆论重要的策源地之一，与广播电视形成了并立的格局。相较广播电视的"舆论场"，互联网呈现出了更为明显的"去中心化"的实际特点，信息接受者和传播者的角色可以互相转变。特别是进入 Web 2.0 时代之后，网民可以在互联网上完成信息的生产、发布、传播和获取，例如微博的快速崛起使得网络舆论达到了空前火爆的程度。[2] 当信息量等同、信息传播稳定时，舆论引导力取决于引导者的权威性和影响力。原本传统媒体的公信力与权威性无法撼动，但是在自媒体时代，粉丝超过传统媒体受众数的微博"大 V"比比皆是，他们的实际影响力有时甚至远远超过一般的传统媒体。尤其是在自媒体环境下，舆论引导的主导者正在移位——信息的爆料者和公共领域的意见领袖，越来越具有实际的舆论引导能力。[3]

2. 舆论传播速度和传播方式及传播过程特点发生重大变化

在传统舆论环境中，舆论发展有较稳定的规律：媒体报道、引发关注、连续报道、组织讨论、得出共识、最后宣传。只要传统媒体严格按照舆论引导规律办事，舆论引导的目的一般都可以实现。在网络、手机和传

---

[1] 赵国珍、李文义、原建猛：《论媒体格局深刻变化条件下的舆论生态》，《传媒》2014 年第 12 期。

[2] 王成亮：《再论媒介融合时代广播电视舆论引导力的提升》，《视听》2015 年第 12 期。

[3] 李劭强：《自媒体环境下舆论引导的新常态》，《青年记者》2015 年 12 月（中）。

统媒体所共同构建的新媒介环境里，传播主体大众化，舆论传播具有传播渠道便捷化和传播内容海量化等鲜明特征。传统媒体以"自上至下，传播者为中心"的信息线性传播方式和舆论引导格局发生重大变化，在一些公共事件上，官方话语可能会受到"民意"的围剿而陷入被动。其次，互联网公共议程设置对传统媒体的议程设置产生了影响，逐渐出现了由意见领袖引导民意的现象，例如"乐清事件"，在一定程度上反映出广播电视媒体与新舆论环境的不相适应。在自媒体环境下，传统舆论传播规律遇到了挑战。

一是信息发布不再由传统媒体独家控制，广播电视等传统媒体固有的舆论引导的主体地位发生变化。在新媒体环境下，传统的由传播主体主导的线性传播方式已被打破，实现了"所有人向所有人"的社会化立体型传播。在网络媒体出现以前，大众媒体是政府和公众之间沟通的桥梁，政府和公众是一种引导与被引导的地位，信息权掌握在政府手中，受众只能被动地接收信息，按照政府的指示和媒体的引导作出反应。政府与媒体、公众之间呈现的是一种单向的、直线型关系。在这种传播模式下，政府与公众之间缺乏有效的沟通互动机制，造成民意无法直接上传的情况在传统媒体时代成为一种普遍现象。此外，我国媒体的主要职责之一是传达政府信息、塑造政府公信力，政府与媒体合力利用议程设置将舆论引导的中心思想传播给大众，但公众很难有机会使用媒体。然而，网络媒体普及却打破了这一特点，导致我国的舆论环境和舆论生态发生了巨大的变化。当下中国的网民已经不可能再容忍政府对信息的控制，媒体对信息的垄断，以传统媒体为主要的信息发布渠道的模式再也不能适应新生态的媒介格局。[1]

随着以互联网为代表的新媒体的不断发展和普及，广播电视的一部分受众出现了分流现象，并且形成了一大批具有时代气息且热衷于新媒体的受众群体，使广播电视的舆论受众数量很大程度地减少，在年龄构成和消费时长等方面都表现出了弱势，还有一部分受众在新旧媒体之间形成了重叠，使得广播电视固有的舆论引导主体地位受到了严重的冲击。[2] 在传统媒体发布信息时，自媒体也可以发布信息，其发布信息的指向未必与传统

---

[1] 刘倩男：《论突发事件在新媒体环境下的舆论引导策略》，《新闻研究导刊》2015年第15期。

[2] 王成亮：《再论媒介融合时代广播电视舆论引导力的提升》，《视听》2015年第12期。

媒体一致，其发布信息的信息量未必少于传统媒体。而且，人们在信息获取时，可能更容易相信自媒体。

二是自媒体的时效性和信息量都胜过传统媒体。传统媒体要受到出版时间与版面大小的限制，自媒体却往往可以随时发布海量信息。这些信息无须经过把关，在鱼龙混杂、泥沙俱下的同时，也因其信息含量更大而受到青睐。这种自由的传播方式更符合受众的接受特点，也必然打乱传统媒体舆论引导的步调。原有舆论引导规律在传统舆论环境下产生，其前提是传统媒体控制信息量和话语权。一旦自媒体改变了信息传播的方式，也就改变了舆论发展的规律：舆论发展不可能再有一个漫长的从酝酿、铺垫到过渡、高潮的过程，舆论的发展变化变得短促与多元。这就要求舆论引导应该注意速度和效率，传统媒体必须与自媒体争抢引导的时效。① 同时，受众也依托于新媒体的发展摆脱了只能被动接受信息获取舆论引导的困境，互联网给了普通民众一个窗口、一条捷径，使其能和政府实现多方互动。

3. 舆论热点频出，舆论话题多元，舆论"易燃点"凸显

舆论的生成取决于两个基本前提：一是有关社会公共事务信息的大众传播，人们能够获知有关社会公共事务的信息；二是人们对社会公共事务的看法和意见能够公开表达。有关社会公共事务信息传播越多、越全面、越及时、越广泛，人们对社会公共事务的意见的公开表达越便捷、越容易，舆论就越容易生成，舆论也就越活跃。反之，如果有关社会公共事务信息的传播量少，人们对社会公共事务的意见的公开表达越不容易，舆论生成就越难，就越不活跃。

在过去传统媒体所主导的媒介环境里，传播者和传播渠道都非常有限，大众传播是一种封闭的组织化传播，且易受社会政治、经济和文化势力的影响和控制，因此对社会公共事务信息的传播是有限的，而大众传媒对人们意见的直接传播更是少之又少。因此，舆论生成相对不活跃。而在当今新媒介环境里，有关社会公共事务信息的大众传播和人们意见的公开表达具有传播主体大众化、传播渠道便捷化和传播内容海量化的特点，生活在社会各个阶层、各个角落、各行各业的社会大众都可以将自己所见所闻的社会公共事务信息通过新媒体进行传播，人们能够获知的社会公共事

---

① 李劭强：《自媒体环境下舆论引导的新常态》，《青年记者》2015年12月（中）。

务的信息前所未有地丰富、及时、多样，而且人们对社会公共事务的意见的公开表达前所未有地便捷、容易，因而舆论的生成前所未有地活跃。另外，在原有的舆论引导模式中，传统媒体是舆论引发者，通过报道将需要引导的话题引出，引起关注，进而引发、引导舆论。此时，传统媒体承担着议程设置的角色，报道什么内容，监督什么对象，引导力度有多大，由传统媒体掌控，传统媒体的地位和作用不可替代。在新媒体环境下，传统媒体议程设置的优势正在丧失，传受双方的地位发生了根本变化，不同群体和个人可以通过自媒体轻易抛出舆论话题，每一个人都是信息的制造者、传播者和接收者，这些舆论话题因其刺激性或公共性，可能在很短的时间内被它的制造者以最快的速度传播开去，引爆舆论，成为舆论热点。在自媒体时代，谁掌握了独家信息，谁就可能成为舆论热点的提供者。新媒体平台又以其海量性、即时性作为传播媒介发挥了中介作用，而以手机、平板电脑为代表的便携式设备的普及让信息接收变得随时随地。总而言之，传播者随时随地传播信息，新媒体则将信息毫无延迟的发布，而接收者又可以随时随地的接收信息并作出即时反馈。这种信息和意见的高效率沟通就会导致舆论热点一旦形成就能快速传播。

尽管传统媒体因为其权威性和影响力，在后续报道中可能再次占据舆论引导阵地，但舆论热点的控制已经很难再由传统媒体说了算。随时更新的信息，可以在一瞬间改变舆论的走向，引发新的舆论，或引起舆论的"反转"。在自媒体环境中，频出的舆论热点有脱离传统媒体存在的可能。在自媒体环境下，传统媒体有时已经成为被设置议程者。舆论热点的多样性和流动性，给舆论引导增加了困难。自媒体的议程设置未必与传统媒体同步，自媒体的把关能力较差，各种虚假信息可能在引发舆论时发布。自媒体中层出不穷的舆论热点，让公众和传统媒体应接不暇。[1]

在这应接不暇的舆论热点中，呈现出舆论话题多元化。根据对人民网175件舆情事件的分析，其中公共管理类58件，占总数的33%；社会民生类50件，占总数的29%；经济生活类25件，占总数的14%；司法事件类24件，占总数的14%；公共事件类18件，占总数的10%。从总体来看，社会民生类、公共管理类有108件，占总数的62%，与此伴生的维权事件也在增多。同时，不容忽视的是涉及司法腐败等问题的事件显著增

---

[1] 李劭强：《自媒体环境下舆论引导的新常态》，《青年记者》2015年12月（中）。

长，由此引发的群体事件也呈上升的趋势。舆论话题生成呈现多元化特征，在这些话题中，公共性话题激起舆论狂潮的比重高于其他话题。从引起舆论关注度和舆论弦波激荡的幅度看，凡是属于公共事件的舆论，其关注度和舆论弦波激荡的幅度都要高于其他。从整体舆情和舆论事件看，不仅数量增多，而且热度和烈度也在不断攀升。

同时，在这些多元舆论话题中，一些舆论成为"易燃点"。自1998年至今，网络舆论的热点可谓层出不穷，内容涉及方方面面，但是，在网络舆论的洪流中，能够形成长期的、具有较大能量的一些专题则是相对固定的，即我们这里所谓的网络舆论"易燃点"。主要为：涉及"官""腐败"问题，涉及"富"或贫富差距，涉及社会公平与正义，涉及民族主义及宗教信仰、对外关系，涉及伦理道德、民生，涉及公共安全、重大事故、自然灾害、环境污染，涉及"星闻""绯闻"及知名企业、敏感地域。[①] 这八个方面几乎都与公共利益紧密相关，可见网络舆论的主要诉求点和改善民生的迫切愿望。

4. 网络舆论主体呈现出的新特点

网络舆论的主体就是网民。据2017年1月中国互联网络信息中心（CNNIC）发布的《第39次中国互联网络发展状况统计报告》显示，截至2016年12月，中国网民规模达7.31亿，互联网普及率达到53.2%，相当于欧洲人口总和，超过全球平均水平3.1个百分点，超过亚洲平均水平7.6个百分点。微博用户使用率持续回升达37.1%，微信朋友圈用户达85.8%。[②] 网络社会中网民也分化出具有独立性和稳定性的多种群体。在网络环境或网络生态的影响下，网民的舆论心理亦有别于真实环境下的社会心理，从而反作用于网络舆论的形态和走向，并呈现出以下特点。

一是群体无意识带来的负效应。群体无意识是指在社会群体中不自觉地发挥作用的一种精神现象，是某个时期社会群体所共同具有但又很少或

[①] 王荟、伏竹君：《网络舆论生态视域下的网络舆论引导问题探析》，《甘肃社会科学》2015年第6期。

[②] 引自《第39次中国互联网络发展状况统计报告》，2017年1月22日中国互联网络信息中心发布（http：//www.cnnic.net.cn/hlwfzyj/hlwxzbg/hlwtjbg/201701/t20170122_66437.htm）。

丝毫未曾被这种群体中的个体所意识到的一种社会心理。① 在我国的网络舆论形成发展过程中，由于群体无意识带来的闹剧不少，比如"抢盐风潮""世界末日论"等都折射了群体无意识作用下的社会盲目跟风；再比如"药家鑫杀人案""李刚事件""李某某强奸案"等案件的肇事人都被媒体高调冠以"富二代""官二代"的标签而引发网络群体话语的排除和否定，而这种跟风或论调在网络的催化下，更会以几何级数的速度蔓延，极大地影响个体对社会的理性认识与判断。

二是网络"意见领袖"常引导舆论波。"意见领袖"在网络中扮演着举足轻重的角色，有学者对微博中的"意见领袖"做了专门探讨，认为粉丝超过一万人的微博博主便可被看成是"意见领袖"。一般而言，网络意见领袖常常具备消息灵通、政治敏感、专业性敏感、熟悉网络技术与规则、网络参与度高、良好的表达能力和沟通能力、鼓动力或感染力等方面的特质。在当前的网络舆论生态中，网民构成结构复杂，这部分舆论主体便常常引导舆论波，这一现象日益明显，常出现阵营鲜明的网络论战便是最好的脚注。可以说，这一特点带来的结果是有利有弊的，总体上要求网络"意见领袖"具备良好的网络伦理和素养，以正确的"三观"来理性发声，避免出现剧烈的有偏差的舆论波。

5. 舆论监督在广度和深度上前所未有的变化

舆论监督是新闻媒体拥有运用舆论的独特力量，帮助公众了解政府事务、社会事务和一切涉及公共利益的事务，并促使其沿着法制和社会生活公共准则的方向运作的一种社会行为的权力。在传统舆论生态中，舆论监督在很大程度上等同于媒体监督，甚至可以说舆论监督是传统媒体的专利，因为只有传统媒体才有报道和监督的权利。尽管在实际操作中，舆论监督也存在一些禁区，但是从某种程度上说，传统媒体垄断了舆论监督。在自媒体环境中，监督者与被监督者的身份，其实是可以随时切换的。如果个人或群体的行为被认为违反了规章规则，违背了公众期待，就会成为被监督者。而监督也并非媒体的特权，媒体只不过是通过其报道权，将监督权更集中地体现出来而已。由于新媒介环境下，有关社会公共事务信息的大众传播和人们意见的公开表达，各类主体通过自身掌握的自媒体或传

---

① 吴宁：《论非理性与社会的稳定和发展》，《淄博学院学报》（社会科学版）2000年第3期。

统媒体进行彼此监督，从而带来了舆论监督前所未有地广泛、深入。

首先，在新媒介环境里，有关社会公共事务信息的传播量，特别是有关政府及其官员的负面信息的传播量远远超过过去传统媒体的专业记者所能报道的传播量，因此，使舆论监督具有了前所未有的广度。其次，在新媒介环境中，由于有关社会公共事务信息的传播主体不但有专业化的传播者，还有广大网民，而广大网民生活在社会的各个阶层、各个角落和各行各业，对社会的了解相比传统媒体数量有限的专业化传播者更深，能挖掘出一些深层次的社会问题，特别是埋藏很深的腐败分子，从而使舆论监督具有前所未有的深度。[①] 各类主体相互监督，这是一种必然，也是一种进步。没有监督，任何个人和群体都可能沾沾自喜、忘记初衷，甚至混淆是非、逾越规则。

二 当前坚持正确舆论导向所面临的问题与挑战

当前坚持正确的舆论导向面临的问题和挑战，从根本上说也是我国主流意识形态面临的问题和挑战。一方面，国际敌对势力企图利用网络进行意识形态渗透，网络世界的较量日益激烈。互联网的无国界性质和群际传播功能为敌对势力对我国进行思想渗透提供了便利。互联网上的斗争是全球化、世界化的斗争，是高科技的竞争，而归根结底是政治思想、意识形态的斗争，是国际政治格局中反对霸权的另一种延续。由于我国对互联网的控制力和信息屏蔽能力还很弱，目前基本上处于"西强中弱""敌强我弱"的局面。某些西方国家乐此不疲地推行互联网外交，大肆鼓吹"互联网自由"，根本目的就是企图在互联网上寻找突破口，对我国实行舆论渗透，动摇我国执政的思想基础。另一方面，网上思想多元观点相互激荡，巩固马克思主义在意识形态领域的主导地位难度加大。互联网的开放性、交互性、便捷性，为人们表达不同思想观点和利益诉求提供了便利条件。近年来，网上关于"民主社会主义""普世价值""新闻自由"等命题的讨论，尽管具体主张不尽相同，但一个共同点就是搞乱人们的思想，否定中国共产党的领导，否定党的十一届三中全会以来的路线方针政策，否定中国特色社会主义道路。面对网上不断出现的杂音噪声，正面阐释路线方

[①] 王勇：《新媒介环境下的舆论生态变化》，《声屏世界》2013 年第 6 期。

针政策,增强人们对马克思主义、对中国特色社会主义理论和核心价值体系的认同、巩固意识形态阵地的难度加大。①

但就具体问题而言,当前坚持正确舆论导向所面临的问题与挑战,主要还是由于新媒体的广泛使用带来的一系列问题。在现时代,任何一个国家的发展都不可能离开互联网。一个国家经济社会的发展需要网络舆论发挥正向作用,具体表现为网络生态系统保持在一种平衡、稳定的状态中或者朝着这个方向变动。与传统的社会舆论相比,互联网环境下舆论的主体、形式、内容发生了巨大的变化。总的来看,当下我国网络舆论生态整体上是好的,"拉帮结派""叫阵约架"式的争论和极端表达逐渐失去市场,网络空间逐渐清朗起来。但是,仍然存在着一些突出的问题,对我们的舆论导向工作形成挑战。

(一) 网络舆论中正负信息并存且负面偏向明显

近年来,网络正能量不断涌现,进一步改善了网络舆论生态。网络正能量的宣扬主体进一步从以官方为主要发布人转向广大网友个人层面。例如,网友在微博上发起"待用快餐"活动、"冰桶挑战"活动、"清洁工温暖早餐"活动。这种在互联网上兴起的正能量正以独特的方式推动着中国公益事业的发展。

但从我国近年网络舆论状况来看,民意表达的"负面偏向"特点明显,主要体现在城市偏向、负面偏向、情绪偏向等。城市偏向是指网络舆论多集中于与城市相关的议题,而涉及农村的问题有些方面甚至比城市还严重但却罕见于网络舆论的大潮之中。负面偏向主要指网络舆论多数指向社会负面甚至有夸大负面的倾向,对于正面的个人作为或者政府努力常有所忽视。情绪偏向指网民的情绪表达由于网络的聚合与放大效应,容易凸显,而凸显的情绪则会对民意表达形成干扰,使网络舆论产生一定程度的民意偏差,这对网络舆论理性化的趋势来说是一定程度的倒退。在这种情况下,正能量的声音很难发挥出应有的力量去影响这种"负面偏向"。而且当这种"负面偏向"达到声势浩大的程度时,就会出现"沉默的螺旋"效应,那些持正能量的人不敢发表自己的观点,结果造成了一种看起来像

---

① 李波:《互联网时代对舆论引导提出的挑战及应对》,《西昌学院学报》(社会科学版) 2015 年第 6 期。

是主流的观点而实际上并不是主流的结果。这无疑给坚持正确舆论导向工作带来了新问题。

（二）网络舆论虚假信息与网络谣言屡禁不止

不仅舆论"负面偏向"特点明显，而且网络虚假信息依然层出不穷。网络自身的传播特性，决定了任何人都可以不受时间和空间限制在网络上发表各种言论，这为网络虚假信息的产生提供了生存土壤。一些舆论信息的传播者对舆论事件的了解也并非经过严密的考证，造成了网络信息的真实性与虚假性混乱相交的局面。随着近年来微博、各种论坛的兴起与发展，这些容易被利用的网络自媒体同时也成为网络虚假信息的栖息地，并以非常快的传播速度四处扩散，甚至上升到社会层面。大量网络谣言的生产、传播的确给网络舆论生态带来致命的伤害，既给处于变动中的转型社会添加新的动荡，又给谣言的受害方带来真实的伤害；既给治理谣言的政府部门的公信力带来挑战，又给参与谣言的传播者，甚至是生产者本人造成真实的伤害，毕竟许多造谣者最终得到了应有的惩罚，这在近年来爆发的突发事件中表现得最为集中具体真实。实际上，许多骚乱性的突发事件与谣言的兴风作浪有直接的关系。"从未有一场暴乱的发生不带有谣言的鼓动、伴随和对激烈程度的激化"，对于突发事件而言，"通常，尽管不是一成不变的，点燃火药桶的火星就是具有煽动性的谣言本身"。[①] 因为突发事件爆发前，公众已处于一种敏感状态，涉及的人已处于高度紧张、愤怒、恐惧时点，随着谣言的进一步扩散，越来越多的大量无直接利益者，大量对自己未来命运的"标签化"想象者纷纷加入谣言大军的链条中。虽然我国陆续出台一系列法律法规，但一些虚假信息仍屡禁不止。网络虚假信息的存在，不仅严重恶化网络生态环境，严重冲击社会正常秩序，给我们的现实社会生活带来了很多不利的影响，同时也给坚持正确舆论导向工作带来了困难。

（三）非理性情绪所导致的网络暴力现象明显

网络中进行负面舆论表达主要有三类代表：第一类是带着较强的目的性和营利性，背后有网络公关公司的"网络水军"；第二类是对现实生活

---

① ［美］奥尔波特等：《谣言心理学》，刘水平等译，辽宁教育出版社2003年版，第142页。

不满,经常关注社会黑暗面的群体,借助于网络宣泄不满情绪的网民;第三类是"意见领袖",大多具有良好的表达能力、独特的思维和强烈的批判意识,在网络舆论圈中树立了较高的威信。[①] 由于网络的匿名性掩盖了网络言论的责任与道德意识,使网络舆论主体常常超越法律与道德底线,群体性极端化的情绪和行为很容易导致整个网络舆论生态陷入混乱状态。[②] 受到各种因素的影响,一些网民往往有着"起哄"与"跟风"心理。

网络非理性情绪直接导致网络冲突与网络暴力现象频出。一些蔓延于网络的"情绪型舆论"产生很大的负面影响,从而加剧了群众的盲从与冲动,也使网络冲突与网络暴力现象出现。网络舆论暴力指的是公众针对某一社会热点事件,通过谩骂、攻击等激烈的言辞对事件当事人进行批判,并有可能超越法律和道德的界限,侵害当事人的合法权利,给当事人造成强大的舆论压力与精神伤害。概括而言,网络舆论暴力主要表现为以下几种形式:第一,在聊天室、论坛、微博等网络社交平台对网络事件当事人的谩骂、侮辱、诽谤、围攻、网络审判等行为;第二,利用现代信息技术搜索出事件当事人的信息然后在网上公开其个人隐私的行为,即"人肉搜索";第三,网民在现实生活中对事件当事人及其亲属进行谴责,使其在现实社会生活中遭受身心压力,甚至是生命和财产安全的威胁,即"网络追杀"。这种"网络暴力"现象无疑成为坚持正确舆论导向工作的一个难题。

(四) 新媒体环境下一些政府部门工作方式方法的不适应

随着社会化媒体的崛起,一些政府部门适时开通政务微博、微信等公共服务平台,据2014年全国政务新媒体发展研究报告显示,2012年政务微博总量达16.2万,至2014年此数量已达到27.7万,政务微博数同比涨幅42.1%。然而这只是第一步,在如何发挥网络平台的作用、提高舆论引导的有效性方面,政府部门尚未做好充分的应对准备。如:一些网络公共服务平台形同虚设,尚未有效发挥作用。部分政府部门的公共服务平台更新滞后,网络问政缺乏与公众的互动、沟通与交流。有调查显示,

---

① 引自《第39次中国互联网络发展状况统计报告》,2017年1月22日中国互联网络信息中心发布(http://www.cnnic.net.cn/hlwfzyj/hlwxzbg/hlwtjbg/201701/t20170122_66437.htm)。
② 高中建、胡玉婧:《网络舆论生态失衡表现及其矫正》,《人民论坛》2014年第4期。

"26.4%的社会居民认为'有些官员与网友互动交流流于形式,有些部门对待微博缺乏真诚,敷衍了事';25.1%的人觉得'政务微博与网民互动沟通力度不够,有的问题没能得到重视或实际解决'"[①],超过一半的公众对政务微博活跃度不够、互动性差表示不满。缺乏互动和监管的背后暴露的是执政理念滞后,服务水平偏低。对"网络问政"的认知深度不够,导致其未能利用新型传播媒体及时发布政务信息,未能及时回应公众诉求。少数政府官员面对新媒体舆论监督的广泛性、时效性、隐蔽性,却只是简单地把它们当成"麻烦和危机的制造者",而不是深入研究和科学应对。一些地方党组织和政府没有建立完善的舆论引导机制,部分领导干部应对新传媒的意识和能力普遍不足,遇事束手无策或简单"沉默",有的甚至采取"原始的乃至野蛮的"捂、拖、删、压等手段应付民众质疑,因而常常错过舆论引导的有利时机,引起民众和媒体的误解,损害党和政府的声誉。还有的政府部门以官腔官调回应民众关切,语言生硬缺乏亲和力,加大了官民之间的裂度。《人民日报》曾做过一次通过微博征集网民最反感的官话、套话的调查:"高度重视""亲自过问""积极、及时、立即、确保""有关部门"等,都是网民最反感的词语。再如:一些政府部门不尊重舆论传播规律,视媒体监督为洪水猛兽,面对媒体习惯于"犹抱琵琶半遮面"的沉默与躲避,错失舆论引导的黄金时间,造就了谣言滋生的温床,甚至引发巨大的舆情危机。有的部门即便能够面对媒体,也是逻辑思维混乱,慌不择言,前后矛盾,对政府公信力造成极大的伤害。

(五)政府、公众与媒介之间尚未形成良性互动局面

虽然目前使用网络的群体中,年轻群体仍占据着主流,但是伴随网民数量的大幅提升,网民的年龄层次也朝着全龄化的阶段过度。一方面,网络使用群体主要集中在年轻化、精英化、知识化阶层,网络舆论的核心群体一般是中、高收入的年轻人,所代表的群体利益的不均衡化决定了网络舆论覆盖面在某种程度上具有一定的局限性;另一方面,网络舆论只有在政府、公众与媒介之间形成良性的互动,整个舆论生态才是平衡的,而政府话语在网络舆论中呈"弱化"状态,并不尽如人意。另外,由于不同群

---

① 李明德、张宏邦、蒙胜军:《政务微博的现实困境与发展对策——基于陕西省三市八区(县)的受众调查分析》,《西安交通大学学报》(社会科学版)2014年第3期。

体代表的利益不均衡化，交织在互联网这一"数字鸿沟"中，加之部分舆论主体受知识水平所限制，很多人也无法利用网络来表达自己的心声，因而呈现出更趋复杂的博弈状态。对社会稳定会产生一定影响。这种博弈小到一些"口水之争"，大到利益冲突和意识形态斗争，如果处理不当，则会导致官方或者政府的话语权被削弱，对社会稳定产生一定影响。如在2015年5月2日黑龙江省绥化市庆安火车站发生的枪击事件，当该事件还处在调查阶段、官方还未发布事件视频时，据不完全统计，网民短短两天内在腾讯新闻客户端、网易新闻客户端发表对事件的看法达到数万条，多数人提出对当事民警和公安部门的质疑。产生这种现象的原因主要是双方非良性互动。可见，目前在网络舆论中，政府、公众与媒介之间尚未形成良性互动，无疑给正确的舆论导向工作带来了困难。

（六）公众媒介信息处理水平偏低，网络规则意识和法律意识淡薄

碎片化信息传播使公众"信息挑食""信息偏食"，媒介素养水平有待提高。对信息的分辨和处理能力，无论是在传统媒体时代，还是在新媒体时代，一直都是公民媒介素养的重要组成部分。传播主体多元化、传播渠道多样化，使信息构成趋于复杂，因而社会化媒体时代更强调个人把关。但是目前，碎片化传播是社会化媒体信息传播的一大特点，表现为信息来源多元化、观察视角分散化、信息文本零散和信息要素不完整。① 越来越多的人"信息挑食""信息偏食"，逐渐失去获取完整信息的耐心，囫囵吞枣地理解容易产生信息认知偏差甚至错误，一旦广而告之，极易造成网络秩序甚至现实秩序的混乱。学者周葆华等采用思考（喜欢在读新闻时寻找"弦外之音"）、质疑（对新闻报道提出疑问）、拒绝（有时拒绝接受新闻报道里的某些观点）以及核实（有时会通过其他途径来核实某个报道）四个维度对公众的媒介信息处理能力进行测量，结果发现拒绝的处理策略最为普遍，位于第二的是质疑，接着是思考，而对新闻报道采取核实型处理策略则最不普遍。② 整体上看，公众对信息和媒体的认知欠缺，对信息缺乏基本的警觉和洞察，是合格的信息接收者而非理性的解读者、批判者

---

① 彭兰：《社会化媒体时代的三种媒介素养及其关系》，《上海师范大学学报》（哲学社会科学版）2013年第3期。
② 周葆华、陆晔：《从媒介使用到媒介参与：中国公众媒介素养的基本现状》，《新闻大学》2008年第4期。

和传递者。网络高度匿名性、虚拟化、互动性的特点，尤其是个体加入群体之后的非理性，大大降低了网民的责任意识和法律意识。一些人缺乏网络规范和约束意识，把网络当成"法外之地"任意胡为侵害个人隐私。互联网参与者对未经证实的信息发表恶意评论，俨然以一个道德圣人的形象自居，给当事人的名誉带来恶劣影响。

三 坚持正确舆论导向的体制机制分析

导致上述问题的原因固然是多方面的，但实际上都触及一个重要问题，那就是我们目前相关的体制机制还不够完善。应该肯定，我国在引导舆论正确导向上的立法，包括相关的法律、法规、条例、政策（广义上也可为法律法规）已经取得重大进展，在"有法可依"上迈出了可喜的一步。但是，由于舆论受新兴媒体的影响非常大，而新媒体又是一种新的现象而且始终处于不稳定的变化之中，这种情况对立法也产生很大影响，客观上导致立法的滞后。同时，已经制定的法律法规、条例政策等在实际的执行上还不够到位，在"有法必依、执法必严、违法必究"上还存在一定的问题。总体来说，目前我国引导舆论导向的体制机制不够健全和完善。主要问题包括：运行机制不够顺畅，各子机制和子环节分散做功，未能形成高效一致的运行系统；管理机制欠缺，导致好的制度机制因管理机制未给予有力支撑而难以发挥作用。

（一）舆论导向工作的领导体制机制还需进一步完善

坚持正确的舆论导向，最根本的是坚持党对新闻舆论工作的领导，坚持党管宣传、党管媒体，坚持政治家办报，形成党委统一领导、党政齐抓共管的领导体制和工作机制。应该说，党对新闻舆论工作的领导在总体上是好的，能够坚持正确的舆论导向。但是党领导舆论工作的体制机制仍需进一步完善。当然，党的领导并不是事必躬亲，而通过思想上、理论上、组织上的领导来实现总方向的引导和组织上的保证。就目前而言，关于舆论导向方面的理论供给还不足，理论研究严重滞后于实践发展。用科学理论指导，可以保证舆论工作的科学性、战略性和可行性，有助于理性应对舆论工作的新变化，又能引导舆论工作少走、不走弯路。另外，近年来，舆论导向工作存在领导权弱化和旁落的问题，选拔舆论导向工作领导干部的机制还不尽完善，少数舆论导向工作的领导权未能完全掌握在坚定的马克思主义者手中的问题，少数领导干部的马克思主义立场还不够坚定，属于看风使舵的"墙头草""投机者"。为此，要完善选拔舆论导向工作领导干部的有效机制，保证领导权牢牢掌握在坚定的马克思主义者手中，牢牢掌握在有党性原则的人手中。

（二）提高舆论工作队伍素质的有效机制还需进一步完善

舆论引导管理工作对管理者的要求较高，只有高素质的管理人员和高水平的管理团队才能对舆论引导进行合理而有效的管理，才能保证舆论引导机制改革工作顺利实施，落到实处。一个合格的管理人员不仅应当具有深厚的新闻理论和业务功底，也要具有较高的法律道德修养，掌握重要的技术手段，是一个复合型人才。然而，随着媒介技术的飞速发展，舆论引导管理部门目前缺少此类复合型人才。缺乏高素质的人才导致舆论引导很难在第一时间发现问题所在，做到提前预防负面信息和观点的传播扩散，也很难对舆论引导进行有效管理，确保舆论引导工作正确有效进行。因此，要将人才的培养纳入舆论引导机制改革的工作中来，提高管理人员的政治业务素质和管理水平，打造出一支强有力的舆论引导管理队伍，并将人才的培养和队伍的建设作为我国新闻舆论事业的一项基础工程来抓。

（三）舆论引导的运行机制还需进一步完善

当前我国的舆论引导机制主要是指其运行机制，主要内容包括舆情监测机制、分析研判机制、反馈评估机制等。虽然近年来预警机制、协调机制也越来越受到人们的重视，但还未能真正自如地融入舆论引导的运行机制中，舆论引导运行机制上存在问题突出。例如，舆论引导主体模糊，缺乏互动协调。在"全民皆记者"的新媒体条件下，舆论引导主体日益多元化。这种变化客观上要求建立和完善舆论引导主体清晰、责任明确并相互协调的体制机制。再如，舆情监测机制还不完善。移动新媒体的广泛使用，不仅生产了海量的信息，而且造成信息的裂变式传播，在客观上的确大大增加了舆情监测的难度。而目前由于舆情监测技术和范围还未覆盖整个社会化媒体，因而无法提供全面可靠的舆情数据，进而给分析研判机制和预警机制的正常运转造成巨大困难。另外，问责反馈机制还不够完善。及时总结反馈舆论引导的经验教训，对构建舆论引导机制、提高舆论引导水平具有重要意义，而这也恰恰是当前我国舆论引导工作机制中的一个短板。在新媒体环境下，由于舆论引导主体的界限极易被模糊，一次舆论引导行为往往涉及多方面的权责与利益，舆论引导格局变得多元且混乱。

（四）舆论引导的管理机制还不够完善

有效的舆论引导管理机制，能够为舆论引导提供有力支持和保障。但就目前情况来看，我国的舆论引导机制中有效的管理机制还不够完善。主要表现有：一是管理主体不够明确，管理机构缺乏相互配合。我国舆论引导的相关管理部门很多，但真正的主体管理机构却不够明确，各个机构和部门间职责也不够清晰，导致管理政策和手段冗杂、重复，缺乏一致有效的管理合力。正是因为管理部门众多，媒体和公众实力日益壮大，造成没有真正的管理和引导主体，再加上互助协调机制的缺失，使得各舆论引导主体间不能形成良好的互助合作关系，为同一个舆论引导目标作出共同的努力，很难对社会化媒体环境中的舆论进行有效的引导。二是管理依据不足，缺少法律基础。近年来，我国为保障互联网的运行安全和信息安全制订了多项法律、行政法规和部门规章，有效地保证了互联网络的良性运转。即便如此，我国在社会化媒体相关领域的法律法规建设仍然跟不上其迅猛发展的步伐，导致监管不力，致使某些人利用法律漏洞，进行一些破坏社会稳定的活动，使舆论引导活动不能正常进行。此外，管理人员也没有一套行之有效的管理行为准则，容易造成管理权力滥用，干扰舆论的正常发展和舆论引导的正确方向。三是管理方式还需要进一步完善。目前，我国仍然采用自上而下，运用行政命令，按照媒体的属地和部门级别进行规范、管理和分工的老办法对舆论引导进行管理。一些管理部门对涉及敏感事件的处理经常隐瞒真相，导致公众不能了解事情全貌，产生一些片面甚至偏激的观点；有的管理部门不能有的放矢地进行管理，经常采用强制性的方式或手段处理问题。虽然从国家到地方的各级政府相关部门都已经建立了自己的舆情监测系统，但他们都是各自为战，水平不一，缺乏统一有效管理。

第四章 坚持正确舆论导向体制机制体系的基本结构

坚持正确舆论导向就是坚持正确的政治方向。那么导向正确的政治方向的体制机制究竟应该是什么样的？为此，我们首先从"应然"层面提出构建坚持正确舆论导向的体制机制理想模型。如果这个模型能够有效发挥作用，那么，舆论导向的正确性就能够得到保障。当然，这个所谓的"理想模型"并非是想当然的主观臆造，而是有其客观依据的。一是中国特色社会主义的本质要求，必须坚持党管媒体，坚持党对舆论工作的领导权；二是依据舆论导向的主导因素或积极因素，即主体——人，必须建立提高新闻舆论工作队伍素质的有效机制；三是依据舆论导向的核心要素——内容，必须建立内容管理机制；四是依据舆论导向的重要因素——反馈与监督，必须建立舆论反馈与监督机制，对内容发出之后的反映进行跟踪分析和监督管理；五是依据舆论导向的关键要素——责任，建立和完善问责机制与奖惩机制，实现对尽责者的奖励和未尽责者的惩处。也可以说，这个模型是保证正确舆论导向的必然要求。或者说，只要是坚持正确舆论导向的舆论引导，就一定是这样的一个体系或模型。

一　党对舆论工作的领导权体制

舆论可以诱导社会思潮、影响意识形态。古今中外，任何政权想要长治久安，都必须抓好舆论工作。苏联解体、东欧剧变，究其原因是多方面的，而不可否认其中非常重要的一点，就是苏联共产党放弃了思想领域的领导权，出让了文化舆论阵地，导致舆论失控，思想混乱，党失去了人民的拥护和支持。戈尔巴乔夫时期负责意识形态的苏共中央总书记雅可夫列夫在总结亡国教训时就曾说道：苏联解体，首先突破的不是经济而是舆论，舆论失控，脱离了党的领导。当前，世界范围内思想文化交锋异常复杂，国内改革发展引发的各种矛盾容易滋生负面舆论，"麦克风时代"又使社会舆论环境发生深刻变化，党的新闻舆论工作遇到严峻挑战，加强和改善党对新闻舆论工作的领导尤为重要和迫切。

（一）掌握舆论工作领导权是马克思主义舆论观的核心

马克思和恩格斯在革命实践中十分重视舆论的社会作用，称舆论为一种"普遍的、无形的和强制的力量"，认为领导人民解放事业的首要任务是唤醒和教育人民，鼓舞他们为争取自由与独立而斗争。为此，紧要的工作就是创办报刊，"夺取舆论阵地"，用来进行宣传鼓动。马克思和恩格斯指出："报纸最大的好处，就是它每日都能干预运动，能够成为运动的喉舌，能够反映出当前的整个局势，能够使人民和人民的日刊发生不断的、生动活泼的联系。"[1] "在每一个党、特别是工人党的生活中，第一张日报的出版总是意味着大大地向前迈进了一步！这是它至少在报刊方面能够以同等的武器同自己的敌人作斗争的第一个阵地。"[2] 无产阶级的敌人控制着各种各样的舆论阵地，工人政党也要有自己的舆论阵地，报刊就是工人政党对敌人做思想斗争的"武器"和"阵地"。

列宁继承和发展了马克思和恩格斯的舆论思想，并明确了党对党报党刊的领导权问题。列宁指出，党报党刊是"进行党的宣传鼓动工作的一个最重要的公开喉舌"[3]，"日常的宣传和鼓动必须具有真正的共产主义性质。党掌握的各种机关报刊，都必须由已经证明是忠于无产阶级革命事业的可靠的共产党人来主持编辑工作……一切定期和不定期的报刊、一切出版机构都应该完全服从党中央委员会"[4]。列宁要求党报党刊必须遵守和阐述党的纲领和策略，按党的精神进行编辑工作，党报党刊要处理好与党的领导机关的关系，在党的领导和监督下开展工作。

高度重视舆论工作，坚持党对舆论工作的领导，是我们党的优良传统和不断取得胜利的重要法宝。以毛泽东为代表的中国共产党人始终把新闻事业看成是党领导人民群众进行革命和建设强有力的精神武器，是党密切联系人民群众最有效的工具，是教育人民、战胜敌人不可缺少的一条战

---

[1] 《马克思恩格斯全集》第7卷，人民出版社1959年版，第3页。
[2] 《马克思恩格斯全集》第22卷，人民出版社1965年版，第590页。
[3] 《列宁全集》第21卷，人民出版社1985年版，第453页。
[4] 《列宁全集》第39卷，人民出版社1986年版，第199、202页。

线，强调要一手抓枪杆子，一手抓笔杆子，牢牢掌握舆论工作的领导权和主导权。毛泽东在《对晋绥日报编辑人员的谈话》中指出："报纸的作用和力量，就在它能使党的纲领路线，方针政策，工作任务和工作方法，最迅速最广泛地同群众见面……办好报纸，把报纸办得引人入胜，在报纸上正确地宣传党的方针政策，通过报纸加强党和群众的联系，这是党的工作中的一项不可小看的、有重大原则意义的问题。"① 必须坚持党对舆论工作的绝对领导，要"抓紧对通讯社及报刊的领导，务使通讯社及报纸的宣传完全符合党的政策，务使我们的宣传增强党性"②。

1983 年，针对当时思想战线存在的问题，邓小平郑重提出，"加强党对思想战线的领导，克服软弱涣散的状态，已经成为全党的一个迫切的任务。不仅理论界文艺界，还有教育、新闻、出版、广播、电视、群众文化和群众思想政治工作等各个方面，都有类似的或其他的迫切需要解决的问题。整个思想战线的工作都需要加强。"③ 在新的历史时期，江泽民把新闻事业提升到"党的生命的一部分"的高度，强调新闻舆论工作的重要性和党对新闻舆论工作的领导，指出："舆论导向正确，是党和人民之福，舆论导向错误，是党和人民之祸。"④ "要把新闻舆论的领导权牢牢掌握在忠于马克思主义、忠于党、忠于人民的人手里"⑤。新闻工作必须按照"党和人民的意志、利益进行舆论导向"。他要求"各级党委要经常研究讨论新闻工作。比如每一段时期的宣传方针、指导思想、报道重点、宣传效果等等，都应该在党委会上讨论。党委主要负责同志要亲自过问新闻宣传"⑥。2003 年 12 月 7 日，在全国宣传思想工作会议上，胡锦涛强调指出：舆论引导正确，利党利国利民；舆论引导错误，误党误国误民。"党管宣传、党管意识形态，是我们党在长期实践中形成的重要原则和制度，是坚持党的领导的一个重要方面，必须始终牢牢坚持，任何时候都不能动摇。"⑦

党的十八大以来，党中央高度重视新闻舆论工作，牢牢把握新闻舆论

---

① 《毛泽东选集》第 4 卷，人民出版社 1991 年版，第 1318—1319 页。
② 中共中央文献研究室、新华通讯社编：《毛泽东新闻工作文选》，新华出版社 1983 年版，第 97 页。
③ 《邓小平文选》第 3 卷，人民出版社 1993 年版，第 47—48 页。
④ 江泽民：《在视察人民日报社时的讲话》，《人民日报》1996 年 9 月 27 日。
⑤ 《江泽民文选》第 1 卷，人民出版社 2006 年版，第 564 页。
⑥ 中共中央文献研究室编：《十三大以来重要文献选编》中，人民出版社 1991 年版，第 777 页。
⑦ 胡锦涛：《在全国宣传思想工作会议上的讲话》，《人民日报》2003 年 12 月 8 日第 4 版。

工作正确的政治方向，唱响主旋律，传播正能量，有力激发了全党全国各族人民团结奋斗的强大力量。随着我国经济社会发展和深度融入世界的步伐加快，新闻舆论工作的环境、对象、范围、方式发生了很大变化，面临着新的挑战和机遇。在2016年2月19日党的新闻舆论工作座谈会上，习近平总书记着眼党的工作全局，深刻阐述新闻舆论工作的重要意义，进一步明确了新的时代条件下新闻舆论工作的职责使命、基本方针、实践路径，为新闻舆论战线与时俱进改革创新、全面提高工作能力水平提供了思想武器和行动指南。习近平强调，党的新闻舆论工作是党的一项重要工作，是治国理政、定国安邦的大事，要适应国内外形势发展，从党的工作全局出发把握定位，坚持党的领导，坚持正确的政治方向，坚持以人民为中心的工作导向，尊重新闻传播规律，创新方法手段，切实提高党的新闻舆论传播力、引导力、影响力、公信力。

（二）掌握舆论工作领导权是我国舆论生态变化的必然要求

党的十一届三中全会以来，我国经济体制深刻变革，社会结构深刻变动，利益格局深刻调整，生活方式深刻变化，各种矛盾和问题更为集中、凸显，社会思想意识更加多元多样多变，各种思潮交流、交融、交锋日趋频繁，人们思想活动的独立性、选择性、多变性和差异性不断增强，"整个中国形成一个巨大的舆论场，在这个舆论场内日益产生着丰富而多变的舆论。""社会转型在总体上造成舆论的深刻变化，改变着人们的思维方式，但是由于不同地区、城乡、产业结构的发展不平衡、社会流动人口的增大，特别是利益分配调整后的利益分流，使得我国原有的传统社会群体结构逐步重新组合，总体上呈分化的趋势，于是昔日全国上下相当'一致'的舆论表达，也呈现出相对分散的状态，涉及局部、地方利益的舆论远远多于全局性的舆论，各种舆论间的差距拉大，其具体情形相当复杂，增加了大众传媒引导舆论的难度。"[①]

舆论离不开传播。20世纪末随着数字化交互式多媒体的出现和国际互联网的延伸，一个全新的传播时代到来，媒体格局和舆论格局发生革命性变化。中国是新兴媒体相对发达的国家，拥有全世界最大的用户群体。2016年1月22日，中国互联网络信息中心（CNNIC）发布的《第37次中

---

① 陈力丹：《舆论学——舆论导向研究》，上海交通大学出版社2012年版，第105、113页。

国互联网络发展状况统计报告》显示，截至 2015 年 12 月，中国网民规模达 6.88 亿，互联网普及率达到 50.3%，半数中国人已接入互联网，手机网民规模达 6.20 亿，占网民规模的 90.1%，微博月活跃人数已达到 2.22 亿。① 曼纽尔·卡斯特（Manuel Castells）在《网络社会的崛起》一书中认为："以互联网为代表的信息技术革命至少和 18 世纪的工业革命一样，是个重大历史事件，其核心是信息处理与沟通的革命。"② 信息技术革命革新了人类传播思想、发表言论的方式，传统的以党报党刊党台为轴心、政府舆论场与媒体舆论场基本合一的舆论格局被打破，网络舆论作为有别于传统舆论的一种全新的舆论形式，正以其特有的集约性、普遍性和可视性而对现实生活发挥越来越大的作用，迅速成为民意表达的新平台、新通道和集散地，成为社会动向的晴雨表和人们情绪的温度计，媒体和舆论新格局亟须党和政府舆论管理方式的转变。

　　信息传播技术发展和世界范围内合作交流的愈加频繁，给西方敌对势力通过舆论宣传、文化渗透、思想侵蚀等方式，从意识形态上控制、削弱、消解对手，对我国进行政治渗透提供了更为先进灵活的方式、手段和途径。在苏联、东欧的"和平演变"得手以后，西方资本主义势力把矛头直指中国。他们通过信息渗透和媒体传播，抢占舆论制高点影响中国国内舆论，利用转型期中国的社会热点难点问题进行恶意炒作，制造虚假新闻混淆视听、蛊惑人心，抹黑中国共产党和中国政府。美国前总统尼克松主张开辟"思想战场"，要把大量资源用于意识形态竞争，他尤其强调美国要以广播对各国产生作用，尼克松说，单是这些电台，就防止了苏联把共产主义意识形态完全灌输给东欧和苏联人民。如今强大便捷的互联网，更是为以美国为首的西方国家开辟"思想战场"提供了极其便利的条件。面对反华势力的舆论攻势和意识形态渗透，党必须牢牢把握舆论工作的领导权和主动权，大力推进传统媒体和新兴媒体融合发展，加快构建舆论引导新格局，增强主流媒体的传播力公信力影响力和舆论引导能力，唱响主旋律，打好主动仗。

---

① http://yicheng.zdyrs.com/hlwzx/545.html.
② [美] 曼纽尔·卡斯特：《网络社会的崛起》，夏铸九等译，社会科学文献出版社 2001 年版，第 35 页。

（三）掌握舆论工作领导权是党的执政能力建设的重要内容

舆论是社会意识中最活跃、最具影响力的政治变量和民意指标。现代社会，能否有效驾驭公共舆论是衡量执政党执政能力的一项重要标志，也是执政党执政能力建设的一项重要内容。2004年，党的十六届四中全会通过的《中共中央关于加强党的执政能力建设的决定》明确提出："牢牢把握舆论导向，正确引导社会舆论"，把"坚持党管媒体的原则，增强引导舆论的本领，掌握舆论工作的主动权"[①] 纳入党的执政能力建设的总体框架中。

党的执政能力是一个复杂的系统，其中最重要的就是有效影响、动员和引导民心民意，争取最大程度支持和拥护的能力。"现代社会，宣传舆论的社会影响力越来越大，能不能把宣传舆论工作抓在手上，关系人心向背，关系事业兴衰，关系党的执政地位。"[②] 中国共产党是中国特色社会主义事业的领导核心，处于权力中枢地位。舆论工作领导得力得法，就能将中国特色社会主义事业所取得的巨大成就转化为舆论优势和社会共识，增强广大人民群众对马克思主义主流意识形态的信仰，对中国共产党执政的信任，对中国特色社会主义的信念和对实现中华民族伟大复兴的信心，为建设中国特色社会主义提供坚实的共同思想基础，形成拥护中国共产党领导和推进中国特色社会主义事业发展的强大向心力。如果舆论工作乏力失利，就会导致思想认识混乱、理想信念动摇、政治方向偏离、人心涣散，甚至政局动荡和社会崩溃。

在社会转型过程中，中国社会经济成分、组织形式、就业方式发生了巨大变化，利益关系和分配方式呈现多样性，社会问题日益增多，社会矛盾日益凸显，社会思潮大量涌现，舆论态势复杂多变，传统主流媒体原本传递民众意志与输出公权力意志之间的枢纽转换的核心作用受到前所未有的挑战，也使党的利益表达、思想整合、社会动员和理论普及的功能经受严峻的考验。面对新形势新挑战，加强党对舆论工作的领导，以正确的思想理论、行动纲领、价值观念影响社会，形成健康向上的主流舆论和正确

---

① 《中共中央关于加强党的执政能力建设的决定》，人民出版社2004年版，第21—22页。
② 中共中央文献研究室编：《十六大以来重要文献选编》上，人民出版社2005年版，第535页。

的舆论导向，整合社会思想，保持社会稳定，推动社会进步，既是现代社会管理的基本手段，也是我们党巩固执政地位，实现科学执政、民主执政、依法执政的重要方式。

（四）完善党领导舆论工作的体制机制

舆论处于意识形态的前沿，加强和改进党对新闻舆论工作的领导，是新闻舆论工作顺利健康发展的根本保证。落实党对新闻舆论工作的领导权，就是要坚持党性原则，坚持党管宣传、党管媒体，坚持政治家办报，形成党委统一领导、党政齐抓共管的领导体制和工作机制，始终确保新闻舆论导向正确、引导有力。

1. 坚持党性原则

党性原则是党的新闻舆论工作的根本原则，是社会主义新闻舆论工作的"魂"。能否坚持党性原则，关乎新闻舆论工作的成败，关系党和国家事业的全局。新闻舆论具有鲜明的意识形态属性，新闻舆论归根到底反映一定阶级的意志，维护一定阶级的利益，为一定阶级服务。马克思、恩格斯指出，"人们的观念、观点和概念，一句话，人们的意识，随着人们的生活条件，人们的社会关系、人们的社会存在的改变而改变"[1]。舆论是对社会存在的反映，是一定范围内的人针对现实社会以及社会中的各种现象、问题，以言语、情感、行为等方式表达出来的大体一致的信念和态度。言论者的思想意识必然受到他所在其中的社会生活条件的影响和制约，并且在某种程度上囿于他在一定社会的经济结构、阶级结构、法律地位以及一般社会关系中的地位。政治是众人之事，任何一个人只要对公众生活有想法，自然会涉及政治立场，所谓"绝对中立""不持立场""不带倾向"的意见、情绪和态度实际上是不存在的。新闻媒介作为一种社会舆论工具，体现着强烈的阶级意志，都要从属于一定的阶级、政党，成为其代言人、其喉舌。虽然新闻舆论往往以社会的名义出现，宣称代表了多数社会成员的共同利益，但不能掩盖其维护特定阶级利益和阶级统治的本质。

马克思主义舆论观承认舆论特别是新闻舆论的阶级性，强调无产阶级政党的党报是党的旗帜，党的报刊的任务是阐发和捍卫党的原则。1849年

---

[1] 《马克思恩格斯选集》第1卷，人民出版社1995年版，第291页。

1月,恩格斯在《瑞士报刊》一文中指出:"在大国里报纸都反映自己党派的观点,它永远也不会违反自己党派的利益。"① 列宁在《党的组织和党的出版物》一文中首先明确提出新闻事业的无产阶级党性原则。他说:"对于社会主义无产阶级,写作事业不能是个人或集团的赚钱工具,而且根本不能是与无产阶级总的事业无关的个人事业……写作事业应当成为整个无产阶级事业的一部分"②,"报纸应当成为各个党组织的机关报"③。中国共产党高度重视新闻舆论工作的党性原则。"增强党性与反映群众"是毛泽东指导新闻工作的根本指针。他在《增强报刊宣传的党性》中要求:"抓紧对通讯社及报刊的领导,务使通讯社及报纸的宣传完全符合党的政策,务使我们的宣传增强党性。"④ 江泽民明确指出:"我们的新闻工作是党的整个事业的一个重要组成部分。因此不言而喻,必须坚持党性原则。"⑤ "坚持党性原则,就要求新闻宣传在政治上必须同党中央保持一致。各级党报要这样,部门的和专业性的报纸也要这样。虽然有许多新闻本身不带政治性质,但是,从任何一个报纸、电台、电视台的总的新闻宣传来说,都不可能脱离政治。这几年新闻界出现了所谓'淡化'政治的提法。但是事实上极少数人并没有'淡化'他们的政治,而是在那里强化资产阶级政治观点,加紧进行否定四项基本原则的活动。"⑥ 2013年8月19日,习近平在全国宣传思想工作会议上强调,坚持党性,核心就是坚持正确政治方向,站稳政治立场,坚定宣传党的理论和路线方针政策,坚定宣传中央重大工作部署,坚定宣传中央关于形势的重大分析判断,坚决同党中央保持高度一致,坚决维护中央权威。所有宣传思想部门和单位,所有宣传思想战线上的党员、干部都要旗帜鲜明坚持党性原则。2016年2月19日,习近平在党的新闻舆论工作座谈会上再次强调:党的新闻舆论工作,必须把政治方向摆在第一位,牢牢坚持党性原则。党和政府主办的媒体是党和政府的宣传阵地,

---

① 中国社会科学院新闻研究所编:《马克思恩格斯论新闻》,新华出版社1985年版,第227页。
② 《列宁选集》第1卷,人民出版社1995年版,第663页。
③ 同上书,第664页。
④ 中共中央文献研究室、新华通讯社编:《毛泽东新闻工作文选》,新华出版社1983年版,第97页。
⑤ 江泽民:《关于党的新闻工作的几个问题——在新闻工作研讨班上的讲话提纲》,《新闻战线》1990年第3期。
⑥ 中共中央宣传部新闻局编:《中国共产党新闻工作文献选编(1938—1989)》,人民出版社1990年版,第189页。

必须姓党。党的新闻舆论媒体的所有工作，都要体现党的意志、反映党的主张，维护党中央权威、维护党的团结，做到爱党、护党、为党；都要增强看齐意识，在思想上政治上行动上同党中央保持高度一致。①

坚持党性原则，核心要解决好为什么人的问题。为什么人的问题是新闻舆论的根本性、原则性问题。新闻舆论为谁发声、为谁辩护，是为少数人服务还是为绝大多数人服务，是必须旗帜鲜明的问题。我们党是全心全意为人民服务的党，我们的国家是人民当家作主的国家。党和国家一切工作的出发点和落脚点是实现好、维护好、发展好最广大人民的根本利益。因此，党性和人民性从来都是一致的、统一的。坚持党性就是坚持人民性，坚持人民性就必须坚持党性，二者有机统一，密不可分。新闻舆论要解决好"为了谁、依靠谁、我是谁"这个根本问题，坚持以人民为中心的工作导向，为时代放歌、为人民抒写，把服务群众同教育引导群众结合起来，把满足需求同提高素养结合起来，把党的理论和路线方针政策变成人民群众的自觉行动，把人民群众创造的经验和面临的实际情况反映出来。要多宣传报道人民群众的伟大奋斗和火热生活，多宣传报道人民群众中涌现出来的先进典型和感人事迹，丰富人民精神世界，增强人民精神力量，满足人民精神需求，激发全党全国各族人民为实现中华民族伟大复兴的中国梦而团结奋斗。

2. 坚持党管宣传、党管媒体

宣传是一种专门为了服务特定议题（议事日程）的讯息表现手法。"宣传就是有意地把某种意见、态度、情绪以及风俗信仰等传播于社会的一种努力。"② 宣传者通过信息的传播，希望被宣传者接受并且支持自己的观点，使其思想和行为向宣传者所需求的方向转化和发展。从这个意义上说，宣传是一种舆论手段、舆论方法和舆论行为。执政党和政府的宣传工作，对于有效管理公共舆论，形成有利的公共舆论环境至关重要。

舆论宣传离不开传播。媒体是信息资讯传播最重要的载体和工具。在社会舆论形成和发展的过程中，大众传播媒介起着中介和催化作用。媒介的价值取向和传播能力对于社会舆论发挥着重大的导向、引导作用。当前

---

① 《习近平在党的新闻舆论工作座谈会上强调：坚持正确方向创新方法手段 提高新闻舆论传播力引导力》，《人民日报》2016年2月20日第1版。

② 林秉贤：《社会心理学》，群众出版社1985年版，第336页。

第四章　坚持正确舆论导向体制机制体系的基本结构

社会舆论生态的失衡，与新媒体的信息传播有着直接关系。正如陈力丹所说的，"公众是生活在舆论环境中的，舆论环境是指身外的各种舆论的总和，它们由无数外界可感知的信息符号和其他人脑海里的知识、观念所组成，人们模糊地感觉到它的存在，并无形中受到它的控制，因而表达的观念和行为与舆论环境高度相关。特别在公开发表意见的时候，人们会很自然地观察舆论环境，瞬间或者经过一段时间的权衡之后，才会发表自己的意见。这种情形说明，业已存在的舆论环境对于形成新的舆论，是一种无形而强大的社会控制力量。而客观的舆论环境，是由人际传播、组织传播和大众传播造就的，其中大众传播媒介在当代社会是能够感觉到的负载舆论环境的最主要的社会性媒体。特别是在超出人们直接感知范围的视野中，媒介对形成新的舆论的引导力十分强大。"[①] 媒体的这种影响舆论的作用，既可以是媒体自身的特征和功能自然决定的，也可以通过明确的意图来指导，即可以利用媒体对舆论加以导向和引导，形成对自己有利的舆论环境。所以，媒体成为现代社会实行公共管理、公共政治的重要工具，媒体执政或新闻执政是现代政府的重要方式。

中国共产党是中国特色社会主义事业的领导核心，也是新闻媒介的领导核心。党管宣传、党管媒体，既是对舆论形成发展规律的自觉把握和遵循，也是党在长期实践中形成的重要原则和制度，是党领导舆论工作的一项重要职能和内在要求，是坚持正确舆论导向，巩固马克思主义指导地位和全党全国人民团结奋斗的共同思想基础，提高党治国理政能力和水平的重要举措。十六届四中全会将"党管媒体"写入了《中共中央关于加强党的执政能力建设的决定》，充分体现了党中央对党管宣传、党管媒体原则的高度重视。媒体诞生之后，就成为政党执政的重要资源和工具。我们的政治制度决定了一切媒体都应当是党的喉舌，人民的喉舌，都肩负着宣传马克思主义真理、宣传党的主张、阐释党中央重大决策和工作部署、反映人民伟大实践和精神风貌，激励教育和动员人民，有效引导舆论，营造正面积极的舆论环境，推动社会舆论朝着有利于党和人民事业有利的方向发展的重要使命，必须处在党的绝对领导之下，绝不允许党管的媒体发出与党和人民利益相违背的声音。因此，"坚持正确的舆论导向，首先要把握好报刊、通讯社、广播电台、电视台、出

---

① 陈力丹：《舆论学——舆论导向研究》，上海交通大学出版社2012年版，第176页。

版社的宣传方向，把这些阵地牢牢地掌握在我们党手里"①。新闻舆论工作各个方面、各个环节都要坚持正确舆论导向。各级党报党刊、电台电视台要讲导向，都市类报刊、新媒体也要讲导向；新闻报道要讲导向，副刊、专题节目、广告宣传也要讲导向；时政新闻要讲导向，娱乐类、社会类新闻也要讲导向；国内新闻报道要讲导向，国际新闻报道也要讲导向。不仅要管住党报党刊等传统媒体以及其他城市、社会媒体，而且要贯彻到互联网媒体领域，以至于微信、博客、微博、客户端等新媒体，切实做到媒体在哪里，新闻舆论阵地就在哪里，党的领导就体现在哪里，形成全方位、多层次、多声部的主流舆论矩阵。

3. 坚持"政治家办报"

"政治家办报"是毛泽东提出的一个重要思想。1957年6月，毛泽东在同胡乔木和即将接任《人民日报》总编辑的吴冷西谈话时说："写文章尤其是社论，一定要从政治上总揽全局，紧密结合政治形势，这叫做政治家办报。"② 1959年6月，毛泽东对吴冷西谈话时，再次强调了"搞新闻工作，要政治家办报"。③ 政治家办报的新闻思想高度概括了党对新闻工作者的政治要求，精辟阐明了政治与新闻的关系，深刻揭示了新闻媒体与社会发展现实紧密相连的规律。"政治家办报"是一个内涵十分丰富的命题，既包括新闻工作者的政治立场、理论修养、品质修养问题，也包括新闻工作者的业务能力培养和工作作风锻炼问题。它要求新闻工作者讲政治、讲党性，提高政治素养；增强政治意识、把握政治方向、加强全局观念；讲究宣传艺术，提高引导水平。

习近平指出，要坚持党管媒体原则，严格落实政治家办报要求，确保新闻宣传工作的领导权始终掌握在对党忠诚可靠的人手中。要真正把那些具有高度的马克思主义理论修养、政治立场坚定、坚持走群众路线的干部，选拔到意识形态工作领导岗位上来。各级宣传部门领导同志要加强学习、加强实践，真正成为让人信服的行家里手。要把宣传文化单位领导班子的思想政治建设摆在更加突出的位置，坚定政治方向、强化责任担当、

---

① 《江泽民文选》第1卷，人民出版社2006年版，第501—502页。
② 吴冷西：《忆毛主席》，新华出版社1995年版，第40页。
③ 中共中央文献研究室、新华通讯社编：《毛泽东新闻工作文选》，新华出版社1983年版，第216页。

严明管理要求、提升能力素质，使领导班子强起来，做到讲政治、强党性、敢担当、勇创新、严律己。新闻工作者要增强政治意识、大局意识、核心意识、看齐意识，在思想上政治上行动上同以习近平同志为核心的党中央保持高度一致，主动自觉地向党中央看齐，维护党中央权威。坚持"政治家办报"，必须注意"新三反人员"占据媒体与舆论阵地的问题。所谓"新三反人员"就是坚持反党、反国家、反民族立场的人员，这些人本来是党培养的，被党安排在舆论阵地，却总是唱反调，抹黑党的形象，质疑、攻击党的事业，把我们的国家说得一无是处，干着反党反社会主义的事。这些人绝不能继续待在媒体，绝不能再从事舆论宣传工作，坚决做到"不换立场就换人"。

4. 建立系统的工作格局和工作机制

"对新闻舆论进行宏观管理，是社会管理的一部分，是党和政府有关部门的重要职责，是以正确舆论引导人的内在要求，是促进新闻事业繁荣发展的重要保证。"[1] 要形成党委管宏观、政府管微观、党委管方向、政府管事务的领导体制和党委统一领导、党政齐抓共管、宣传部门组织协调、有关部门分工负责、社会力量积极参与的工作格局和工作机制。各级党委和政府要从全局高度、战略高度，切实把舆论工作摆上重要位置，列入重要议事日程。按照属地管理、分级负责和谁主管谁负责的原则，各级党委（党组）领导班子对本地区本部门本单位舆论宣传工作负主体责任，党委（党组）书记是第一责任人，切实加强对舆论宣传工作的领导、引导和管理，牢牢掌握舆论宣传工作的领导权、管理权、话语权。江泽民要求，"各级党委要经常研究讨论新闻工作。比如每一段时期的宣传方针、指导思想、报道重点、宣传效果等等，都应该在党委会上讨论。党委主要负责同志要亲自过问新闻宣传"[2]。在2016年2月19日党的新闻舆论工作座谈会上，习近平指出，各级党委要自觉承担起政治责任和领导责任。领导干部要增强同媒体打交道的能力，善于运用媒体宣讲政策主张、了解社情民意、发现矛盾问题、引导社会情绪、动员人民群众、推动实际工作。大量事实表明，在关键时刻，新闻舆论能否保持正确导向，党委的坚强领导是决定性因素。党委对新闻媒体工作

---

[1] 中央宣传部干部局编：《新时期宣传思想工作》，学习出版社2001年版，第78页。
[2] 中共中央文献研究室编：《十三大以来重要文献选编》中，人民出版社1991年版，第777页。

的领导，就是从党、国家的工作大局和人民群众的根本利益出发，遵循党的方针政策，依据国家的法律法规，对一切从事新闻信息服务、具有媒体属性和舆论功能的传播平台，特别是主流新闻媒体实行组织、指导、协调和监督，积极支持和发展正确健康的舆论，坚决抵制和克服消极有害的舆论，保证正确舆论在社会生活中的主导地位。

面对新媒体复杂的舆论环境，要建立起党委统一领导，党委宣传部门组织协调、有关部门分工负责、社会力量积极参与、运转有序、组织有力的综合协调机制和舆论工作格局，及时组织重大新闻宣传活动，协调处理敏感的相关问题。同时，要树立大宣传的工作理念，动员各条战线各个部门一起来做，把舆论宣传工作同各个领域的行政管理、行业管理、社会管理更加紧密地结合起来，提高舆论宣传管理工作的科学性和有效性。

二 提高新闻舆论工作队伍素质的有效机制

习近平总书记指出，党的新闻舆论工作是"治国理政、定国安邦的大事"。在新的媒体格局和舆论生态下，只有努力打造一支高素质的新闻舆论工作队伍，才能提高新闻舆论的传播力、引导力、影响力、公信力，更好地完成新闻舆论工作的职责和使命。

（一）提高新闻舆论工作队伍素质的重要性

当今世界，国家间以及各领域的竞争，归根结底是人才的竞争，尤其是高素质、高水平人才的竞争。素质是指个人的才智、能力和内在涵养，即才干和道德力量。素质是判断一个人能否胜任某项工作的起点，是决定并区别绩效差异的个人特征。新闻工作者不仅是新闻舆论的记录者、观察者，而且也是思考者、建设者。新闻舆论队伍的政治素质、理论素养、业务素质不仅影响新闻业态和舆论生态，决定着舆论宣传工作的质量和效果，更关系着全社会的价值导向和思想动向。

舆论导向正确与否，舆论引导是否得力，党的领导是根本，队伍是基础，人才是关键。领导权是阶级统治权的集中表现，路线确定之后，人的因素就具有了决定性的意义。新形势下，舆论表达主体和传播主体多元化、舆论传播载体和舆论形态多样化、舆论传播内容和舆论发展态势复杂化，给党的新闻舆论工作带来严峻挑战，同时也对新闻舆论工作队伍的素质提出了更高要求。必须建设一支党性强、素质硬、水平高的新闻舆论工作队伍，才能守牢宣传舆论阵地，实现和提升党的新闻舆论的传播力、引导力、影响力、公信力，确保党对新闻舆论的领导权和主动权。

回顾党的发展历史，历代领导集体都高度重视新闻舆论工作队伍的建设。胡锦涛指出："做好新闻宣传工作，关键在班子、在人才……不断提高思想政治水平、增强业务本领，努力建设一支政治强、业务精、作风正、纪律严的新闻宣传队伍。"① 在党的新闻舆论工作座谈会上，习近平总书记强调，媒体竞争关键是人才竞争，媒体优势核心是人才优势。要加快培养造就一支政治坚定、业务精湛、作风优良、党和人民放心的新闻舆论工作队伍。新闻舆论工作者要增强政治家办报意识，在围绕中心、服务大局中找准坐标定位，牢记社会责任，不断解决好"为了谁、依靠谁、我是谁"这个根本问题。要提高业务能力，勤学习、多锻炼，努力成为全媒型、专家型人才。要转作风、改文风，俯下身、沉下心，察实情、说实话、动真情，努力推出有思想、有温度、有品质的作品。要严格要求自己，加强道德修养，保持一身正气。习近平总书记的讲话道出了今天传媒格局下影响力竞争、话语权争夺的关键所在，指出了建设高素质新闻舆论工作队伍的重要性和必要性，对新闻舆论工作队伍建设提出了明确、全面、具体的要求，为新时期新闻舆论工作队伍建设和新闻舆论工作者素质的培养提高提供了根本指针和基本遵循。

（二）新闻舆论工作者的基本素质

在新的时代条件下，党的新闻舆论工作要"高举旗帜、引领导向，围绕中心、服务大局，团结人民、鼓舞士气，成风化人、凝心聚力，澄清谬误、明辨是非，联接中外、沟通世界"。② 广大新闻舆论工作者只有在思想、知识、能力、作风等方面不断提高自身的综合素质，才能更好地完成党和人们赋予的职责和使命。

1. 正确的政治立场

政治性是新闻媒体最重要的属性，正确的政治方向是党的新闻舆论工

---

① 胡锦涛：《在人民日报社考察工作时的讲话》，《人民日报》2008年6月21日第4版。
② 《习近平在党的新闻舆论工作座谈会上强调：坚持正确方向创新方法手段 提高新闻舆论传播力引导力》，《人民日报》2016年2月20日第1版。

作的灯塔。讲政治，讲党性，严守政治纪律和政治规矩，是新闻舆论工作者最重要的素质和最根本的要求，也是坚持正确的舆论导向，以正确的舆论引导人的重要保证。马克思主义认为，经济基础决定上层建筑；上层建筑对经济基础具有巨大的反作用。新闻舆论，作为上层建筑、意识形态的一个重要组成部分，由于其自身的特点和优势，对社会政治、经济、文化生活的各个领域都会产生广泛而深刻的影响。在新闻传播手段还不够发达的时代是如此，在新闻传播手段越来越现代化的今天更是如此。舆论工作就是思想政治工作，是党和国家的前途和命运所系的工作。舆论导向正确，是党和人民之福；舆论导向错误，是党和人民之祸。能否坚持正确的舆论导向，正确舆论的引导作用能不能得到发挥，关键在于掌握舆论工具的人，在于我们这支新闻舆论队伍。面对社会发展过程中的各种矛盾，新闻舆论工作者要把坚持正确政治方向摆在首位，搞清楚"我是谁、为了谁、依靠谁"的问题，在围绕中心、服务大局中找准坐标定位，树立高度的政治责任感，对职业负责、对新闻负责、对社会负责、对党和人民负责、对历史负责，不断增强政治鉴别力和政治敏锐性，在任何时候、任何情况下都要自觉在思想上政治上行动上与党中央保持高度一致，坚决贯彻党的意志和主张，严守政治纪律和政治规矩，在大是大非面前保持清醒，在关键时刻积极为党分忧，勇于发声亮剑，旗帜鲜明地同各种错误思潮作斗争，唱响主旋律，传播正能量，打好主动仗，更加自觉主动地为人民服务、为社会主义服务、为党和国家工作大局服务，做党的政策主张的传播者、时代风云的记录者、社会进步的推动者、公平正义的守望者。

2. 扎实的理论功底

在当代中国，马克思主义是占统治地位的社会意识形态，但并不意味马克思主义是唯一的社会意识。现实中的社会意识从来都不是单一存在的。"在不同的占有形式上，在社会生存条件上，耸立着由各种不同的、表现独特的情感、幻想、思想方式和人生观构成的整个上层建筑。"① 实行改革开放以来，新旧机制转换、利益结构调整，不同阶层、不同利益群体形成的思想观念复杂多样，各种意见诉求交织交错，思想理论领域呈现出与主导意识形态存在不同程度差距甚至背离的多样的意识观念和价值取向。一些非马克思主义、反马克思主义的理论、观点在滋长、渗透，以各种方式和渠道在社会

---

① 《马克思恩格斯选集》第1卷，人民出版社1995年版，第611页。

中传播、流传，影响人们的价值导向、道德观念、信仰信念，思想理论方面的杂音和噪声不时造成负面的社会舆论冲击社会主义核心价值体系。由利益分化、贫富差距、腐败现象引发的社会舆论中夹杂着一些非理性、情绪化、偏激性的观点，甚至是居心叵测、蛊惑人心的言论。

面对我国社会的深刻变化，要在深化改革、建设社会主义市场经济体制的条件下形成社会主义现代化建设的共同理想、价值观念和道德规范，防止和遏制腐朽思想和丑恶现象的滋长蔓延；要在扩大对外开放、迎接世界新科技革命的情况下吸收外国优秀文明成果，弘扬祖国传统文化精华，防止和消除文化垃圾的传播，抵御敌对势力对我国"西化""分化"的图谋……就需要新闻舆论工作者掌握思想利器，具有较高的政治水平、理论水平和政策水平。要用马克思主义的唯物辩证法和认识论、马克思主义新闻观和中国特色社会主义理论体系武装头脑，不断深化对党的大政方针的理解和认识，对新情况和新问题作出科学理性的判断分析，做好宣传解释工作；善于用马克思主义的立场、观点和方法来观察问题，透过现象看本质，在复杂多变的舆情中抓住本质和重点，在杂乱无序的信息中明辨是非、判断真伪，澄清错误认识、驳击反动言论，消除误解隔阂，把握舆论主动，实现前瞻性、坚定性的思想引领。

3. 精湛的业务能力

新闻舆论工作者的业务能力，主要是指掌握和从事新闻舆论工作所必需的基本理论、基本知识和基本技能。业务精湛是新闻舆论工作者的立身之本。坚持正确的舆论导向是对新闻舆论工作者政治素养和业务能力的双重考验，如果理论素养不高、知识储备不够、新闻业务不精，就难以胜任本职岗位、难以创作精品力作。在传统媒体占主导的时代，资讯传播途径比较单一，社会公众主要是接受来自官方和主流媒体发布的信息，成为单向度接受信息和舆论引导的"受众"。主流权威媒体通过议程设置和媒体互动，深入热点话题，引导公众兴趣，展示巨大的舆论宣传影响力。然而，在媒体融合发展的新形势下，新闻工作的平台和载体、新闻业务的范围和内涵等，都发生了深刻变化，传统媒体受到了新兴媒体的强有力冲击。2014年的统计数据显示，每天约有600亿单位量的信息向全球发布，并以每年20%的年增长率递进。互联网已经成为信息传播、共享、应用的公共平台和大众获取信息的重要渠道，群众的知情范围不断扩大、表达空间不断扩展、监督意识不断增强，舆论垄断、

"我说你听""我播你看"的时代一去不返。媒介理论家麦克卢汉曾说："媒介即讯息"。意即媒介自身就是内容，任何新媒介都会对社会产生重大影响。新兴媒体突破传播成本和技术条件的限制，赋予公众更多的选择权利和更强的表达能力，任何新闻媒体都不可能单凭地位、资金、设备来控制舆论话语，媒体人也无法单靠撰写稿件就能实现足够的传播效果。从实践来看，社会生活的丰富性决定了新闻工作者必须具有广博的知识，新闻舆论工作越来越需要"新闻特种兵"，即能够熟练掌握文字、图像处理、新媒体产品制作等的全能型新闻人才。新闻舆论工作者要承担起引导舆论、凝心聚力的责任，必须要有新的知识、新的理念、新的本领。江泽民在视察人民日报社时强调：新闻工作，无论编辑、采访，都需要有业务能力，特别是要有很好的文字修养。现在，报纸上登载的许多报道，主题好、内容好、语言也很精彩，使人在受教育的同时，也得到美的享受。但是也有一部分新闻作品，不讲究辞章文采、文字干巴巴的、翻来覆去老是那么几句套话；也有的哗众取宠、乱造概念、词句离奇，使人看不懂，这种不良文风应加以纠正，要大力提倡新闻工作者苦练基本功。在党的新闻舆论工作座谈会上，习近平总书记对全国新闻舆论工作者提出殷切希望：要提高业务能力，勤学习、多锻炼，努力成为全媒型、专家型人才。

4. 优良的工作作风

作风优良是新闻舆论工作者的成事之基，也是搞好新闻宣传的重要前提。作风问题关系新闻舆论工作者在受众心目中的形象，关系新闻报道的质量，关系党和政府宣传教育的效果。为此，习近平总书记要求新闻舆论工作者转作风、改文风，俯下身、沉下心，察实情、说实话、动真情，努力推出有思想、有温度、有品质的作品，让群众愿意看、主动看，实现主流媒体传播内容的入耳、入脑、入心，向党和人民交上满意答卷。新闻舆论工作者的优良作风，一是爱岗敬业。爱岗敬业反映的是从业人员对待自己职业的一种态度，也是一种内在的道德需求。新闻舆论工作者要热爱党的新闻事业，献身党的新闻事业，对党的新闻事业极端负责，敬重新闻职业道德操守，精益求精，尽职尽责。二是实事求是，讲真话，报实情。真实性是新闻的生命，客观性是新闻发挥"社会公器"作用、赢得社会公信力的基础。从舆论导向上讲，只有提供全面、真实、丰富的资讯，才能帮助人们在纷繁的信息和不同的见解中形成正确的意见。新闻舆论工作者必须俯下身、沉下心，深入基层，深入群众，体察实情，把握社会脉搏的律动，掌握第一手资料，得到真正有价值的报道素材，才能更好地凸显新闻的品格与力量。三是艰苦奋斗。新闻舆论工作是既要付出体力，又要耗费脑力的复杂劳动。为了得到第一手资料，为了掌握事件的来龙去脉，新闻舆论工作者必须发扬不怕苦、不怕累，有时还要不怕危险、不怕牺牲的精神。"新闻是靠脚板走出来的"，基层是新闻生命的源泉、记者成才的沃土，只有真正沉下心来、扑下身子，眼往下看，脚往下跑，把双脚踩在大地上，深耕生活沃土，提炼生活真味，才能使写出的稿件和制作的节目更有底气、更有生活温度，为群众喜闻乐见。四是清正廉洁。新闻舆论工作者要自觉抵制拜金主义、享乐主义、个人主义思想的侵蚀，恪守职业道德和行业准则，不利用职业之便谋取私利，不拿版面做交易，坚决反对见利忘义、有偿新闻，维护社会公平正义。五是严谨细致，一丝不苟，精益求精，严防差错。新闻媒体，尤其是主流媒体，作为党和政府的"喉舌"，具有极强的权威性和巨大的社会影响力，任何差错，都会造成不良后果，甚至是政治上的误导，给党和人民的事业带来不可估量的损害。六是勇于创新。新闻事业是常干常新的事业，是有着广阔的驰骋空间的事业。面对新形势新变化新发展，"不日新者必日退"。做好新闻宣传工作，比以往任何时候都更加需要创新。在坚持党的新闻工作的基本方针和原则的前提下，新闻舆论工作者应当不断开拓新的报道领域，不断探索新的报道形式，不断采用新的报道手法，不断写出富有新意的优秀作品。

（三）加强队伍建设，提升整体素质

提高新闻舆论工作者综合素质，是实现媒体社会责任的基本保证。当前我国新闻舆论队伍还存在着理论素养不足、实践技能欠缺、职业道德自律意识淡漠、新闻作品引导力亟待提高的问题。新闻舆论队伍建设是一项复杂而艰巨的系统工程，全面提高新闻舆论工作者的能力和水平，既是紧迫任务，又需长期努力，必须不断完善各项工作机制，切实抓好新闻舆论工作队伍建设。

1. 加强教育培训工作

新闻来自于事实，但不是事实的"搬家式"再现。运用什么方法来认识和挖掘事实的本质及价值内涵，用什么样的形式来表现作品，传递怎样

的价值倾向和社会责任，无不与新闻舆论工作者的知识、技能、道德责任和创新能力等综合素质息息相关。① 必须重视和加强新闻舆论工作者的教育培训工作。要以马克思主义、毛泽东思想、邓小平理论、"三个代表"重要思想和科学发展观为指导，深入学习习近平总书记系列重要讲话精神，系统开展马克思主义新闻观教育、党性教育、党的方针政策教育、法制教育、国情社情教育、职业道德教育、新闻纪律教育等，引导新闻舆论工作者牢固树立马克思主义新闻观，增强政治意识、大局意识、核心意识、看齐意识和舆论引导力必需的政治素养、理论政策水平和道德品质。要创新学习教育的方式，拓宽学习教育途径，集中教育和个人自学、理论钻研与实践感悟相结合，提高学习教育活动的实效性。为适应新形势新技术的发展要求，要有计划地开展岗前培训、在岗培训和专题培训，在新闻舆论工作者中大力提倡苦练基本功、努力钻研业务的风气，不断完善知识结构，提高业务能力和业务水平，尤其是提高驾驭新媒体、打造新型主流媒体的能力。要选派业务骨干到高校和国内外新闻媒体机构交流学习，到党政机构换岗，拓宽新闻舆论工作者视野，提高新闻舆论工作者的思想素质和业务素质；开设新闻从业者论坛，加强新闻舆论工作者之间的相互交流；鼓励新闻舆论工作者到农村、工厂、部队实践考察学习，深入基层，接触社会，了解社会。要结合新闻舆论各个环节的岗位要求，制定具体可行的长远人才培养计划，增强新闻舆论从业人员对所从事工作的光荣感、责任感和使命感，增强对所属新闻单位的归属感和向心力。

2. 建立科学考评体系

改革开放和建立社会主义市场经济以来，新闻媒体适应经济体制改革和市场机制的变化，对新闻从业人员的工作考核普遍采取薪酬与工作量直接挂钩的量化评价方式。这种评价方式虽然一定程度上刺激了从业人员工作的积极性，但也容易导致实用主义与功利主义思想滋长，引发诸多消极现象。一些从业人员重经济利益而轻社会效益，追求眼前利益而忽视长远发展，学习观念淡薄，职业理想淡漠，职业道德缺失，新闻作品粗糙寡陋，不仅应有的引导功能没有得到有效发挥，甚至产生了负面效应，形成不良的社会影响。为此，必须严格把好"素质关"，从以收视率、上稿量为标准的单一量化的

---

① 刘梓良：《建立新闻采编综合素质培训机制课题报告——建立科学的培训机制 全面提高从业者素质》（http://data.chinaxwcb.com/epaper/2011/2011-05-24/10776.html）。

信息评价方式向对新闻舆论工作者的理论素养、专业技能、职业操守与工作业绩的考核为主的"四位一体"综合素质考评体系转变。理论素养主要包括政治素养、逻辑素养、科学思维素养、知识素养、语言文字素养、新闻观念等方面的内容；专业技能主要包括采、写、编、评、摄、播等能力，以及根据具体业务分工和岗位需求所应具备的调查取证、收集分析、组织策划、高科技传输、工具使用等技能；职业操守主要包括职业理想、职业修养、职业道德、职业规范等；工作业绩主要指作品的内容设计与制作效果、作品的社会评价、学术研究等方面。新闻单位要定期组织新闻从业人员进行理论素养和专业技能的考试，并开展职业道德和工作业绩的年度考核，形成综合素质成绩，作为聘用、评先和晋级的依据。要强化监督、监管机制，将岗前述职、全程监督、多方考评相结合，对新闻从业人员的工作进行动态管理。同时，建立有效的激励与约束机制，将有效的监督评价机制与相关的激励导向机制相结合，职责明确、奖罚分明，充分调动新闻舆论从业人员的积极性。鼓励新闻从业人员特别是采编人员深入基层、深入群众、深入生活，采写、刊播符合"三贴近"要求的精品佳作。对考试、考核成绩不合格者，在编人员调离其业务岗位，招聘人员予以辞退；对严重违背职业道德，制造虚假新闻或出现有偿新闻者，坚决予以辞退；对触犯党纪国法的，则移交相关部门依法依规处理。

3. 完善准入退出机制

近年来，新闻界的职业化建设已经取得了很大进展，但与党和政府的要求，与新闻媒体业态的发展需要，还有相当大的差距。媒介是由人来操纵的，新闻是由人来采访、编辑、报道的。新闻单位要切实把好进人关、用人关和考核关，建设一支优秀的新闻舆论队伍。新闻部门要建立严格的新闻从业人员职业资格准入制度，实行新闻从业人员职业资格考试，录用的新闻从业人员必须具备新闻出版从业资格。同时要建立健全全国统一的新闻从业人员档案管理制度特别是新闻从业人员信用"操守档案"，严格执行《新闻采编不良从业行为记录登记办法》，建立覆盖全国、可公开查询的新闻从业人员不良从业行为记录数据库，建立推行新闻采编不良记录禁业制度，新闻从业人员违反法律法规，违反新闻宣传纪律，违背职业道德情节严重者，出现虚假报道等行为，将被吊销有关证件，辞退、开除或解除聘用关系。凡被吊销有关证件的新闻从业人员，自吊销之日起若干年内不得从事新闻工作；凡因违规违纪被新闻媒体解聘、除名的人员，应视不同情节限期或终身禁止其从事新闻职业。因犯罪被判处刑法者，终身不得从事新闻工作。

4. 深化人事制度改革

在党的新闻舆论工作座谈会上，习近平总书记指出："要深化新闻单位干部人事制度改革，对新闻舆论工作者在政治上充分信任、工作上大胆使用、生活上真诚关心、待遇上及时保障。"① 新闻舆论工作者工作在舆论宣传战线，为党和人民的事业努力工作献策献力，各级领导干部要善于同新闻舆论工作者打交道，做新闻舆论工作者的挚友、净友，尊重人才，爱护人才；要继续深化改革，完善制度机制，切实解决新闻舆论工作者在学习、工作、待遇、晋升等方面的问题和困难，积极营造有利于发挥新闻舆论工作者聪明才智和工作积极性的政治环境、工作环境、学习环境和生活环境。习近平强调，知识分子有思想、有主见、有责任，愿意对一些问题发表自己的见解。各级党委和政府以及各级领导干部要就工作和决策中的有关问题主动征求他们的意见和建议，欢迎他们提出批评。对来自知识分子的意见和批评，只要出发点是好的，就要热忱欢迎，对的就要积极采纳；即使一些意见和批评有偏差，甚至不正确，也要多一些包容、多一些宽容，坚持不抓辫子、不扣帽子、不打棍子。

三　舆论宣传内容管理机制

我们党和政府历来就有重视舆论宣传工作的传统，舆论宣传工作在革命、建设和改革开放过程中发挥着极其重要的作用，是我们党宝贵的政治优势。加强舆论宣传内容审查，是确保新闻舆论信息正常传播和导向正确，为党和国家各项工作的顺利开展营造良好舆论氛围的重要措施和保障。

（一）舆论管理是党和政府的重要职能

在马克思、恩格斯看来，政府的本质是阶级统治的工具，目的是维护统治阶级的政治、经济和文化利益。政府兼具统治职能和社会职能，两者

---

① 《习近平在党的新闻舆论工作座谈会上强调：坚持正确方向创新方法手段　提高新闻舆论传播力引导力》，《人民日报》2016年2月20日第1版。

第四章　坚持正确舆论导向体制机制体系的基本结构 / 95

缺一不可。"政治统治到处都是以执行某种社会职能为基础，而且政治统治只有在它执行了它的这种社会职能时才能持续下去。"① 政府的统治职能和社会职能，国内学界进一步具体化为政治职能、经济职能、文化职能和社会职能。政治职能是指保卫国家的独立和主权，保护公民的生命安全及各种合法权益，保护国家、集体和个人的财产不受侵犯，维护国家的政治秩序等方面的职能；经济职能是指政府以积极的手段推动社会生产力的发展，维护经济基础的巩固和发展的职能；文化职能是指领导和组织精神文明建设的职能，包括思想政治工作，对科学、教育、文化等事业进行规划管理等，其根本目的是提高公民素质，铸造可以使国民自立于世界民族之林的强大精神支柱；社会职能是政府组织全社会力量对社会公共生活领域进行管理的职能。② 在我国政府管理的理论和实践中，舆论管理工作属于政府文化职能和社会职能的范围。中组部组织编写的全国干部培训教材《公共行政概论》中把新闻、舆论等纳入文化职能的范畴，党的十六大报告也把"以正确的舆论引导人"，"新闻出版和广播影视必须坚持正确导向，互联网站要成为传播先进文化的重要阵地"，③ 作为文化建设和文化体制改革的重要内容。党的十八大报告在"扎实推进社会主义文化强国建设"中，提出了"发展哲学社会科学、新闻出版、广播影视、文学艺术事业"的要求。中央宣传部干部局组织编写的《新时期宣传思想工作》则明确指出："新闻舆论工作的宏观管理，就是从党、国家的工作大局和人民群众的根本利益出发，遵循党的方针政策，依据国家的法律法规，对新闻宣传工作实行组织、指导、协调和监督，积极支持和发展正确健康的舆论，坚决抵制和克服消极有害的舆论，保证正确舆论在社会生活中的主导地位。对新闻舆论进行宏观管理，是社会管理的一部分，是党和政府有关部门的重要职责，是以正确舆论引导人的内在要求，是促进新闻事业繁荣发展的重要保证。"④ 可见，舆论管理是我们党和政府的一项重要职能，党和政府通过管理新闻舆论实现对社会舆论进行有效引导，保证舆论导向正确，为党和国家各项工作的顺利开展营造良好的舆论氛围。

---

① 《马克思恩格斯选集》第 3 卷，人民出版社 1995 年版，第 523 页。
② 刘伯高：《政府公共舆论管理》，中国传媒大学出版社 2008 年版，第 31 页。
③ 《江泽民文选》第 3 卷，人民出版社 2006 年版，第 559 页。
④ 中央宣传部干部局编：《新时期宣传思想工作》，学习出版社 2001 年版，第 78 页。

（二）舆论宣传内容审查是舆论管理的重要环节

舆论宣传内容审查属于舆论管理的范畴。舆论管理是各国共同存在的一种现象，它是以政府为主体的国家机关为维护公共利益和公共秩序，运用直接和间接手段，对公共舆论加以规范和引导，促进政府目标实现的管理活动。① 政府的舆论管理职能，一般来说，包括通过制定法规政策规范公共舆论；运用行政、法律、经济等手段对舆论进行引导和干预；对舆论传播载体，包括大众传媒、文学艺术、哲社理论进行管理。管理舆论方式通常是直接管理和间接管理相结合，但不论是直接方式还是间接方式，都必然包含对信息源的干预和控制，以左右公共舆论。

美国著名传播学者库尔特·卢因在他的"把关人"理论中指出，在群体传播中存在着一些把关人（记者、编辑等，也可以是媒介组织），只有符合群体规范或把关人价值标准的信息内容才能进入传播的管道。传播学者怀特认为新闻媒体在进行报道活动时并非听闻必录，而是要对新闻素材进行取舍和加工，然后再将选择出来的信息传播给受众。随着市场经济和大众传播的迅速发展，尤其是现代信息技术发展导致的传播方式的变革，舆论更加具有多元性、开放性、互动性、实时性和突发性，一旦处理不好，会迅速形成或出现负面舆论、产生负面效应，引发舆论危机，危及社会稳定。从舆论管理的角度讲，只有进入传播管道的舆论信息符合全面性客观性，才能保证舆论导向的正确性。各级党委、政府和相关部门必须主动有效地承担起"把关人"的职能，在坚持倾向性与客观性相统一原则基础上，重视和加强对舆论宣传内容的审查把关，确保新闻舆论信息的正常传播，引导舆论健康发展。

（三）加强舆论宣传内容审查

舆论的生成方式、传播途径各有不同，但都离不开大众媒介。大众媒介是"社会舆论的机关"，舆论的产生往往是大众媒介信息传播和引导公众的结果。反映舆论、组织舆论、成就舆论、引导舆论甚至制造舆论，成为媒介的重要功能。马克思对当时媒体的代表——报刊在舆论形成中的作用曾这样说过：报刊不仅"是社会舆论的产物，同样地，它也制造这种社

---

① 刘伯高：《政府公共舆论管理》，中国传媒大学出版社2008年版，第40页。

会舆论"①。由于现代社会的复杂多变,没有人和组织可能对整个外部事物都保持经验性接触,人们只能通过各种"新闻供给机构"去了解和认知,即人们依赖于大众媒介制造的媒介事实来认识外部世界,在此基础上形成自己的意见、判断并指导行动。也就是说,现代人生活在一个大众媒介环境之中,大众媒介的信息传播已经成为人们认识社会把握现实的决定性因素。大众媒介作为一种强有力的大型社会信息系统,对舆论的形成、汇集、扩散具有重要作用,从而,借助大众媒介传播自己的声音和主张,形成对自己有利的舆论环境,放大自己的影响力,对于不论是个人还是组织,这都是一个有效的方法和途径。

政府舆论管理的对象是公共舆论,由于大众媒介在舆论的形成和引导中具有特殊作用,所以舆论管理必须重视和加强对大众媒介的管理,尤其是对媒介传播信息源的审查和把关。

1. 落实责任编辑制度和三审责任制度

传媒机构要建立和完善三级审查把关制度,完善采编刊播工作流程,规范编辑、部门负责人、总编三级审核制度,严格把好稿件签发关、版面节目审核关,确保信息内容真实可靠合规。媒体传播的新闻宣传信息必须有合法的来源和获取方式;对涉及党和国家大政方针以及民族、宗教、军事、外交等方面内容的信息,必须通过权威渠道采访并经主管部门同意方可报道;对党政军机关、司法机关、国有企事业单位工作人员自行提供的新闻稿件、内部材料,应向其所在单位核实,经同意后方可使用;对其他媒体的报道要核准事实后方可转发,不得歪曲原报道事实、改变原报道内容、误导受众,严禁使用未经核实的互联网信息,防止传播扩散网上非理性情绪和虚假信息,杜绝"跟网""跟风"现象。使用互联网信息(包括文字、图片、视频、音频信息)作为新闻线索,必须查证信息来源,核实内容真伪,并遵守相关法律法规;新闻线人、热线电话、特约记者、民间组织、商业机构等提供的信息,须经调查核实后才能报道。强化终审责任,明确稿件节目终审人员的岗位责任。

2. 建立和完善审读制度

对广播电视、报刊、音像制品、电子出版物和网络出版物审读是新闻出版行政部门履行管理职责,加强社会监管,依照国家法律法规所进行的

---

① 《马克思恩格斯全集》第 1 卷,人民出版社 1956 年版,第 231 页。

一项重要执法工作，也是清洁舆论环境，保证舆论导向正确，强化舆论引导，巩固马克思主义在意识形态领域指导地位的需要。

新闻出版管理中的审读，主要对出版内容是否符合国家的法律、法规及方针、政策，是否存在反对宪法确定的基本原则，是否危害国家统一、主权和领土完整，危害国家安全，泄露国家机密，破坏民族团结，宣扬邪教迷信和色情暴力等方面进行审读。[①] 审读工作要坚持以中国特色社会主义理论体系为指导，深入贯彻习近平总书记系列重要讲话精神，坚持党的领导，坚持正确的政治方向和舆论导向，严格遵守国家有关法律法规，把社会效益放在首位，努力传播社会主义核心价值观，传播有益于提高民族素质、经济发展和社会进步的科学技术和文化知识，弘扬中华民族优秀文化，丰富人民群众的精神文化生活，防止和杜绝负面信息、错误言论误导人们思想，干扰破坏社会稳定。各级新闻出版行政部门和报刊主管单位是新闻舆论信息审读的第一责任主体，要加强对审读工作的领导，在党委宣传部门统筹下设立新闻报道阅评监督小组具体负责审读工作，安排具有较高的马克思主义理论修养和政策水平，有强烈事业心和高度责任感，熟悉新闻出版工作方针政策、相关法律法规、新闻出版业务的专业人员对各种媒体的内容进行审读、审听、审看，及时掌握新闻舆论动向。

审读工作坚持实事求是、依法行政的原则，采取一般审读、重点审读、全面审读、专项审读、抽查审读、书面审读、跟踪审读等形式进行。对审读中发现的问题，应及时予以认定，并依据相关规定作出处理。对重大事件，力求第一时间报告，并按中央有关文件的要求提出处置意见和措施。新闻报道阅评监督小组要定期编发相关简报，反映问题、分析原因、总结经验、指导工作。

3. 严格制作播出发布控制制度

为确保新闻宣传信息内容真实健康、导向正确，各广播电视、新闻网站等机构在发布播出节目、栏目及相关信息前，必须按规定经过审读审核程序。对未经审读审核擅自发布播出者，要追究相关责任人的责任；对由此造成不利影响的，视程度追究相关责任人的行政乃至法律责任。广播电视主持人和嘉宾承担着坚持正确导向、传播先进文化、引领文明风尚的重

[①] 《关于加强音像制品、电子出版物和网络出版物审读工作的通知》，新出音〔2007〕129号。

要职责。要对主持人持证和注册情况、嘉宾身份信息进行核实,并综合考虑主持人和嘉宾的专业素质和社会形象,判断其是否适宜发声出镜。广播电视机构要加强主持人马克思主义新闻观和文艺观教育,不断提高主持人政治素养和专业素养。要做好嘉宾上岗培训,引导其提高思想觉悟,明确自身定位,自觉遵守广播电视宣传管理有关规定。对主持人和嘉宾在节目中的言行举止要认真审查把关,有问题的一律不得播出。制作播出谈话类、现场直播类等广播电视节目,必须提前制定详细的节目脚本、提纲、背景资料、现场播出方案及应急处理预案,充分了解所聘请嘉宾的社会背景、政治观点等相关情况,引导嘉宾文明参与、理性表达。要通过延时装置、储存电话等安全技术措施,确保现场直播和热线参与可管可控。要完整履行节目播前审查程序,不得随意跳漏环节,重播必须重审。[1]

四 舆论反馈与监督机制

舆论是社会动向的晴雨表和人们情绪的温度计。舆论反馈与监督是党和政府文化管理和社会管理的重要职责,也是党和政府有关部门有效引导舆论、充分发挥新闻舆论导向作用的前提条件。党的十六届四中全会从加强党的执政能力建设的高度,明确提出:"建立社会舆情汇集和分析机制,畅通民意反映渠道。"[2] 中宣部专门成立了舆情信息局,编写《舆情信息汇集分析机制研究》和《舆情信息工作概论》,为加强舆论管理机关的舆论信息工作提供了理论和实践指导。

(一)充分认识舆论反馈与监督工作的重要性

新闻舆论处于意识形态的最前沿,在中国社会的政治建设、经济建设、法制建设、文化建设、社会建设等方面发挥着越来越重要的作用。当前,中国舆论生态发生了翻天覆地的改变,特别是随着信息技术和新兴媒体的推广运用,民众获得了前所未有的话语权,舆论已经成为影响国家生活、群众情绪和行为以及社会稳定的重要因素。

"科技越进步,风险越大,风险越大越需要控制。与科技同步发展的

---

[1] 《关于进一步加强广播电视主持人和嘉宾使用管理的通知》,新广电发〔2015〕129号。
[2] 《加强党的执政能力建设学习问答》,中共中央党校出版社2004年版,第172页。

传媒与生俱来的职能就是运载和传播信息，自身固有的风险以及因传播信息而衍生的风险就成为媒介无法回避的宿命。"① 当前在新闻舆论界存在不可忽视的问题：一是媒体改制，媒体既是具有部分公共权力的舆论部门，又是追求利润最大化的产业单位，加之新闻从业人员的队伍迅速扩大，职业素质参差不齐，为追求新闻卖点或轰动效应，或为谋取企业和个人不正当利益，虚假新闻、有偿新闻、有偿不闻、故意炒作、失实报道等现象时有发生；片面追求"眼球经济"导致的粗俗化、低俗化、媚俗化势头加剧。如"议程设置"奉行"狗咬人不是新闻，人咬狗才是新闻"的理念，使得猎奇、暴力、色情等信息占据了相当多媒体的大幅版面。尽管这些不良现象并非媒介的全貌，但它给社会带来的负面甚至恶劣影响，干扰了正常的新闻传播秩序，损害了党和国家利益，损毁了媒介形象和公信力，引起公众的极度不满。二是各种新生利益权势集团深谙舆论的重要性，用各种方式收买记者，操控舆论，使新闻舆论成为利益集团的"麦克风""代言人""遮羞布""挡箭牌"，损害了社会的公平正义。三是随着网络传播的崛起，互联网为公众提供了自主选择所需信息的数字化平台和参与信息传播的公共平台，人们不仅可以便捷地获取各种信息，而且能够更加自由地表达对事件的看法和观点，构建起一个"人人都是传播者"的传播空间和"我的世界我做主"的传播局面。正如著名互联网研究学者丹·吉尔摩（Dan Gillmor）所言："近几年来，越来越多的普通公民成为新闻记者和社会评论员。他们以令人惊叹的速度建立起加入社会和政治讨论的平台。"② 社会公众以网络为载体，自由表达自己的言论或观点进而形成了网络舆论，而其中不可避免掺杂着不明真相的以讹传讹、以自身利益为标准的评价意见、情绪化的观点言论，甚至别有用心的煽风点火。网络中海量的信息使得信息消费者核实信息真伪的成本太大甚至无法核实。在扁平的非线性的网络传播关系下，任何信息，不管真假，只要达到引爆点，就有可能以燎原野火之势迅速在网络中蔓延，特别是有关官方的负面舆论更是如此，一旦出现马上就能吸引网民的注意力，并通过微博、跟帖、网络聊天等形式迅速传播，成为媒介炒作的热点，聚集巨大的舆论力量，形成强大

---

① 陈岳芬：《风险社会的文化特征与媒体功能之实现》，《太平洋学报》2007年第9期。
② 《解读"You"时代之网民"声"态：虚拟世界里的真实声音》，山西新闻网（http://news.daynews.com.cn/cjzh/449135.html）。

的舆论冲击波。因此，各级党委和政府必须重视和加强舆论反馈与监督工作的领导和管理，构建完备的舆论反馈与监督机制，及时、全面、准确把握舆论动向、舆情动态和民情民意，加强党群、政群沟通与联系，消弭舆论中的杂音、噪声，防止负面和有害舆论对民众的误导，有效应对和及时处理各种社会事件，以正确的舆论引导人，弘扬积极向上的主旋律，维护社会团结稳定，促进社会和谐健康发展。

（二）当前舆论反馈与监督工作存在的问题

1. 一些部门对舆情重要性的认识尚不完全到位

党的十八大以来，党和国家高度重视舆论引导工作，总体来看，各级党政机关对舆论导向工作还是比较重视的，但也有一些部门对舆情的反应比较淡漠。一些部门领导缺少在网上线上与民众直接对话来倾听群众的呼声，或认真答复群众的愿望诉求；许多旨在沟通党群、政群关系的"热线""信箱"形同虚设；一些部门只管公布热线号码、信箱网址，却忽视了之后的管理和服务，普遍存在着电话难打通、打通难沟通，信函投递"有去无回"等问题。引发人民群众的不满情绪，影响党政机关在人民群众中的形象和公信力，同时也失去直接掌控舆情、了解群众思想动向的渠道和应对舆论危机的先机。

2. 舆情监控机制不够健全

舆情信息的及时跟踪、收集、研判、上报、共享和对舆论有效监督，是党和政府进行舆论引导工作的基础。负责舆情收集的党和政府部门有宣传、公安、文化、媒体机构等常态化运作部门，也有社会基础组织，如企事业单位的保卫机构、宣传机构、工会、社区委员会和村民委员会等。虽然舆情收集的部门和机构众多，但是由于舆情信息涉及网上和网下、平面媒体和电子媒体、现实社会和虚拟社会，加上舆情收集、上报制度没有全面有效落实，党委、政府相关部门很难及时全面掌握舆情信息，一些有价值的信息可能被遗漏或者忽视，为党和政府的舆情判断、监控舆论动态和主动引导社会舆论、有效进行舆论管理增加了难度。此外，部门之间的信息共享机制尚未形成，各自为战的现象较为普遍，有些地方和部门还形成彼此间的信息壁垒。

3. 网络媒体管理有待完善

目前，我国互联网管理部门繁多，职权交叉。互联网涉及的主管部门包括政府新闻主管部门、公安机关、通讯管理部门、互联网信息主管部门和相关行业协会。这些部门和单位在职权、职能等方面多有交叉重叠，导致在具体事务的管理上存在职责不清、尺度不一、推诿扯皮、效率低下等弊端，不利于网络舆论信息共享，弱化了对网络传播信息的监管。

（三）舆论反馈与监督机制建构

1. 加强党委、政府对舆论反馈与监督工作的领导和管理

党委对新闻舆论的监督主要是政治监督、导向监督。各级党委要将舆论宣传工作列入工作议程，并使之制度化，加强督促检查，把党管意识形态原则落到实处，把各级党委的政治责任和领导责任落到实处。定期召开舆论宣传工作会议，了解舆情，监控分析舆论动向，讨论、布置舆论宣传工作。出台相关管理规定和办法，加强舆情综合分析研判和情况通报工作。对舆论宣传工作中出现的问题，责成相关部门（单位）限期改正；出现原则性问题或重大事故的，要追究相关部门（单位）党政主要领导的主体责任。

新闻舆论监管是政府的文化管理职能。政府对新闻舆论的管理主要是规则管理，"一般说来，政府对公共舆论的管理具有以下一些共同的职能：制定有关法律、法规和政策对公共舆论进行必要的规范；通过诸多渠道掌握和了解舆论动向，即舆情；对舆论加以必要的引导和干预，使之符合统治阶级的利益和意志；对舆论传播载体进行管理，包括大众媒介、文学艺术、社科理论等产生和传播公共舆论的领域。"[①] 主管主办单位要加强对所属媒体的领导，落实导向把关第一责任人的责任；集团化管理的媒体要对所属报刊、频道、网站加强监管，严格执行各项管理规定。要切实健全完善日常性阅评和审读机制，充分发挥阅评和审读在促进、保证新闻正确导向中的重要作用。对阅评中发现的带有苗头性、倾向性的问题，必须及时予以纠正。建立报道更正和责任追究制度。凡经调查核实，认定报道存在虚假或者失实的，由报纸在相同版次、广播电视在相同时段、新闻网站在相关网页及时刊播更正，消除影响。对新闻记者采访不深入、编辑把关不严导致报道失实的，新闻机构要通过媒体公开道歉，并追究相关责任人的责任。文化广电新闻出版局、新闻工作者协会要开通举报渠道，及时受

---

① 刘伯高：《政府公共舆论管理》，中国传媒大学出版社2008年版，第44页。

理、调查核实举报内容，反馈和公布查处结果。

2. 建立和完善舆情收集研判反馈机构

各级党委、政府应设立以宣传部门为中心的舆情收集研判反馈机构，专门负责舆情的收集、分析、整理、反馈、上报工作，或以现有的信息、督查机构为依托，扩大信息、督查机构工作职能，将舆情收集研判反馈职能赋予各级党委、政府的信息、督查机构职责之中，建设好一支专兼职相结合的舆情收集研判反馈工作人员队伍，加强培训，提高舆情收集研判反馈工作能力和水平。各级党的宣传部门和相关部门密切协作，信息共享，工作互补，实时监控舆情尤其是网络舆论动态，及时发现、纠正新闻舆论出现的问题，重大舆情要第一时间向党委汇报。各级党委、政府舆情收集研判反馈机构要全天候不间断地对所辖媒体舆情收集，并及时对媒体舆情进行研究判断，编印《舆情信息》，分发党委、政府领导阅批。对舆情中涉及的党政部门和相关单位，要督促他们及时对相关问题进行调查处理，并限期将调查情况和处理结果上报上级主管领导与网络舆情收集研判反馈机构。同时要建立落实舆情信息收集、上报的责任倒查制度，确保舆情监控责任落实到相应单位、组织和个人。要建立和加强基层组织舆情联络站，一方面向基层群众宣传党的方针政策和上级精神；另一方面是负责了解基层群众的思想动态，收集整理基层群众的意见、诉求和建议，监测群体性意见动向，及时发现负面或有害舆论苗头，为上级组织的监督工作提供第一手资料。

充分运用现代信息技术，整合各种预警资源，形成人机统一、部门协作的有机预警体系，全面提升舆情预警能力。建立预警体系是一项系统工程，包括"舆情规划、舆情收集、分析处理、舆情预警"四个前后相连又相互渗透的环节，如果没有一个统一的完整的过程，信息的作用就不能发挥出来。需要公安、宣传、文化、统计、网站以及政府各个职能部门、基层组织紧密配合，协同作战，互通信息，否则将导致大量人力、物力的浪费。

3. 完善法律法规，规范信息传播行为

在现代信息社会，我国政府越来越认识到信息公开和调控的重要性，并通过立法规范政府、新闻媒体、社会公众在信息传播中的权利义务，新闻舆论传播法律体系的框架已经形成，规范信息传播行为有法可依。完备的法律体系是确保新闻舆论有序、规范的基础。目前，应尽快制定和实施

《新闻法》，完善和认真实施包括《刑法》《新闻记者法》《保密法》《政府信息公开条例》《互联网信息服务管理办法》《计算机信息网络国际联网安全保护管理办法》《关于维护互联网安全的决定》《治安管理处罚法》《突发事件应对法》等在内的一系列相关法律法规，规范政府、媒体、公众的信息传播行为。通过法律形式明确新闻媒体在新闻传播活动即新闻采集、编辑制作、传播等活动中所应该享有的权利及承担的义务，规定政府信息公布、收集、研判、报告舆论信息的权利义务。规定公民拥有言论自由、知情权、监督权等权利的同时，也要明确公民在保守国家秘密、尊重他人权利、维护国家安全和社会稳定的义务与法律责任。加强网络法律监管，既发挥网络舆论的积极作用，又要对网民、运营商、内容提供商等网络行为人加以规范管理。鉴于网络舆论存在的非理性化、情绪化、泛政治化现象，实现网络实名制在我国现阶段利大于弊，其弊端可以通过技术层面加以解决。

4. 加强群众监督

社会主义国家的一切权力属于人民，对社会事务，包括对新闻舆论开展监督是我国宪法赋予公民的基本权利。群众监督是社会主义民主的重要实现形式，是社会主义民主精神的具体体现。同时，新闻舆论涉及的人和事，就在群众的生活当中，群众最了解舆论事件的真实情况和来龙去脉，对舆论事件最有发言权和评判权。开展群众监督，有利于澄清舆论真相，遏制不良舆论蔓延，为政府和相关部门应对和处理舆论事件提供帮助，改善和增进党群关系、政群关系，促进社会和谐。构建舆论群众监督机制，一是建立人民群众意见表达渠道，为群众行使监督权提供和创造条件。各级党委、政府、主管部门、媒体机构要建立和完善民意反馈和对话机制，定期听取人民群众的意见和建议，并及时作出答复。对群众投诉举报的问题，相关部门在收到群众反映的情况后要高度重视，对举报线索进行核查、处理，发现问题必须严肃处理，并将处理结果公开。二是加强民主评议政风行风工作，畅通群众投诉和监督的渠道。三是充分发挥网络新媒体的作用，构建全社会参与的网络监督新格局。网络作为一种新兴的媒体形式，具有与传统媒体不同的特性和优点，逐渐改变了传统媒体的舆论掌控，进而形成公共舆论力量对传统媒体一种"自下而上"的监督，促进社会公共事务更加透明与公开。应该看到，网络的匿名性及信息来源的广泛性，舆论网络监督既有建设性的意见，也有非理性的责备，更可能因个体信息的有限性、道德水平高低的差异性及法律监管制度的缺位而使这种监督走向反面。因此，在积极建设网络监督体系的同时，不能忽视完善网络监管办法，引导积极健康的监督氛围，更好地发挥互联网的舆论监督作用。四是充分发挥社会团体在舆论监督中的作用，让群众有组织地开展监督。舆论监督社团可以有组织地向人民群众普及政治、法律、新闻等方面的知识，组织力量查证相关新闻舆论，以集体的方式向有关方面表达意见和要求，提高监督效能。

5. 加强新闻媒体内部自我监督

对新闻媒体进行监督，实际上就是对舆论进行正确的引导和规范。近年来，在经济利益和竞争的压力下，"有偿新闻"在媒体界已慢慢演变成行业潜规则；一些媒体，为了发行量或收视率，"虚假报道""乌龙新闻"时常有之，媒体的公信力与权威度大大降低。因此，在强调外部监督的同时，需强化新闻媒体内部自我监督，将新闻舆论可能出现的问题解决在萌芽状态。恩格斯曾经指出，"实际上，每一个阶级，甚至每一个行业，都各有各的道德"[1]。遵守职业道德是对每一个从业者的基本要求。对于大众媒体来说，新闻工作者的职业操守是整个行业得以健康运行和发展的核心，也是新闻舆论活动正常开展的基本。新闻单位要建立和完善行业职业道德，加强新闻职业道德教育，提高新闻媒体从业人员的职业素养，规范媒体工作者职业行为。改革开放以来，中共中央宣传部、新闻出版管理部门、行业协会等单位制定和颁布了《记者守则（试行草案）》《中国新闻工作者职业道德准则》《中国报业自律公约》《中国广播电视播音员主持人自律公约》《中国互联网行业自律公约》《关于新闻采编人员从业管理的规定（试行）》等一系列较为完备的职业道德规范，对提高新闻媒体从业人员的职业素养，坚持正确舆论导向，遏制有偿新闻、虚假报道，起到了积极作用。同时要通过聘请行风评议员、阅评员等方式，开门办报、开门办台，认真听取群众意见建议，努力改进自身工作。

五　问责机制与奖惩机制

为促进舆论宣传工作有序有效开展，既要充分调动媒体及其从业人员

---

[1] 《马克思恩格斯选集》第4卷，人民出版社1995年版，第240页。

工作积极性，也需要对媒体及其从业人员的业务活动和职业行为进行必要的管理和规范。鉴于舆论宣传工作在社会管理和社会建设中的特殊性、敏感性、重要性，必须建立健全科学有效的问责机制与奖惩机制。

（一）建立健全问责机制

问责与监督密不可分，是监督的必然结果。问责制是指问责主体针对其管辖范围内的各级组织和成员承担职责和义务的履行情况，实施并要求其承担否定性后果的一种责任追究制度。问责可以强化监督实效。新闻舆论事关党和政府的形象和公信力，事关社会稳定团结，必须建立健全问责机制，使媒体和相关组织、个体对其信息传播行为及其造成的后果承担相关责任，以严格问责倒逼主体责任落到实处，做到有责必问、问责必严，把监督检查、目标考核、责任追究有机结合起来，形成法规制度执行强大的推动力，促进新闻舆论事业健康有序发展，确保舆论导向正确，舆论引导有力。

1. 建立健全问责机制的基本原则

第一，权责相对应原则。坚持权责统一、有错必究。做到有权必有责、用权受监督、侵权要赔偿、失职要问责、违法要追究。通过强化问责，使滥用职权、渎职失职、违规违法行为得到及时的纠正、查处和制裁，责任主体受到应有的追究。对群众反映的意见该回应的不回应、该解决的不解决或者久拖不决等不作为或消极作为，也要问责。

第二，依法依规问责原则。政治和道义层面的问责规定，应与法律法规和纪律条规相衔接。推进问责的法治化、规范化，将舆情事故问责建立在法治基础上，以法律为准绳，明确问责的对象、范围、形式等内容，将问责主体、问责程序以及责任实现的监督等纳入法制轨道，尤其是要建立对问责的事后监督制度，以防止问责流于形式。

第三，公开透明的原则。坚持问责的公开性、公正性、公平性，避免暗箱操作，才能取信于人，增强和提高问责的权威性和公认度。如果问责程序不完善，追究责任存在随意性，就会使问责效果打折扣，导致一些受到追究的单位和个人不是从工作中找原因，反而认为自己不走运，出了问题不是尽力改正弥补，而是竭力掩饰，瞒报事实。因此，必须建立和完善问责信息公开制度，通过媒体等途径公开问责信息，让外部能够监督问责。

2. 建立健全问责机制的具体措施

一是明确责任主体和问责主体。根据"谁主管谁负责，谁负责谁担责"的基本要求，明确主体责任，准确区别集体责任与个人责任、直接责任与领导责任。问责主体分为两类：问责的权力主体和问责的权利主体。问责要真正发挥实效，不仅要依靠问责的权力主体，还要依靠问责的权利主体，也就是问责要得到公众的认可。问责的目的是对人民负责，而对人民负责首先要保证人民群众的知情权、监督权，要充分发动和依靠广大群众，最大限度地提高群众参与度，以问责主体的多元化保证问责的科学化、民主化。

二是量化问责指标。科学量化问责指标，是保证问责质量、提高问责公认度和可操作性的关键。推进问责标准科学化，应尽可能量化问责指标，把"软指标"变成"硬杠杆"，对于确实难以量化的内容，应进行定性分析。

三是完善责任追究办法。要制定出台专门的责任追究办法，对问责的主体、客体、范围、程序、责任方式等内容作出具体明确规定，重点对追究责任的界定、归类，违纪违法事实的调查、认定，责任追究的动议，责任处理各项规定的具体适用等方面进行准确全面的阐释。将应追究的主体责任和监督责任细化、具体化。

四是完善问责程序。建立健全问责质询程序，给问责对象对自己的行为进行解释和说明的机会，同时问责主体也会全面了解问责对象履职情况，确保问责公平公正。

五是推动结果运用。坚持把问责结果作为媒体资质审核、领导干部选拔使用、工作人员评聘等方面的重要依据，推进问责常态、长效发展。

（二）建立健全奖惩机制

奖励和惩戒机制是一个组织通过表扬先进、鞭策后进，使其工作人员达到提高工作效率的一种有效的管理机制。通过建立完善奖惩机制，对于深化媒体机构改革，促进媒体建设与发展，规范新闻舆论从业人员职业行为，充分调动新闻舆论从业人员积极性，提高工作效率和业务水平，促进新闻舆论工作健康发展具有重要的意义。

1. 完善考核机制，优化考核手段

科学考核是进行有效奖惩的前提。要积极探索舆论宣传效能化管理，彻底改变"只管耕耘，不问收获"的考核评价方法。效能化管理强调数量与质量、功效与价值、目的与手段、过程与结果的统一。舆论宣传属于意识范畴，是对人的思想观念的改变与引导，其投入与产出不会像物质产品生产那样易于比较计量，效果显现具有一定的隐蔽性、滞后性、差异性，但这不等于无法对舆论宣传的效能进行客观评价。要制定和完善一套行之有效的考核机制，一是设立专门考核机构负责对日常考核相关信息的收集、处理和分析。二是合理设计考核指标。明确岗责、指标到人。按照岗责体系明确的工作数量、工作质量、工作效率要求设置工作考核指标，并对工作考核指标进行量化，设定目标奖励系数，适度拉开差距，进行考核奖惩兑现。要把舆论影响力作为考核的核心指标。舆论影响力是指"通过信息处理、选择、提供及分析、判断、见识等手段，影响新闻舆论的倾向、力度及构成，进而影响社会舆论场、群体舆论场、特别是人们的口头舆论场，从而实现影响人们的认识和行为的能力。"[①] 目前，各种先进的调查方法和技术，以及各类专业公司业务范围和能力的拓展提高，为客观衡量舆论管理效果特别是舆论影响力提供了必要条件和现实可能。三是采取共性指标和个性指标相结合的双量考核方式进行考核。即对具有公共、普遍性的工作建立统一评议考核标准，一视同仁；同时又针对具体部门、具体岗位、具体工作乃至具体人员群体的实际，选择最适当的评议考核标准和方法。此外，可以采取部门之间、职员之间日常评议与上级定期考核相结合，内部考核与社会评议相结合，主管部门与相关部门评价相结合，增加考核的客观性、真实性和有效性。

2. 健全奖惩体系，有效进行奖惩

奖惩体系包括奖惩的原则、范围、条件、标准、种类、方式、程序，等等。奖惩体系内容必须界定明确、表述准确，使考核方和被考核方都能明确要求和目标，充分发挥奖惩体系的激励作用和规范引导作用。

3. 依法依规奖惩，规范奖惩行为

一是严格执行《刑法》《治安管理处罚法》《互联网信息服务管理办法》等法律规定以及新闻出版总署、广播电影电视总局、地方各级政府针

---

① 陆小华：《作为执政能力构成的舆论影响能力与传媒运用能力》，《声屏世界》2005年第4期。

对广播电视、图书报刊、互联网传播等新闻出版舆论活动作出的相关规定，依法依规对相关单位和个人实施奖惩；二是在现有的《劳动法》《劳动合同法》等法律规定中增加关于企业奖惩制度的条款，保证企业奖惩制度的合法性和规范性。

第五章 健全正确舆论引导的宏观协调机制

一般认为,在现代社会,政府、媒体和意见领袖是舆论引导的三大主体。政府作为国家管理的执法机关承担着对国家政治、经济和社会公共事务进行管理的职能。因而,有效地引导社会舆论也是政府公共管理职能的应有之义。媒体的重要功能之一就是反映社会舆论。尤其是随着现代传媒技术的飞速发展,媒体作为社会公共舆论平台的作用更加凸显,媒体在引导社会舆论中的作用也愈来愈大。意见领袖作为连接政府、媒体和民众的"中间人",承担着传播信息、加工信息、设置议程、监督政府和媒体、引导舆论走向等众多功能,因而成为舆论引导的重要主体。因此,加强舆论引导,必须建立一套健全完整的"政府—媒体—意见领袖"舆论引导宏观协调机制。

一 政府与媒体之间的协调机制

政府和媒体是舆论引导中最重要的两个引导主体。有效的舆论引导需要政府与媒体之间的互动。如果这两个主体的引导南辕北辙,必然引起混乱。在舆论引导中,政府作为信息最大的拥有者和控制者,一直拥有优势的舆论资源,在舆论引导中处于优势地位,是最终的引导者。而新闻媒体是引导中关键的引导力量。新闻媒体在舆论引导中发挥极其重要的作用,以至于人们一说到舆论引导,首先想到的就是媒体。尤其在新媒体条件下,信息裂变式传播,瞬间可以改变舆论的走向,甚至出现戏剧性的大反转。在这样的复杂多变的情况下,政府与媒体所传达的信息如果不一致,甚至完全相反,就会给舆论引导带来极大困难,因此,要有效引导舆论向着正确导向发展,政府与媒体之间的协调一致至关重要。

（一）我国政府与媒体之间的关系及其演变

政府与媒体之间的关系是新闻舆论学历来关注的一个重要理论问题，也是一个在实践中难以处理的工作问题。纵观我国新闻工作史，政府与媒体之间的关系随着经济社会的发展而随之调整变化。不少学者把我国政府与媒体之间的关系划分为两个历史时期。从新中国成立后到20世纪80年代初是一个历史时期。在这一时期，由于在经济上实行的是传统的计划经济体制，因此在公共管理上便相应地采取权力相对集中的政府管理模式。故而，媒体成为政府管理机构的一个组成部分，政府对媒体具有绝对的管控权力。媒体的功能定位主要是宣传党和政府的路线、方针、政策。这一时期，政府与媒体的关系表现为上下等级的管理者与被管理者的关系，媒体作为党和政府"喉舌"的功能被强化。改革开放至今是第二个历史时期。这一时期，随着我国市场经济体制的逐步建立和完善，政府的职能也随之发生了一些变化，政府逐步从行政管理向公共管理转变，把一些原本属于社会自我管理的公共领域还给了社会。政府不再是唯一的社会公共管理主体，社会公共管理的主体日趋多元化，以政府为核心，各种非政府组织、社会团体、经济实体、社会公众广泛参与的多元开放的公共管理体系正在形成。这种多元开放的公共管理体系的一个重要表现就是媒体正在成为一个越来越重要的社会公共管理主体。因此，改革开放以来，在媒体的"喉舌"功能得到加强的同时，其本身所应有的信息传播功能和社会监督功能得到了增强，媒体逐步成为信息的传播者、社会的预警者、公共管理的主体、政府的监督者、市场的竞争者、公众参政议政的平台和社会利益博弈的舞台，媒体在社会公共管理中的作用越来越重要。[①] 而在第二个历史时期，我国的新闻传媒业也经历了两次大的改革，第一次是1978年以后进行的"事业单位企业化管理"改革，第二次是1996年以后进行的媒体"集团化"改革。两次改革的一个共同走向是媒体逐步摆脱了对政府的依赖而走向了自主，媒体的性质也从原本纯粹的事业单位转变为同时具有事业与企业两者属性的企业化管理的事业单位。媒体既有意识形态属性，又有产业属性，既要强化党和政府"喉舌"的功能，又要面对市场竞争的

---

① 叶皓：《从被动应付走向积极应对——试论当前政府和媒体关系的变化》，《南京大学学报》（哲学·人文科学·社会科学）2008年第1期。

压力。① 当前，我国政府对媒体实行的是"党委领导，政府管理，行业自律，自主经营"的管理体制，政府对媒体的管理方式也由传统的单纯行政手段转变为法律、行政、政策、经济和技术多种管理手段共用。这一管理体制也使得媒体的自主性和独立性得到了较大的增强。今天，媒体的功能主要是"高举旗帜、引领导向，围绕中心、服务大局，团结人民、鼓舞士气，成风化人、凝心聚力，澄清谬误、明辨是非，联接中外、沟通世界"②。这一对媒体功能的定位使得媒体的信息传播功能和社会监督功能得到了应有的发挥，媒体逐步成为社会公共管理的重要主体。

应该说，我国政府与媒体关系的这种变革是社会发展的逻辑必然，体现出政府公共管理理念的发展进步，也体现出国家对媒体自身发展规律认识的深化。第一个历史时期，我国实行的是集中的政治经济体制，国家与社会高度一体化，政府主要依靠行政手段来调控社会。在这种体制下，各级党委、政府管辖的报纸、广播、电视被作为纯粹的宣传工具来使用，新闻报道基本等同于舆论宣传，强调媒体作为宣传工具的意识形态属性和宣传功能，媒体的主要作用是传播党和政府的路线、方针、政策、教育和引导人民群众积极参与社会主义现代化建设，服务国家经济社会发展。毫无疑问，任何国家和社会的新闻宣传都具有意识形态属性，必须为统治阶级服务。因此，我国的媒体所具有的党和政府的"喉舌"功能，是社会主义媒体的根本属性。所以，这一时期，媒体在宣传党和政府的工作、团结和动员人民群众参与到经济社会建设中来、传播社会主义先进文化、促进社会主义精神文明建设中发挥了重要的作用。然而，我们也要看到，这一时期的新闻舆论工作也存在不少问题。其中最重要的问题就是媒体的舆论监督功能没有很好发挥出来，忽视了媒体在社会公共事务中应有的作用，也没有很好的尊重媒体本身的发展规律和发展要求。改革开放后，特别是随着社会主义市场经济的建立和完善，政府在社会领域的职能逐步回归到公共事务管理的轨道上来，媒体也逐步走上了相对独立发展的道路，媒体的舆论监督功能得以恢复和加强，媒体在公共管理中的作用也越来越凸显。随着政府管理方式的转变和媒体公共管理职能的强化，政府与媒体不再是

---

① 陈一收：《舆论引导能力建设研究》，社会科学文献出版社2014年版，第160页。
② 《习近平在党的新闻舆论工作座谈会上强调：坚持正确方向创新方法手段 提高新闻舆论传播力引导力》，《人民日报》2016年2月20日第1版。

纯粹的管理者与被管理者的关系,媒体对于政府的制约作用越来越大。随着政府与媒体关系的调整,一方面,政府需要借助媒体来传递各类信息、进行社会动员以及了解社会舆情;另一方面,媒体越来越善于运用自身的舆论监督功能来监督政府的行为。改革开放以来,政府与媒体关系的变革与调整体现了社会的发展进步,代表了政府与媒体关系发展的方向。

当前,我国已经形成了以中央和地方党报为核心,以都市类报刊、电视、广播、互联网、手机媒体多元并存和竞争发展的媒体格局。尤其值得注意的是,近年来,以基于电脑为终端的互联网传播媒介和以基于手机等移动通信工具为终端的新型传播媒介得到了迅猛发展,我国的新闻媒体领域正处在前所未有的大变革、大发展时期。互联网、手机媒体对新闻媒体的影响十分巨大,其具有的信息量大、覆盖面广、时效性强、交互性好的特点使社会舆论变得更加多元、开放和复杂。多元、开放和复杂的舆论格局也对我们科学定位和处理政府与媒体的关系提出了新要求和新挑战。总之,随着我国政府职能的转变和媒体在社会公共事务中的作用的提升,面对社会舆论多元性、开放性和复杂性的现实情况,政府和媒体都必须以更加理性的态度去审视自身与对方的关系,建立起一套适应现代社会的合作机制。

现实情况亦是如此。由于我国的改革事业正处在攻坚阶段,一些体制机制还有待进一步改革和完善。政府与媒体间的关系也还有待进一步完善。具体说来,我国政府与媒体之间的关系在理论上有待进一步研究,在实践上也有待进一步探索。这就是说,厘清政府和媒体之间的关系,是当前迫切需要研究的理论问题,也是实践中需要解决的工作问题。那么,当前我们应该建立起一套怎样的"政府—媒体"关系机制呢?对于这一问题,有研究者主张,我国的政治制度决定了政府和媒体是关系紧密的"伙伴"。政府与媒体的关系,本质上是政府与人民的关系,是政府与人民的关系在信息传播与使用方面的一种特殊体现形式。[①] 也有研究者认为,现代社会政府与媒体是合作伙伴关系。人类社会的治理模式经历了古代统治性社会治理模式、近现代管理型社会治理模式,正在向当代尚未成型的服务型社会治理模式发展。与之相对应,政府与媒体的关系也经历了三种模式,即古代的严控模式、近代的自由模式及正在发展完善的责任模式。这

[①] 冯华昕:《构建政府与媒体间的和谐关系》,《青年记者》2009年8月(下)。

其中蕴含的发展规律可归结为"从对抗走向统一，从冲突走向合作"。从这个意义上看，构建政府与媒体合作伙伴关系是人类社会文明进步的客观要求，也是政府与媒体关系演变历程的必然趋势。而所谓责任模式，则是强调无论政府和媒体都要肩负起发展和维护社会公共利益的职责。因此，当代，政府与媒体要建立一种以公共利益为中心点的相互沟通与合作的双向平衡模式，这种双向平衡模式强调的是政府与媒体在公共利益杠杆调解下的互助、互利和互依的合作性的伙伴关系。[①]

从政府与媒体各自的属性和功能来看，政府与媒体在利益上既有统一之处，也有对立之处。统一之处表现在：在当代社会，政府和媒体都是社会公共事务的管理者。这种共同的角色决定了政府和媒体在根本利益上是一致的。因为，政府作为公共政策的制定者、公共权力的行使者、公共服务的提供者、公共事务的管理者，其根本职责是为社会提供最好的公共服务，而媒体作为现代社会公共事务管理者之一，其通过信息传播和舆论监督，实现了公民接受信息和表达信息的自由，保障了公众的知情权、表达权与监督权，进而表现出对社会公共利益的维护。这就是说，政府和媒体是在追求和实现社会公共利益这个共同的目标下，以各自不同的职能与作用来推进社会发展。对立之处表现在：一方面，政府作为国家的具体化身，是代表国家主权来管理社会公共事务，因此，政府承担着规范和管理媒体运行发展的职责；另一方面，媒体也肩负着对政府行政行为的权威性与合法性、政府施政的正当性与有效性、政府行为的公共性与有效性等作出监督和评估的职责。这种管理和监督的关系，使得政府和媒体各自都有着自身相对独立的利益。而各自相对独立的利益在某些时候会发生冲突，这种局部利益冲突在公共危机发生的时候表现得尤为明显。政府与媒体这种既统一又对立的关系，使得政府与媒体之间呈现出一种既相互依赖又各自独立、既有管理又有监督、既有合作又有分工的关系。应该说，政府与媒体之间这种张力关系能一方面确保媒体独立自主的运行发展；另一方面亦能保证有效地制约政府公共权力的运转及行动边界。这种基于公共利益平衡点上的政府与媒体良性互动有利于实现和维护社会公共利益的最大化。因此，我们认为，在现代社会，以公共利益为中心点的相互沟通与合作的双向平衡机制是政府与媒体之间较为理想的一种关系。

[①] 王敏：《论构建政府与媒体合作伙伴关系的必要性》，《怀化学院学报》2011年第6期。

(二）建立政府与媒体之间的协调机制

建立政府与媒体之间以公共利益为中心点的相互沟通与合作的双向平衡机制是现代社会发展的必然要求，本质是要进一步理顺政府与媒体之间的关系，一方面使政府与媒体都能最大限度地发挥自身的社会职能；另一方面确保对政府和媒体的公共权力及行动边界进行有效的规约，使政府与媒体之间保持一种适度的张力。具体说来，政府与媒体之间以公共利益为中心点的相互沟通与合作的双向平衡机制包括以下几个方面的内容。

1. 信息共享机制

向公众及时准确的公布和传递信息是政府和媒体的重要职能。政府作为社会公共事务最重要的管理者承担着第一时间向公众公布社会管理信息的职责。政府是社会信息的最大源头，大部分社会信息是由政府发布出来的。因此，如果政府信息不及时准确地向公众公开，必然会造成政府与民众间信息沟通的不对称，进而影响政府的社会治理效能，甚至影响社会安定和谐。为了适应现代社会人们对社会信息的需求，满足公众的知情权，我国于2008年5月1日开始实施《中华人民共和国政府信息公开条例》。《条例》明确指出："行政机关应当及时、准确地公开政府信息。""行政机关公开政府信息，应当遵循公正、公平、便民的原则。"这里所言的信息主要是指"涉及公民、法人或者其他组织切身利益的；需要社会公众广泛知晓或者参与的；反映本行政机关机构设置、职能、办事程序等情况的；其他依照法律、法规和国家有关规定应当主动公开的"。同时，"行政机关发现影响或者可能影响社会稳定、扰乱社会管理秩序的虚假或者不完整信息的，当在其职责范围内发布准确的政府信息予以澄清。"[1]

媒体作为社会信息的重要传播者，承担着把政府信息向公众传播的职能。在现代社会，虽然各级政府部门十分注重信息公开工作，但政府部门毕竟不是专业的信息传播部门，大量的政府信息仍需要经过媒体这个中间环节进行再加工、再整理，最后由媒体传播给民众。因此，媒体是政府信息的加工厂、发布器，是政府与民众信息沟通的桥梁。今天，媒体已经成为政府与民众以及民众之间互相沟通的重要渠道，成为上情下达、下情上

---

[1] 中国政府网：《中华人民共和国政府信息公开条例》（http://www.gov.cn/zhengce/2007-04/24/content_2602477.htm）。

传的重要载体。一方面，媒体能否把政府信息正确、迅速地传递给民众，直接决定了政府信息公开的效果，离开了媒体这个政府信息传播的桥梁，政府信息传播的效果将会大打折扣；另一方面，媒体亦在信息传播过程中，亦会将民众的诉求和愿望通过舆情的信息反映出来。因此，政府也可以通过媒体来搜集社情民意，知晓人民群众的愿望和需求，进而制定或调整相应的政策来满足人民群众的愿望和需求。总之，在信息社会，媒体作为传播信息的第一渠道，将会发挥越来越重要的作用。

正是由于政府和媒体共同肩负着向民众发布和传递社会信息的职能，所以政府和媒体之间有必要建立起一套完善的信息共享机制。这套信息共享机制要包括以下几个方面的内容：一是政府要遵循"公开是常态，不公开是特例"的基本原则[①]，主动将可以公开的信息一律对外公开，确保媒体能够将相关信息在第一时间传递给民众，保证民众的知情权。政府主动公开信息是建立信息共享机制的基础和前提。这是因为，政府作为社会公共利益的代表者、实现者和维护者，其自身所具有的组织优势决定了其天然掌握着大量的信息资源，因此，政府能否主动依据民众的愿望和需求公开相关信息决定了民众能否在最短时间、以最小的代价、以最便捷的方式最大限度地获取相关信息。同样，对媒体来说，如果政府信息能够做到在第一时间向社会公开，则可以极大地提高媒体的工作效率、降低信息采集成本。二是媒体要积极主动向政府提供信息，为政府决策服务。媒体作为连接政府与民众的中介，其自身也拥有信息采集的渠道，可以将民众的需求和愿望在第一时间反馈给政府，为政府制定相关政策提供决策参考。由于媒体能直接和广大民众接触，同时我国的媒体天生是公共利益的代表者，是社会正义的维护者和代言人，所以从某种意义上说，媒体更能知道民众的诉求和愿望，更能第一时间获得第一手信息。媒体这一信息传递功能成为完善与丰富政府信息源的重要手段。

应该说，《中华人民共和国政府信息公开条例》的出台为我国建立政府与媒体之间的信息共享机制奠定了坚实的基础。经过多年的发展，我国政府的社会管理方式已经逐步从传统的文山会海式的指令管理模式逐步向更多地依靠媒体来传递信息、动员组织社会的管理模式转变。但我们也要

---

① 诸葛福民、原光：《公共危机治理中的信息公开问题——政府、媒体和公众的利益博弈》，《山东社会科学》2011 年第 11 期。

看到，政府部门的信息公开工作仍有待进一步加强，而媒体主动向政府提供信息的工作也有待进一步加强。因此，政府与媒体之间的信息共享机制建设仍任重道远。

2. 议程共设机制

政府和媒体不仅承担着发布和传播信息的职责，也承担着引导社会舆论的职责。而社会舆论引导的一个重要方面就是通过主动设置议程以确定舆论的内容和引导舆论的走向，进而在社会建立起符合社会发展需要的理想信念和价值观念。新闻传播学认为，媒体对某一问题的特殊关注能影响公众舆论。这种特殊关注实质就是一种议程设置。具体来说，媒体的议程设置作用表现为两个方面：一方面，媒体对某一问题的持续、显著的宣传报道，能引起民众的关注，把一些本不被民众注意的问题变成公众议题；另一方面，媒体对该问题有价值取向的宣传报道，能左右民众对这一问题的价值判断，进而影响社会舆论的走向。

在现代社会，政府亦要肩负起议程设置的职责。我们知道，在传统社会中，政府并不需要直接进行议程设置以引导社会舆论，而主要以行政命令的方式借助媒体以管理和引导社会舆论。显然，这种传统的社会舆论管理模式已经不适应现代社会的需要了。随着社会的发展进步，尤其是新媒体的蓬勃发展，使得传统的表现为由上而下的单向流动的舆论引导格局彻底被打破了，社会舆论的形成与传播已经呈现出无中心化的状态。因此，在今天的信息传播环境里，现代政府不得不调整自身以适应舆论生态的变化。这一调整的一个方面就是政府要积极主动地向媒体和公众提供信息，为舆论设置议程进而引导舆论。从政府这一地位和作用来看，可以说政府是议程设置的权威者。因此，凭借着政府这种与生俱来的优势地位，政府只要主动参与到媒体的议程设置中，就很容易设定舆论的内容和引导舆论的走向。对于政府在议程设置中的作用，有学者指出："虽然其主要方式是通过各种媒体向公众告知事实真相，但更深层次的用意还是传播'某种'理念。"因此，"从宏观和长远来看，政府议程设置对于一个民族或国家的进步和发展所产生的作用力是持久的、强大的，甚至是至关重要的"。[1]

正是由于媒体和政府都具有通过议程设置以引导舆论的职责，所以，

---

[1] 李艳中:《探析议程设置：从媒体到政府》,《新疆社会科学》2013年第2期。

建设政府和媒体共设议程机制有其必要性。与此同时，政府和媒体共同设置议程亦具有可能性。前文已经说到，政府和媒体在根本利益上是一致的，都肩负着实现、发展和维护社会公共利益的责任。在根本利益上的一致性决定了政府和媒体在议程设置的内容上亦能达成一致性。现实情况亦是。在我国当前的社会生活中，政府议题和媒介议题在很大程度上是默契吻合的。政府关心关注的问题也是媒体关心关注的问题。具体来说，政府和媒体要通力合作，不失时机地选择如教育、就业、医疗、卫生、环境、食品等公众普遍较为关心的问题进行议程设置，以共同引导社会舆论。应该说，政府和媒体共设议程能使双方实现双赢。对政府来说，一方面，通过与媒体共同进行议程设置，政府可以利用媒体这个平台引导公众主动去关心关注政府在做什么，使政府议题转化为公众议题，提高民众参政议政的热情；另一方面，在与媒体的议程设置中，政府亦能更好地了解民意、倾听民众的声音，进而能为政府的议事日程提供参照，为政府部门决策提供指引。对媒体来说，由于政府的议程设置多涉及国计民生，与公众利益有重大关联，因此，媒体积极参与政府的议程设置亦能促使大众对媒体的关注，符合媒体追求"收视率""点击率"的经济价值诉求。

近年来，我国在政府与媒体共设议程上做了不少工作。如有些地方推出的"电视问政""民生新闻"就是政府与媒体共设议程的生动体现。据悉，目前已有湖北、浙江、兰州、河南、宁夏、江苏、陕西、广西等省市20多家城市电视台相继推出电视问政类节目。[①] 在今后，还可以进一步创新政府与媒体共设议程的方式方法，进一步促使政府的议程与媒体的议程走向深度融合，以有效地引导社会舆论，促进社会主义和谐社会建设。

3. 危机共对机制

应对公共危机是舆论引导的一个重要功能。而通过舆论引导来应对公共危机是政府和媒体的应有职责。尤其是在社会矛盾和冲突多发的今天，政府和媒体通过舆论引导来应对公共危机显得尤为迫切。近年来，我国经济社会迅速发展的同时，在经济、政治、社会等领域的突发事件也频频发生，这些突发事件严重影响了社会的安定团结和人民群众的幸福和谐，舆论引导的任务显得更加繁重，驾驭舆论的难度也越来越大。当前，政府和

---

① 吴玉婷：《城市台电视问政的议程设置解读——以南宁电视台〈向人民承诺——电视问政〉为例》，《新闻研究导刊》2014年第11期。

媒体携起手来共同应对公共危机已经成为摆在政府和媒体面前的重要工作。

建立公共危机应对机制，政府和媒体要坚持"信息既是危机的引发因素，又是危机的消除动力"的原则，共同应对危机。对政府来说，政府要摒弃传统的回避式、隐瞒式、打压式的应对方式，而要积极主动地与媒体一道直面危机，协同应对危机。在公共危机面前，政府声音的消失，并不能缩小或者消除危机。这是因为，在现代信息社会，没有什么问题可以被无声无息地藏匿，现代传播媒体可以很快地将信息传播到社会各个角落。政府要深刻认识到，如果公共危机出现时，社会呈现出一片"安静"的态势，反而意味着后面的"暴风雨"会更加可怕。一旦政府在危机面前失声，只会使危机变得更加严重，使政府的公信力下降。政府要主动站出来，同媒体一起对危机进行分析报道等，做好答疑解惑的工作，从而掌握舆论话题、掌握社会舆论发布权，实现治理危机、消除危机、转危为机的目标。对媒体来说，虽然媒体对信息公开的范围与程度的抉择，会基于其自身利益的考虑，但媒体绝对不能单纯的以经济利益为目标，而抛弃自身的社会责任。这是因为，媒体并不是一般意义上的企业，而是准公共部门，也肩负着一定的社会责任。媒体是社会公平正义的维护者，是社会公共利益的代表者。因此，媒体对危机事件的宣传报道，应以促使社会公共利益的最大化为出发点，及时、客观、公正、全面、深入地进行报道，以积极促成危机的解决为目的。总之，政府和媒体要积极主动面对危机，并协同合作，按照新闻传播的规律及时客观地进行舆论引导，促使危机向好的方向转化，维护国家的公共安全和社会的和谐稳定。

近十多年来，我国经历了"非典"、禽流感、汶川大地震重大公共危机的考验。在应对非典危机时，政府和媒体也出现了一些失误，一度陷入被动状态。在此后的禽流感和汶川大地震中，政府和媒体则表现出通力合作的态势，危机也得到了较好地处理，社会舆论呈现出良好的走势。在应对这些社会危机中，我国也初步形成了一套危机舆论引导机制。然而，我们也要看到，政府与媒体之间的有效沟通仍显不足，舆论引导能力还有待进一步提升。所以，要进一步在实践中发展与完善政府与媒体危机共对机制，提升政府和媒体在公共危机中的预见能力和应对能力。

4."管理—监督"机制

虽然我们主张政府和媒体之间要建立起以公共利益为中心点的相互沟

通与合作关系,但这并不意味着政府与媒体之间是一种绝对平等的关系。政府和媒体在社会公共事务中的角色和地位还是各有差异的。政府对媒体的管理和媒体对政府的监督就是这种差异的重要体现。政府与媒体之间建立起一套完善的"管理—监督"机制是政府和媒体之间建立起以公共利益为中心点的相互沟通与合作的伙伴关系的应有之义。

政府对媒体的管理是党的新闻事业的本质要求。党是中国特色社会主义事业的领导核心,党对中国特色社会主义事业领导的一个重要体现就是通过政府对社会公共事务的管理来体现党的意志。因此,在我国,政府对媒体的管理和党对舆论的引导是一致的。所以,要实现政府对媒体的管理,首要的就是坚持党对新闻舆论工作的领导,坚持党管媒体、党管舆论的原则。正如习近平总书记所说:"党的新闻舆论工作是党的一项重要工作,是治国理政、定国安邦的大事。""党的新闻舆论工作坚持党性原则,最根本的是坚持党对新闻舆论工作的领导。"① 而坚持党对新闻舆论工作的领导,就必须始终坚持马克思主义对新闻舆论工作的指导,把政治方向摆在第一位,牢牢坚持正确舆论导向,把体现党的意志和人民群众的要求作为新闻舆论工作的落脚点。具体说来,就是要做到习近平总书记所说的:"党的新闻舆论媒体的所有工作,都要体现党的意志、反映党的主张,维护党中央权威、维护党的团结,做到爱党、护党、为党;都要增强看齐意识,在思想上政治上行动上同党中央保持高度一致;都要坚持党性和人民性相统一,把党的理论和路线方针政策变成人民群众的自觉行动,及时把人民群众创造的经验和面临的实际情况反映出来,丰富人民精神世界,增强人民精神力量。"② 事实也证明,在传播导向等宏观领域党和政府对媒体的监管是有必要性、合理性的。

在坚持党管媒体的原则下,我们也要认识到,在现代信息社会背景下,政府不能像计划经济时代那样将媒体完全纳入自己的组织架构中,视媒体为自己的附庸,单一地采用行政命令的方式对媒体进行管理,而是要充分尊重媒体的社会主体地位和媒体自身发展的规律,更多地采用法律、政策、经济和技术的手段,对媒体进行服务和监管。对于政府部门而言,

---

① 《习近平在党的新闻舆论工作座谈会上强调:坚持正确方向创新方法手段 提高新闻舆论传播力引导力》,《人民日报》2016年2月20日第1版。

② 同上。

要善待媒体、善管媒体、善用媒体。一方面，要依据有关法规条例，通过发挥政府的法律约束、政策调节、市场监管、社会管理和公共服务的职能，确保媒体的行为在法律允许的范围内依法行使，为新闻事业发展创造一个良好的环境；另一方面，通过加强对各类媒体从业人员的政治、业务培训教育，提高他们的政治、业务素质和职业道德水准，促使媒体从业人员树立起高度的政治、社会责任感和职业道德。

媒体对政府的监督是媒体本有的功能。一般认为，在现代社会媒体之所以能服务于公共利益形成与表达，原因就在于媒体具有公共性与公益性。公共性与公益性是现代媒体的本质属性，这种本质规定性决定了现代媒体是公共利益的守护者与代言人。而媒体作为公共利益的守护者与代言人的一个重要表现就是对政府的行政行为进行监督。媒体被视为与行政权、立法权、司法权并立"第四权力"。在我国的政治体制中，各级人大、政协、纪检、监察、司法等部门承担着对相应的政府部门进行监督的功能。但这些监督都属于国家机关职能体系内的自我监督。政府行政权力的行使还必须接受人民群众的监督。而人民群众的监督的一个重要途径就是媒体监督。正如有学者所说："媒体监督并不仅仅是新闻媒体的监督，而是借助新闻媒体唤醒人民群众对国家和社会公共事务的一种监督和促进。说到底，这种媒体监督的实质就是人民的督促，是公民参与国家和社会事务管理的一种形式。"[①] 媒体通过对公共议题进行讨论，能形成一种舆论上的压力和动力，进而对政府行政行为的合法性、权威性、正当性、有效性产生影响，最终促使政府更好地行使公共服务职责。

习近平总书记指出："舆论监督和正面宣传是统一的。新闻媒体要直面工作中存在的问题，直面社会丑恶现象，激浊扬清、针砭时弊，同时发表批评性报道要事实准确、分析客观。"[②] 在信息高度发展的现代社会，舆论监督在社会管理中的作用越来越大。因此，对政府来说，政府要主动转变工作思路和方式，抛弃传统的高高在上的姿态，切实树立主动接受论监督的意识，适应在媒体和公众的监督下开展和推进工作。应该说，经过多年的实践与探索，我国已经建立了一套较为完善的政府与媒体之间的"管

---

① 李刚强：《公共舆论将对权威评判家的作用——对舆论监督的思考》，《世纪桥》2007年第1期。

② 《习近平在党的新闻舆论工作座谈会上强调：坚持正确方向创新方法手段 提高新闻舆论传播力引导力》，《人民日报》2016年2月20日第1版。

理—监督"机制,政府对媒体的管理功能和媒体对政府的监督功能都得到了强化,政府与媒体从各自不同的职能和社会角色出发,通过对等合作、良性互动,共同推进我国经济社会的全面进步。当然,我们也要看到,政府与媒体之间的"管理—监督"机制还需要进一步完善。因此,要不断探索和丰富党和政府领导和管理媒体的途径、办法,不断创新媒体对政府监督的方式、方法,促使政府和媒体之间保持一种合理的张力。

二 媒体与媒体之间的协调机制

媒体又分为不同性质和类别,这些媒体之间也需要协调一致。如果媒体之间所传达的信息不一致,舆论引导出现多个方向,那么正确的舆论导向也就难以实现。目前,我国已经基本形成了以党报为核心,以都市类报纸、杂志、书籍、广播、电视、互联网、手机媒体多元并存的新的媒体格局。我们按照一定的依据将其分为两大类:一是传统媒体与新媒体;二是主流媒体和大众媒体。这两类之间又相互交叉融合。如:传统媒体与新媒体深度融合,出现了新的实现"资源通融、内容兼融、宣传互融、利益共融"[1]的新型媒体——融媒体;而大众媒体本身,很多就是与新媒体结合的产物。可以说,在当今时代,无论何种媒体都必须与新媒体结合,实现数字化、网络化,否则将无法生存。从性质、内容和作用来说,媒体之间还是有所区分的。在舆论引导中,各类媒体都凭借各自优势发挥着重要作用,其中主流媒体凭借其自身的特殊地位,往往在舆论引导中处于主导地位,并起着最终引导者的作用。但新媒体和大众媒体凭借自身信息传播闪电似的速度和几何级数的扩张,新媒体和大众媒体在舆论引导中的作用越来越不可忽视。然而,在舆论引导实践中,也常常出现各类媒体之间的信息不对称,甚至完全相反,给舆论引导带来了极大困难。因此,要有效引导舆论向着正确导向发展,各类媒体之间应当保持协调一致。

(一) 我国媒体格局现状

从人类信息传播的发展历史来看,人类的信息传播经历了口耳传播、文字书写、印刷传播、报纸、广播、电视、互联网、手机媒体等发展阶

---

[1] 柳竹:《国内关于"融媒体"的研究综述》,《传播与版权》2015年第4期。

段。发展到今天，现在常见的媒体主要有：报纸、杂志、书籍、广播、电视、互联网、手机媒体，等等。这些媒体承担着发布信息以及引导社会舆论的功能。改革开放以来，我国的媒体得到了迅速发展。今天，我国已经形成了以党报为核心，都市类报纸、杂志、书籍、广播、电视、互联网、手机媒体多元并存的新闻传播格局。这些媒体在信息传播和舆论引导中扮演着不同的角色，发挥着不同作用，并呈现出一种相互融合、相互促进但又相互竞争的发展态势。

我们一般对其进行两种划分：一是划分为传统媒体与新媒体；二是划分为主流媒体和大众媒体。所谓传统媒体，主要是指报纸、杂志、书籍、广播、电视等媒体。而新媒体则是指那些基于电脑为终端的计算机信息网络和基于手机等移动通信工具为终端的移动通信网络所产生的各种传播媒介，主要包括互联网和手机媒体等。新媒体的迅速崛起，极大改变了传统的以报纸、广播、电视为主的信息传播格局，对人们的生产生活产生了巨大的影响。基于网络而兴起的新媒体已经成为人类有史以来发展最快、对社会影响最为深刻的媒体，新媒体的崛起也使得人类进入了一个前所未有的信息时代。与传统媒体相比，新媒体具有许多独特的特点，更符合时代发展的方向和趋势。新媒体的一个最大特点就是信息传播具有极强的开放性、交互性、时效性。以网络为主体的新媒体之所以具有这些特点，就在于网络传播是无中心化的传播，每个人既可以是信息的接受者也可以是信息的发布者，表现出的是多点对多点、全立体的传播方式。这种传播方式彻底颠覆了直线式的"信息源——受众"的传播方式。更重要的是，新媒体这种无中心化的传播方式渗透着一种平等的价值理念。这种平等的价值理念体现在两个方面：一是互联网总是平等地将信息发布给每台电脑，故在获取信息的机会上，每台电脑都拥有均等的机会。对传统媒体来说，一方面，版面、声音和镜头多是有限度的；另一方面，传统媒体在信息传播中存在时间和空间的限制。这使得报纸、广播、电视这类传统媒体的信息无法做到传递给每个人。因此，并不是每个人都有平等的机会获取相关信息。二是在互联网中，每个人都是一个"麦克风"，每个人都有可能在网络发表自己的观点和意见。而传统媒体在信息传播中，民众只能接受信息而不能发布信息，信息只能由媒体的举办者和管理者来发布，这就意味着，谁掌控了版面和镜头，谁就掌控了话语权。应该说，正是由于新媒体这种无中心化的传播方式和其中蕴含的平等的价值理念，极大地拓宽了人们获取信息的渠道，降低了人们获取信息的成本。这也是新媒体能迅速兴起的根本原因。

而主流媒体与大众媒体之分主要是从其政治属性和功能以及社会影响力来区分的。2004年，新华社"舆论引导有效性和影响力研究"课题组的研究认为，判断一个媒体是否是主流媒体有六条标准，即：（1）具有党、政府和人民的喉舌功能，被国际社会、国内社会各界视为党、政府和广大人民群众意志、声音、主张的权威代表；（2）体现并传播社会主义意识形态和与之相适应的价值观，坚持并引导社会发展主流和前进方向，具有较强影响力；（3）具有较强公信力，报道和评论被社会大多数人群广泛关注并引以为思想和行动的依据，较多地被国内外媒体转载、引用、分析和评判；（4）着力于报道国内外政治、经济、社会、文化等领域的重要动向，是历史发展主要脉络的记录者；（5）基本受众是社会各阶层的代表人群；（6）具有较大发行量或较高收听、收视率，影响较广泛受众群。而根据这一标准，课题组又认为，我国的主流媒体主要有：（1）以《人民日报》、新华社、中央电视台、中央人民广播电台、《求是》杂志、《光明日报》、《经济日报》为代表的中央级新闻媒体；（2）以各省（自治区、直辖市）党报、电台和电视台的新闻综合频道为代表的区域性媒体；（3）以各大中城市党报、电台和电视台的新闻综合频道为代表的城市媒体；（4）以新华网、人民网等为代表的国家重点扶持的大型新闻网站。[①] 有学者指出，主流媒体应该在应然和实然上都是合理且合法的。在我国现实语境下，一个媒体要成为主流媒体的必备要素有二：一是传播内容上应彰显和传扬主流文化及价值观；二是传播对象即受众为主流人群。[②] 但有学者认为，主流媒体并不是自封的，也不是一成不变的，而是在动态竞争中进行确定的，并不时地调整变化。只有那些能将党和政府的方针政策有效地传达给受众，并拥有广大受众的媒体才能被称之为主流媒体。[③] 这是不正确的。主流媒体的"主流"，指的是国家与主流意识形态。因此，主流媒

[①] 新华社课题组：《主流媒体与舆论力量：主流媒体判断标准和评价》，《中国记者》2004年第4期。

[②] 陈奕：《我国现实语境中"主流媒体"合理性与合法性之辨析》，《新闻世界》2010年第4期。

[③] 陈绚：《"主流媒体"赋予及与政府关系的道德层面评价——兼议应该理顺政府与媒体的关系》，《国际新闻界》2009年第3期。

体是由其地位决定的，在某种意义上来说，是党和国家"封的"，只要党和国家的性质不变，其地位也不会改变。我国的主流媒体肩负着传播党和政府的路线、方针、政策的职责，肩负传播先进文化、建设社会主义精神文明的任务。因而，这些主流媒体多被称为党和人民的喉舌。在舆论引导上，主流媒体的"主流"作用，在于其所进行的舆论引导具有很强的价值导向性，能有效引导社会舆论走向；其所关注的问题还能为其他媒体设置议程，进而进一步影响社会舆论。当然，这并不是说大众媒体就是与主流意识形态不一致，在舆论导向上就可以不坚持正确的导向。前面说到，习近平总书记清楚地说明了：一切媒体都要坚持正确的导向。"大众媒介的产生是近代大众舆论产生的技术前提，近现代意义上的大众舆论是伴随着近代传播媒介的发达而日益成长的。"[1] 大众媒体在宣传党的路线、方针、政策和政府工作情况的同时，更多的是播发社会新闻、财经新闻、娱乐新闻、体育新闻、广告以及电视剧、电影等，以满足人们的精神生活和信息需求，服务人民群众的日常生活。大众媒体多是商业性的媒体，追求经济利益是其重要的目的，其主要靠发行量、点击率、广告等带来的收入来生存发展。在现代社会中，大众媒体是舆论形成的重要公共平台，也是引导舆论的重要力量。

（二）媒体与媒体之间协调机制的主要内容

建立媒体与媒体之间的协调机制是媒体多样化、多元化发展趋势的内在要求，是促进媒体健康发展的必要选择，也是提升媒体传播能力的重要举措，本质是通过协调不同媒体之间的关系以整合媒体力量，进而充分发挥媒体的信息传播功能和社会监督功能，有效地引导社会舆论。具体说来，媒体与媒体之间的协调机制包括以下几个方面的内容。

1. 传统媒体与新媒体融合机制

当前，我国媒体的格局呈现出的是新旧媒体共同存在、互为补充，并互相竞争的发展格局。当然，我们也要看到，面对着以互联网和移动互联网为主体的新媒体的不断发展，媒体的生态系统正在发生巨大的变化，传统的报纸、广播、电视等传统媒体的发展受到了前所未有的冲击，传统媒体的生存空间变得越来越小。事实情况也是如此，当前社会热点事件的传

---

[1] 金君俐：《社会转型背景下的报纸舆论引导研究》，浙江大学出版社2013年版，第4页。

播中，绝大部分的热点事件的首发平台是互联网和移动互联网，而各种舆论也多是在网络中形成和传播的。传统媒体如何在激烈的竞争环境中生存和发展下去成为他们必须思考和应对的一个十分艰巨的问题。

应该说，传统媒体只有积极与新兴媒体相融合，才有可能改变目前遭遇的发展困境，并有力提升传统媒体自身的竞争力。面对着传统媒体发展的困境及新媒体对传统媒体的挑战，2014年8月18日，中央全面深化改革领导小组第四次会议审议通过了《关于推动传统媒体和新兴媒体融合发展的指导意见》（以下简称《意见》）。《意见》阐释了传统媒体与新媒体融合发展的工作理念、实现路径、目标任务和总体要求，为新旧媒体融合发展指明了发展方向。[1] 从《意见》出台的背景看，推动传统媒体与新媒体的融合既是传统媒体面对新媒体的冲击而必须主动进行改革创新的必然选择，也是党和政府巩固宣传思想文化阵地、有效引导社会舆论的重大战略部署。《意见》的出台为传统媒体突破困境、转型升级、提升核心竞争力带来了机遇。问题是，如何实现传统媒体与新媒体的融合呢？

传统媒体与新媒体的融合是一个非常复杂的工程。从宏观上看，涉及政府、媒体自身、信息消费者等不同主体的利益与需求；从微观看，则涉及传统媒体与新媒体之间在内容、技术、渠道、管理、经营等方面的具体融合。近年来，在推进传统媒体与新媒体融合上，各类媒体都进行了不少实践探索。这些探索和举措取得了一定的效果，媒体的传播力、公信力和影响力得到进一步增强。但我们也要看到，传统媒体与新媒体的融合还处于起步阶段，新旧媒体的融合还只是一种表层次的融合。本书认为，在推进传统媒体与新媒体融合过程中要注意以下几个方面。

（1）坚持"内容第一"的原则

媒体的基本和首要的功能是向大众传递信息。无论媒体怎样发展、怎样创新都不能脱离传递信息这一功能。媒体这一基本和首要的功能也就决定了"内容"始终是媒体价值创造的原点，也是媒体能在社会生活中发挥作用和在市场竞争中取得胜利的关键点。而信息的传播载体只是外在的工具，对媒体的发展只是起着外因的作用，并不能从根本上影响媒体的发展。因此，如果仅仅只重视创新媒体传播的工具，而忽略信息的内容，则

---

[1] 人民网："推动传统媒体和新兴媒体融合发展"（http://media.people.com.cn/GB/22114/387950/）。

无异于是本末倒置。事实上，受众对某一媒体的认可和接受主要在于其所传播信息的内容。受众一旦发现了某一媒体传播的信息是不真实的，无论这一媒体所传播的信息的载体是如何新颖也无法为受众所长期关注。所以，推进传统媒体与新媒体融合关键还是要在信息的内容上用力。在信息的内容上，由于各级党报、电视台、广播等传统媒体是党和政府举办的，因而他们报道的信息具有很强的权威性。所以，虽然各类党报、电视台、广播受到新媒体的强烈冲击，但传统媒体的权威性依然没有衰落。这也表明，传统媒体的最大优势体现在其发布的信息是代表党和政府的立场，具有权威性。事实也是如此，翻阅各大门户网站的新闻内容，我们可以发现，这些新闻网站的内容绝大多数来自党报党刊、广播、电视等传统媒体，不少新闻报道甚至只是简单地"复制"到网络上。这一现象反映出新媒体在信息的采编上有不足之处，其采编能力不及传统媒体强大，传统媒体依然具有生命力。同时，这也告诉我们，媒体的核心竞争力是在内容上。"内容第一"仍然是各类媒体扩大影响力、打造公信力的最有效途径。因此，传统媒体与新媒体的融合关键不在于去追求把同样的信息内容展示在不同载体的媒体上，更主要在于为受众提供更具有增量价值的信息。具体说来，传统媒体在与新媒体融合时不仅要思考如何借助新工具、新技术，创新信息传播的载体和形式，更要思考如何加强新闻信息的采集和生产，生产出更多更好符合人民群众需要的新闻信息，确保所发布的信息始终具有强大的公信力。而新媒体在发挥自身所具有的传播优势的同时，要注重加强自身的信息采编能力，在信息内容上下大力气，突破传播内容的浅层化和公信力低的不足。

（2）创新信息传播的载体

在传统媒体与新媒体融合时还要注意信息传播载体的融合。与传统媒体相比，新媒体的一个重要优势就在于新媒体是能够承载文字、图像、声音、视频等各种新闻生存方式，而传统的媒体要么只能承载文字和图像，如报纸、书籍；要么只能承载声音，如广播；要么只能承载视频、声音，如电视。因此，报纸、广播、电视的功能表现为互补性，报纸的优势在于文字，广播的优势在于声音，电视的优势在于视频。这也是传统媒体时代各类媒体能竞相发展而互不能被取代的原因。而以互联网和移动互联网为代表的新媒体则集报纸、广播、电视的功能为一体，而且传播的速度、时效更好，更具有交互性。因此，从功能上看，新媒体对传统媒体就不是一种补充关系，而是一种替代关系。从这个意义上看，传统媒体与新媒体的融合应该是传统媒体要积极吸纳新媒体的功能，朝着新媒体迈进。所以，在信息生产上，传统媒体要摆脱采取单一传播载体的传统思维，树立起全媒体传播的理念，打造全媒体的立体传播，把传统媒体所具有的采编优势与新媒体的传播优势有机结合起来，对信息内容进行立体式的打造，使生产出来的信息兼具新旧媒体的优势。具体说来，传统媒体要积极建立全媒体新闻中心，依托全媒体新闻中心平台，根据不同信息消费群体的需求和不同媒体的特点对所采集到新闻进行加工生产，打造多途径、全方位的全媒体立体传播模式。在这方面，近年来，我国各传统媒体亦进行了不少探索，如各级党报党刊都在探索"报纸+门户网站+视频+新闻客户端+微博+微信公众平台"的模式。从理论上看，这一模式把传统媒体的采编优势和新媒体的传播优势较好地结合起来。从其实践看，这种融合取得了较好的效果，巩固了传统媒体原有的优势，信息传播能力和舆论引导能力得到了加强。

2. 主流媒体与大众媒体的协调机制

在舆论引导实践中，各类媒体之间的信息不对称，是造成舆论引导出现问题的重要原因。其中就包括主流媒体和大众媒体之间。因此，要有效引导舆论向着正确导向发展，建立主流媒体与大众媒体的协调机制至关重要。

(1) 主流媒体与大众媒体合作机制

在坚持正确的舆论导向上，任何媒体的职责都是一样的。正如习近平总书记指出的："新闻舆论工作各个方面、各个环节都要坚持正确舆论导向。各级党报党刊、电台电视台要讲导向，都市类报刊、新媒体也要讲导向；新闻报道要讲导向，副刊、专题节目、广告宣传也要讲导向；时政新闻要讲导向，娱乐类、社会类新闻也要讲导向；国内新闻报道要讲导向，国际新闻报道也要讲导向。"[1] 这里既有主流媒体也有大众媒体。但尽管如此，既然一个叫主流媒体，一个叫大众媒体，就说明二者是有区别的。主流媒体和大众媒体在社会生活中扮演的角色确有不同，所起的作用也有所不同。但两者在社会发展中的作用是不可或缺的，在舆论引导中的作用也是，他们在相互合作中推动着社会发展进步。

---

[1] 转引自田向利《始终坚持正确政治方向》，《人民日报》2016年5月20日第7版。

一般认为，主流媒体作为党和政府的喉舌，承担着传播党和政府的路线、方针、政策的职责，肩负着传播社会主义核心价值观、建设社会主义精神文明的任务。而大众媒体则主要播发社会新闻、财经新闻、娱乐新闻、体育新闻、广告以及电视剧、电影等，以满足人们的精神生活和信息需求，服务人民群众的日常生活。应该说，主流媒体和大众媒体这种在信息传播上的分工是合乎社会发展实际的。一方面，社会需要主流媒体。任何一个社会都需要建立起自己的主流文化和主流价值观，主流媒体的作用就在于"始终坚守对主流文化及价值观的传扬"[1]。如果一个社会缺少主流媒体去弘扬社会主流文化和主流价值观，那么这个社会将是一个无灵魂的社会。另外，信息时代的受众也需要主流媒体。在信息时代，社会每天生产的信息量是传统社会的成千上万倍。信息量的增加亦可以说是一把"双刃剑"。一方面，人们可以更加自由地选择信息；但另一方面，面对浩瀚的信息，人们常常会感到无所适从、真假难辨。这就需要主流媒体出来担负起甄别信息的任务，将"真、善、美"从海量的信息中挑选出来，而将"假、丑、恶"排除在外。同时，社会也需要大众媒体。只有主流媒体而没有大量的大众媒体的社会也是一个不健全的社会。在社会生活中，人们除了需要关心了解国家重大时事政治外，也需要获取相关经济、文化、娱乐、体育、广告等方面的信息，以丰富人们的生活。因此，主流媒体和大众媒体要建立一种相互合作的关系，各司其职，齐头并进，各自发挥其在社会生活中的作用。主流媒体要关注国内外重大时事政治，注重工作报道，强调媒体的舆论引导。而大众媒体则可以相对更多地依照读者个性化需求来办媒体，更强调人情味和可读性，满足大众阅读兴趣，服务人民群众的日常生活。当然，主流媒体也不是不讲人情味和可读性。如，近年来，《人民日报》无论在内容上还是在形式上都越来越有亲和力。

（2）主流媒体与大众媒体的竞争机制

主流媒体与大众媒体也存在一种竞争关系。一方面，我国的大部分媒体已经从单纯的事业单位性质过渡到事业性质企业化管理的模式，媒体在承担社会公共职责的同时，也要面向市场谋求发展，参与市场竞争。面对生存的压力，各媒体都在相互竞争，想方设法扩大市场份额。另一方面，

---

[1] 陈奕：《我国现实语境中"主流媒体"合理性与合法性之辨析》，《新闻世界》2010年第4期。

主流媒体也要吸收大众媒体一些好的表现形式，使得新闻报道、舆论引导具有大众化、贴近性的特征，进而深受人民群众的喜爱。

因此，在现代信息社会和市场经济体制下，有必要建立起一套主流媒体与大众媒体的竞争机制，通过推动双方相互竞争，以促使各类媒体在竞争中不断改革创新。应该说，建立主流媒体与大众媒体竞争机制无论对于传统主流媒体的发展还是对于大众媒体的发展都是有积极促进作用的。在看到党报党刊这些主流媒体在今天依然发挥着"喉舌"作用的同时，我们也要清醒地认识到，一些主流媒体的竞争力正在弱化，社会影响力有时被弱化。导致这一现象出现的一个重要原因是一些主流媒体依然把自己看作是体制内的"宠儿"，认为无论社会怎么改革自己始终会受到体制的保护。这种思想又导致这些主流媒体在工作中不善于创新，新闻报道和舆论引导存在着抽象化、形式化、同质化的问题。因此，传统的主流媒体如何在"人人都是麦克风"的时代培养受众的黏性，如何及时准确地传递权威信息，如何有效地引导社会舆论，如何弘扬社会主义核心价值观，是其必须认真思考的问题。对于大众媒体来说，这种竞争机制能使得他们有着更广阔的发展空间，他们能在平等的市场竞争中脱颖而出，上升为主流媒体，在发挥服务社会的作用的同时也实现其经济价值。

对于主流媒体的发展困境，党和国家已经有深刻认识。《关于推动传统媒体和新兴媒体融合发展的指导意见》即指出，要着力打造一批形态多样、手段先进、具有竞争力的新型主流媒体，建成几家拥有强大实力和传播力、公信力、影响力的新型媒体集团。"新型主流媒体"的提出，正是为了应对当前传统主流媒体出现的生产发展困境而提出的，也深刻反映出在今天的信息社会和市场经济体制下媒体之间的竞争正日趋激烈，任何一种媒体要想在竞争中生存发展都必须勇于改革创新。

三 政府、媒体与意见领袖之间的协调机制

研究发现，大众传播并不是直接"流"向一般受众，不少信息的传递并不是遵循"媒体——受众"的传播路径，而是"媒体——意见领袖——一般受众"的传播路径，即信息传播经过一个中间环节再转达给相对被动的一般大众。"意见领袖"在这个过程扮演着中介角色，就是意见领袖能对获取的信息进行判断、分析、筛选、加工，建构自己对此信息的看法和

观点，再将其重新建构后的信息传递给下一级的受众，进而影响受众对该信息的看法、态度和行为。因此，进行舆论引导时，除了关注媒体和政府外，还要关注意见领袖这个中介角色。所以，有必要建立政府、媒体与意见领袖之间的舆论引导协调机制。

（一）建立政府、媒体与意见领袖之间协调机制的必要性

意见领袖在传播学中又被称为"舆论领袖""观点传递者"，由美国学者保罗·拉扎斯菲尔德（Paul F. Lazarsfeld）于20世纪40年代在《人民的选择》一书中提出的。拉扎斯菲尔德通过研究发现，大多数民众获取信息并接受影响的主要来源并不是大众传播媒介，而是一部分其他的民众。这一部分民众与媒介关系密切，频繁地接触报纸、广播、广告等媒体，对有关事态了如指掌。于是那些经常与他们交往的大多数民众便从他们那里间接地获得相关信息，并且听取他们对有关问题的解释，这一部分民众就被拉扎斯菲尔德等人称为"意见领袖"。"意见领袖"在人际传播网络中经常为他人提供信息、意见、评论，成为对他人施加影响的"活跃分子"。这些"活跃分子"的存在改变了传统的政府单向传播、自上而下的灌输模式。在信息传播中，并不是每个人都能成为意见领袖，只有少数人能成为意见领袖。那么，哪些人能成为意见领袖呢？一般认为，以报纸、广播、电视为主的传统媒体时代，意见领袖主要由政府人员、公共知识分子和媒体工作者等社会精英分子来担当。在传统媒体时代，相比一般受众，政府人员、公共知识分子和媒体工作者接触媒体的频率更高，同时他们多接受过高等教育，拥有丰富的知识和独立的见解，因而他们能将那些经过自己重构后的信息传递给那些媒体接触度不高、文化知识水平不高的受众，进而影响他们对信息的选择和吸收。而在新媒体时代，意见领袖则更是趋于广泛化、平民化，除了传统的政府人员、公共知识分子和媒体工作者外，企业家、创业精英、商业精英、知名作家、影视明星、体育明星、草根的网络红人都可以成为意见领袖。这些人物大多具有较高的社会知名度，因而多与信息源有千丝万缕的关系，能第一时间获得相关信息，并能积极主动地对成千上万纷繁复杂的信息进行筛选，敏锐地发掘出一些有价值的信息，然后再对挑选出来的信息进行二次加工，使这些信息渗透进自己的观点和思想，最后再将加工后的信息传递给受众，进而影响民众的思想行为。

随着微博的蓬勃发展，越来越多的人通过发微博的形式来分享自己对

一些社会热点问题的看法和态度。据 2017 年 1 月中国互联网络信息中心（CNNIC）发布的《第 39 次中国互联网络发展状况统计报告》显示，截至 2016 年 12 月，中国网民规模达 7.31 亿，微博用户使用率持续回升达 37.1%[①]。在如此庞大的微博用户中，必然会出现一批有较大影响力的微博博主。那些拥有大量读者、有较大影响力的微博博主能通过自己所发的微博影响粉丝的态度，自然也就是微博中的意见领袖了。中国社会科学院发布的《社会蓝皮书：2014 年中国社会形势分析与预测》指出，网络意见领袖的影响力常常超过媒体和政府在微博中的传播力，中国大约有 300 名全国性的意见领袖发挥着重要影响。[②] 网络和微博这些新型媒介的迅速兴起，既为传统的意见领袖的发展提供了一个全新的平台，也为新兴意见领袖的崛起提供了肥沃的土壤。事实也证明，网络意见领袖对社会舆论的影响越来越大，已经成为引导舆论走向、形成舆论压力、影响网络文化的一支重要的力量。总之，新媒体的出现极大地改变了社会舆论的结构，营造出了一个全新的舆论环境，大量的网络意见领袖正在崛起，甚至有些网络意见领袖的影响力比政府和媒体还强大。

正是鉴于意见领袖在舆论引导中的作用，一般认为，在舆论引导中存在政府、媒体、意见领袖三个主体，这三个主体相互影响、相互作用，共同推动舆论的走向。然而，需要注意的是，政府、媒体、意见领袖三者在舆论引导中局部利益存在冲突与矛盾，他们在社会舆论引导中形成了一种既相互依存又相互博弈的微妙关系。在舆论引导中政府与媒体存在着不一致甚至矛盾。政府在舆论引导中总是把维护公共利益、保持社会稳定作为最大的价值追求。而媒体作为新闻信息的报道者和传播者，虽然具有很强的公共性，但其亦有自身的特殊利益追求（如通过提高收视率、点击率以增加广告收入）。同时，媒体尤其是大众媒体天性具有好奇心，喜欢将鲜为人知的事物公之于众，借此以吸引受众的眼球、满足受众的好奇心理。媒体的这些特殊利益追求必然有时会同政府的利益发生冲突。而意见领袖则多是站在既不同于政府也不同于媒体的立场上对一些事件发表自己的见解，因此他们所代表的利益与政府、媒体都有所不同。由于意见领袖多以

---

① 引自《第 39 次中国互联网络发展状况统计报告》，2017 年 1 月 22 日中国互联网络信息中心发布（http://www.cnnic.net.cn/hlwfzyj/hlwxzbg/hlwtjbg/201701/t20170122_66437.htm）。

② 李培林、陈光金、张翼：《社会蓝皮书：2014 年中国社会形势分析与预测》，社会科学文献出版社 2013 年版，第 216 页。

公共知识分子自居，故他们作为独立的个体来针砭时事时往往能超越个人和团体的私利，代表无力表达的"沉默的大多数"而发声，通过舆论压力以对政府陈情。因此，从某种意义上说，意见领袖在一定程度上是民意的代言人。从公共管理的角度看，公众对政府的监督与批评是政府的重要资源，有利于促使政府完善公共管理。所以，意见领袖对舆论引导和社会管理具有正面、积极的作用。在我国，绝大多数的意见领袖能够理性地表达意见和建议，从而有助于人们正确认识一些社会事件和社会现象。然而，我们也要看到，意见领袖的言论毕竟是个人意见的一种表达，并不一定能始终严肃理性。尤其是在网络环境中，由于信息传播的自由和快捷，使得海量的信息一时间都涌现出来，广大民众面对网络这种自由、平等、共享的语境，反而有时会显得无所适从，一时间难以分辨取舍。少数意见领袖正是利用网络这一特性，进行一些并不是很理性的舆论引导，甚至利用自己的身份进行一些别有用心的煽动，从而不仅丧失了意见领袖应该具有的公共精神，更给社会的安定和谐带来危害。政府、媒体、意见领袖这种既统一又对立的关系决定了我们必须理顺三者之间的关系，建立起一套舆论引导中的政府、媒体与意见领袖之间的协调机制。

（二）政府、媒体与意见领袖之间协调机制的主要内容

建立政府、媒体与意见领袖之间的协调机制的本质，是要厘清舆论引导的三个主体——政府、媒体、意见领袖——之间的关系，使这三个主体在社会舆论引导中发挥应有的作用，建立起一个完善的层层关联、上下联动的信息舆论生态系统。具体说来，政府、媒体与意见领袖之间要建立以下这些协调机制。

1. 培育意见领袖，发挥意见领袖的舆论引导作用

意见领袖是指在传播过程中扮演重要角色、热衷于传播消息和表达意见的一小部分人，他们或是比其他人接触到更多的媒介或有更多的消息源，或者是某一方面的专家，能向身边公众提供更多更详细的信息，他们是"大众传播中的评介员、转达者，是组织传播中的闸门、滤网，是人际沟通中的'小广播'和'大喇叭'"[①]。

与传统媒体相比，新媒体给人们提供了一个相对平等的发表自己观点

---

① 邵培仁：《传播学》，高等教育出版社2000年版，第228页。

的公共空间。网民们在网络上享有充分的话语权，可以直接表达社情民意，可以公开表达对一系列社会问题的观点和态度。因此新媒体产生的意见领袖更具代表性、更有号召力、更有话语权，在普通民众中的影响力更大，起着舆论风向标的作用。大体而言，新媒体意见领袖主要来自以下群体：一是网络名人。一些专家学者、知名人士、明星偶像等，将现实中的影响力带到网上。他们通过接受访谈、发表文章、撰写博客、开设专栏等方式在网上传播观点，影响网民。二是论坛版主和网站负责人。他们同传统媒体的编辑一样，在控制网络舆论议题和言论信息方面具有较大的控制权，可以推荐、加精、删除一些意见帖，进而引导着网络的舆论导向，因而论坛版主和网站负责人是网络意见领袖的重要组成部分。三是网络知识分子。这些人大多接受过良好的教育，但往往不属于传统主流的知识分子。他们写作能力强、观点旗帜鲜明、语言辛辣讽刺，深受网民喜爱，在网民中影响力巨大。他们大量地在论坛、博客、微博、微信等发表观点，聚焦热点，是网络意见领袖的主要来源。事实表明，新媒体意见领袖深刻而广泛地影响着网络舆论的走向，每次突发和重大事件，这些意见领袖们在网上发表的观点都会对网民产生巨大的影响，引导着网络舆论的走向。

因此，要重视挖掘培育意见领袖特别是新媒体意见领袖，鼓励他们为国家改革发展建设积极建言献策。一是引导新媒体意见领袖。团结引导他们认同国家主流意识形态，增进对社会主义核心价值观的认知认同。新媒体意见领袖与网民身份经历相近，容易交流沟通意见。同时，意见领袖与事件本身没有任何关系，发表的意见完全基于自身内心真实想法，这种非功利性使新媒体意见领袖更受网民信任。对意见领袖的积极建言，只要出发点是好的，就应当鼓励，对的要积极采纳。"即使一些意见和观点有偏差，甚至与事实不完全相符，也要多一些包容、多一些宽容，坚持不抓辫子、不扣帽子、不打棍子。"[1] "如果有的人提出的意见和批评不妥当或者是错误的，要开展充分的说理工作，引导他们端正认识、转变观点，而不要一下子就把人看死了，更不要回避他们、排斥他们。"[2] 二是培养新媒体意见领袖。网络舆论阵地，正确的思想不去占领，错误的思想就会去占

---

[1] 习近平：《在知识分子、劳动模范、青年代表座谈会上的讲话》，《人民日报》2016年4月30日。

[2] 同上。

领；马克思主义、无产阶级的思想不去占领，各种非马克思主义、非无产阶级的思想甚至反马克思主义的思想就会去占领。占领网络舆论阵地，是做好舆论工作的紧迫任务和必然要求。而要占领网络舆论阵地，就必须努力培养大批新媒体意见领袖。要善于发现和培养新媒体意见领袖，要深入利益相关群体，寻找意见领袖，多途径培养具有主流社会认同感的舆论领袖。当前，尤其应鼓励倡导各级领导干部、理论工作者、专家学者、知名人士等深入网络社区，积极参与网络话题讨论，自觉承担起传承先进文化、教育青年一代、引领网络舆论的责任。特别需要强调指出的是，要成为新媒体意见领袖，一定要改变传统的话语模式，多运用"网言网语"来拉近和网民的距离。以网民喜闻乐见的形式，增强吸引力、赢得信赖感、提高引导力。三是发挥新媒体舆论领袖的积极作用。活跃于互联网的新媒体意见领袖，某种程度上充当着政府和广大网民之间"舆情调节阀"的角色，发挥着重要作用。通过意见领袖有见地、有代表性的发言，通过意见领袖说在行的话、说在理的话、说贴心的话、说动情的话、说得体的话、说合适的话、说有见地的话、说有水平的话，引导社会舆论，强化正面舆论，争取中立舆论，孤立负面舆论。通过意见领袖生动的语言和形象的表达，宣传现实生活中进步的、光明的、先进的、积极的东西，使公众产生共鸣，从而帮助公众划清是非界限、澄清模糊认识，牢牢掌握舆论主导权。

这里要特别强调的是，实际上意见领袖分为"主流意见领袖"和"非主流意见领袖"。"主流意见领袖"，就是指那些立足于党和国家改革开放发展的大局、立足于最广大人民群众的根本利益、立足于社会的公平正义和法治理念，认同主流意识形态、弘扬主流价值观的意见领袖。"非主流意见领袖"，就是指那些缺乏实事求是精神、观点偏激，故意激化矛盾、引发公众思想混乱，旨在消解主流意识形态和主流价值观的意见领袖。基于此，实时监测与准确评判政治思想网站意见领袖的发展现状具有重要意义。所以，我们应着力挖掘和培育"主流意见领袖"，充分发挥他们在舆论引导中的作用。同时，要区分"非主流意见领袖"的具体情况，对于属于思想认识模糊而发表对舆论引导有负面作用的意见领袖，我们要教育引导，使其发挥对舆论引导的积极作用，而对于极少数旨在消解主流意识形态和主流价值观的意见领袖，就不是培养和教育的问题，而是要给予坚决回击甚至依法严惩。

2. 完善合作与制约机制

政府、媒体、意见领袖作为引导舆论的三个主体，在舆论引导中扮演着不同的角色，发挥着各自不同的作用。政府、媒体、意见领袖与民众之间构成了"政府→媒体→意见领袖→民众"和"民众→意见领袖→媒体→政府"一个层层关联、上下联动的信息舆论生态系统。在这个信息舆论生态系统中，政府一方面是社会信息的最大源头，承担着向公众在第一时间发布相关社会公共管理信息和引导社会舆论的职责；另一方面也是社会公共事务最重要的管理主体，承担着对媒体和意见领袖进行管理的职责。媒体则是社会信息的传播者和扩散者，起着上传下达的作用，一方面承担着将政府发布的信息广而告之的职责；另一方面也承担着将民众的要求和愿望通过舆论的形式传递给政府的职责。意见领袖则把媒体与民众链接起来。一方面，意见领袖能将相关社会新闻进行二次加工，对相关信息进行放大和提升，进而在社会上制造舆论焦点以引导民众的思想和行为；另一方面，意见领袖能将普通民众爆料的社会信息进行提炼和放大，以形成舆论焦点，进而引起新闻媒体和政府的关注。从政府、媒体、意见领袖在信息舆论生态系统中的角色和作用来看，三者缺一不可，并连同民众共同构成了一个完整的体系。

在信息舆论生态系统中，政府、媒体、意见领袖是一种既相互合作又相互制约的关系。所谓相互合作的关系是指政府、媒体、意见领袖必须通力合作才能有效地引导社会舆论，进而使社会实现和谐稳定。无论是在"政府→媒体→意见领袖→民众"的信息传递系统中，还是在"民众→意见领袖→媒体→政府"的信息传递系统中，都需要政府、媒体和意见领袖的积极参与和协调配合。政府要积极主动地发挥好信息源的作用，按照《政府信息公开条例》的要求，切实做好政务信息公开工作；同时，政府要树立为媒体服务的理念，在政策、管理、资金上为媒体的发展提供支持，推动媒体做大做强。媒体则要按照真实、及时的原则做好信息传递和舆论引导工作，充分发挥自己在政府与民众之间的桥梁作用。意见领袖也要本着对公众负责和对自己负责的态度，通过深入调查研究和独立思考分析，对各类信息进行甄别和选择，做到去粗取精、去伪存真，确保所传递信息的真实性、全面性和专业性，而不能人云亦云，更不能信口雌黄，甚至发布错误言论。应该说，在我国，政府、媒体、意见领袖之间的根本利益是一致的，其目的都是实现社会公共利益的最大化，促进社会和谐发展。事实上，在公共事务管理中，合作的成本永远小于对抗的成本。因此，政府、媒体和意见领袖要以公共利益最大化为目标，共同把公众关心关注的问题变成自己的舆论议程，并以坦诚的态度促成相互之间的合作，进而把政府、媒体、意见领袖之间的共同利益最大化。

政府、媒体、意见领袖之间还要建立起一套相互制约的机制。政府、媒体、意见领袖亦是一种对立关系。政府、媒体、意见领袖在局部利益上并不是完全一致，三方亦存在利益博弈。从信息舆论生态系统的发展来看，这种对立与博弈是有必要的，对于三者的存在发展都是有意义的。因为从哲学上看，事物之间只有同一性而没有对立性是不能推动事物发展的，事物之间只有既对立又统一才能推动事物发展。因此，政府、媒体、意见领袖之间有必要建立起一套相互制约的机制。在这套机制中，政府要充分发挥其作为社会公共事务最重要的管理主体的职责，采用法律、政策、经济和技术等手段，对媒体和意见领袖进行管理，确保他们依法依规活动；媒体则要发挥其监督职能，积极对政府的行政行为进行监督，以舆论压力的方式对政府的行为进行约束；意见领袖则亦要积极发挥其舆论监督的作用，对政府和媒体的行为进行舆论监督。通过三者之间的这种相互制约的作用，政府、媒体、意见领袖之间可以保持一种必要的张力，进而维持信息舆论生态系统的和谐发展。

（二）完善沟通交流机制

在具体的舆论引导中，政府、媒体与意见领袖有必要建立一套业务沟通交流机制。政府作为社会公共事务管理的最重要主体，在建立业务沟通交流机制中要发挥主动协调的作用。具体来说，政府要从建立与媒体、意见领袖的相互尊重与信任中来强化交流与沟通。就政府与媒体而言，除了继续发挥好新闻发言人制度和政务微博的作用之外，政府与媒体之间还要建立起常态化的沟通制度。政府可以通过举办联席会议的方式来加强与媒体的沟通。例如，可以定期举办各种形式的吹风会、通气会、沟通会、联谊会，就新闻策划、议程设置、舆论引导等业务问题或当期社会舆论焦点和走势等新闻舆论现状进行沟通交流，以提升政府和媒体的社会管理能力和舆论引导能力。

就政府与意见领袖而言，政府可以通过行政吸纳的方式来加强与意见领袖的沟通。"行政吸纳指一个过程，在这个过程中，政府把社会中精英或精英集团所代表的政治力量，吸收进行政决策结构，因而获致某一层次的'精英整合'，此过程赋予统治权力以合法性，从而一个松弛的、但整合的政治社会得以建立起来。"[1] 从这个意义上看，行政吸纳作为一种温和的治理策略即类似于党创造的"统一战线"的策略。由于意见领袖多是社会中的精英分子，所以带有"统一战线"色彩的行政吸纳的团结方式就更适合具有精英色彩的意见领袖。对意见领袖的行政吸纳，主要是指政府通过咨询、协商、合作的方式谋求与意见领袖的亲密合作，坦率、真诚地与意见领袖进行沟通交流，征求意见领袖对政府工作的意见和建议，最终实现齐心协力引导好社会舆论，建设和谐社会。具体来说，"邀请他们（意见领袖）以专家的身份开展咨询活动，选择一部分有影响的意见领袖充当人大代表、政协委员，尤其是那些有传统媒体、律师工作背景的部分'大V'，应该重点关注他们的思想动态和行为倾向，必要时为他们开设专栏，让他们在体制内说话，或者借鉴对知识分子的吸纳方式，通过委托项目、课题、咨询建议等形式，既提高他们的物质待遇，又同时规范他们的行为，做到求同存异，聚同化异，推行'良政'和'善治'"[2]。近年来，不少地方党政部门正在尝试用行政吸纳来团结网络意见领袖。例如，2009年12月，昆明举办了"善变中的昆明"网络专家博客笔会。活动主办者邀请来自全国20余个省、市、自治区的36位知名博客作者及15家网络媒体的17名评论编辑或论坛管理员到云南参观、调研、座谈。[3] 2013年12月2日，国家博物馆与国务院信息化办公室合作举办了"网络文化名人游国博"活动，邀请包括SOHO中国董事长潘石屹、北京环境交易所董事长杜少中、《凤凰周刊》记者邓飞、《环球时报》总编辑胡锡进、专栏作家五岳散人、北京大学中文系教授张颐武、中央电视台主播张泉灵、刘芳菲等40多位在网络媒体上具有巨大影响的知名人士参观国家博物馆，了解国家博物馆在传承中华文明五千年历史、弘扬社会主义先进文化中的重要作用。2014年7月，荆楚网、新浪湖北主办了"大V看湖北"活动。活动邀请了湖北网络"大V"和知名官方微博管理员，走访武汉、鄂州两地，

---

[1] 转引自郭小安《从运动式治理到行政吸纳——对网络意见领袖专项整治的政治学反思》，《学海》2015年第5期。

[2] 郭小安：《从运动式治理到行政吸纳——对网络意见领袖专项整治的政治学反思》，《学海》2015年第5期。

[3] http://xw.kunming.cn/subject/node_16560.htm.

微距感受湖北新变化，领略湖北发展速度。①

　　就媒体与意见领袖而言，媒体亦可以通过各种形式的联系会、沟通会、业务交流会来加强与意见领袖的沟通。与政府与意见领袖的关系相比，媒体与意见领袖之间联系更加紧密。从某种意义上说，意见领袖就是半个媒体，具有媒体的信息传播、舆论引导等功能。媒体是意见领袖获取话题的重要信息来源，意见领袖的言论也是媒体进行信息传播和舆论引导的重要参照。因此，媒体和意见领袖亦可以举办各种形式的交流活动，就信息传递、舆论引导等新闻业务工作以及对当前的社会舆论焦点等问题进行沟通、交流，以促进双方的了解和业务能力的提升。这无论对于常态的舆论引导还是突发事件的舆论引导，都会起到积极的作用。

---

① http://news.cnhubei.com/xw/hb/ez/201407/t2998019.shtml

第六章　健全正确舆论引导的微观运行机制

坚持正确的舆论导向的机制，是一个由多种机制相互作用而构成的有机整体及由此形成的微观运行机制。健全正确舆论引导的微观运行机制，主要包括"健全舆情收集和分析机制、健全舆论引导的传播机制、健全舆论引导的预警机制、健全舆论引导的应急机制、健全舆论引导的监督机制"等。要有效地实现正确的舆论导向，有赖于这一系统内部各种机制自身的健全完善并且能够相互协调。

一　健全舆情收集和分析机制

有效引导舆论，需要及时掌握舆论动态，探索舆情的产生和变化规律，建立健全舆情信息收集和分析机制。舆情的收集和分析，能够更好地服务于党和政府的相关决策，服务于改革、发展、稳定的社会实践。

所谓舆情收集和分析机制，是指依照舆情产生、发展、变化规律，"通过直接或间接从事舆情信息工作的机构和个人，运用舆情信息的固定信息点、信访、内参、网络论坛以及专门社会调查等各类信息搜集渠道和手段，采用社会统计等各类科学方法，并依靠有关制度保障，对舆情信息进行汇集、加工、分析、报送和反馈的比较稳定的工作方式"[1]。建立一套行之有效的舆情收集和分析机制，对及时掌握社会舆情动态、探索舆情的产生和变化规律具有极其重要的意义。

舆情的收集要做到"收集信息快，反映问题准"，反映和收集动态性的舆情信息要迅速，早发现、早收集、早报告。注重准确性，保证收集的

---

[1] 王来华、温淑春：《舆情信息汇集和分析机制刍议》，《天津大学学报》（社会科学版）2007年第5期。

问题真实可靠，能充分反映社会的主流意见，真实体现广大人民群众的思想动态。对收集到的信息要进行深入调查核实，建立舆情调查制度，深入实际进行具体调查、详细调查、规模调查。对事关大局的典型事件进行深刻剖析，对社会关心的热点、难点问题，组织讨论，反映社情民意，对来自群众的呼声、批评等进行认真调查核实，深入分析，去伪存真，为舆情处理决策提供科学依据。

（一）建立健全舆情收集渠道

1. 建立全方位的舆情收集系统

要建立覆盖各级政府部门、基层组织、科研机构、事业单位以及其他社会组织的舆情收集系统。根据各地各部门实际情况，充分利用原有舆情工作队伍，逐步建立健全舆情信息收集渠道，通过设置培养一批专、兼职舆情信息员，加强对各种信息的收集和整理。舆情信息工作部门很多，除各级党委、政府、人大、政协等领导机关外，舆情信息收集最值得关注的是那些与群众利益密切相关的权力部门，如公安、检察、法院、城管、工商、税务、教育、国土、城建、环保等。这些部门出台的政策措施与老百姓日常生活息息相关，涉及百姓切身利益，处理不好就会引起群众的怨气和不满，稍有不慎小问题可能变成大问题，局部问题可能变成影响全局的问题，容易引发社会不稳定因素，此类舆情信息应该重点关注。总的来说，舆情收集的内容主要应该包括："收集和反映人民群众对社会热点、焦点、难点、疑点问题的看法和意见；对不利于社会安定团结和经济发展的不良思潮、消极民谣，包括封建迷信和反动言论等的反映以及对重大突发事件的实情分析和防治对策研究；专业人士关于社会进步、政治稳定、经济发展等方面的前瞻性和建设性意见；政协委员、人大代表及其所联系的社会各界人士反映的那些不宜公开，事关决策的重要情况和意见等。"[1]

2. 注重从民间收集舆情信息

在舆情收集中，要注意信息来源的广泛性，既要重视政府部门的，更要关注民间底层的声音。舆情信息是反映民意的载体，从民间获取舆情是民意信息来源的最直接、最真实的渠道。正所谓"知屋漏者在宇下，知政失者在草野"，只有站在屋下的人，才知道房屋是否漏雨；只有身处社会

---

[1] 刘毅：《试论舆情信息汇集和分析机制的建立和完善》，《理论月刊》2005年第6期。

底层的人，才知道当政者的缺失在哪里。为政者要了解民意、体察民情，就必须时时倾听来自社会底层的声音。要善于从民间广为流传的民谣、段子、"顺口溜"以及各种街谈巷议、"小道消息""传言"中捕捉舆情点，从中发现倾向性、苗头性、社会性的舆情信息。如"革命的小酒天天醉，喝红了眼睛喝坏了胃；喝得手软脚也软，喝得记忆大减退；喝得群众翻白眼，喝得单位缺经费；喝得老婆流眼泪，晚上睡觉背靠背，一状告到纪委会，书记听了手一挥：能喝不喝也不对，我们也是天天醉"，从中可以感受到老百姓对公款吃喝的深恶痛绝；"村骗乡、乡骗县、一直骗到国务院。国务院下文件，一层一层往下念，念完文件进饭店，文件根本不兑现"，这是对官场形式主义作风的辛辣嘲讽；"遇到饭局讲笑话，遇到会议讲废话，遇到上级讲大话，遇到下级讲官话"，这是嘲讽官员的官僚主义；"数字出干部，干部出数字"，这是嘲讽官场弄虚作假的浮夸风；"得个阑尾炎，白种一年田"，这是反映看病贵、看病难。① 大量诸如此类源于民间的舆情信息往往是社情民意简洁浓缩的呈现，它真切地反映了老百姓的生存状况和生活困境，表达了他们对社会种种不正之风的不满和愤慨，应该特别留意收集。

3. 注重通过传统媒体收集舆情信息

以党报、国家通讯社、国家电视台等为代表的传统大众媒体属于"主流媒体舆论场"，它是舆情信息的重要来源。"主流媒体舆论场"的信息包罗万象，既汇聚了国内国际信息，也汇聚了各部门、各行业、各领域的信息，通过收集传统媒体信息可以从中发现许多有价值的舆情信息。传统媒体舆情收集主要应包括国家重大决策、重大部署引发的舆情，国内外重大事件、突发事件引发的舆情，社会热点焦点问题舆情，社会思潮及理论动态舆情等，如2016年2月19日习近平在党的新闻舆论工作座谈会上提出"党媒姓党"、"八个讲导向"后引发的舆情，2016年5月"魏则西事件"、"雷洋事件"、"56朵花"组合在人民大会堂举办红歌会事件、香港艺人何韵诗被兰蔻取消合作事件等引发的舆情。由此可见，传统大众媒体要注重收集各类媒体包括中央和地方党报党刊、国家通讯社、中央和地方电视台、地方都市类报刊等刊登、播发的新闻报道、专题节目、评论员文章、理论文章、专栏杂谈等，及时把握社会舆论动向。

---

① 相关段子均搜集于网络。

4. 重视互联网舆情的收集

除以传统大众媒体为代表的"主流媒体舆论场"外，以互联网为代表的"民间舆论场"是舆情信息的另外一个重要来源。由于互联网具有虚拟性和匿名性，民众可以放下顾虑、畅所欲言，能够更加真实地表达个人的观点、看法、立场和要求等，互联网成了民意表达的一个最方便、快捷、集中的"民间舆论场"。"网民来自老百姓，老百姓上了网，民意也就上了网。群众在哪儿，我们的领导干部就要到哪儿去，不然怎么联系群众呢？各级党政机关和领导干部要学会通过网络走群众路线，经常上网看看，潜潜水、聊聊天、发发声，了解群众所思所愿，收集好想法好建议，积极回应网民关切、解疑释惑。善于运用网络了解民意、开展工作，是新形势下领导干部做好工作的基本功。各级干部特别是领导干部一定要不断提高这项本领。"① 可以说，互联网舆情是映射社会舆情的实时晴雨表，是洞察和引导社会各层面舆情态势的重要窗口。互联网舆情千变万化，所涉及的领域众多广泛。重视收集互联网舆情，就是要到互联网舆情存在的"场所"去了解舆情，要关注微博、微信、网络论坛、新闻跟帖，等等。可以借助舆情监控分析软件等网络舆情收集工具，运用大数据收集舆情。要安排专人定期巡查各大新闻网站、论坛、微博、微信、新闻留言板等"民间舆论场"，全面跟踪了解互联网舆情信息。要及时汇总来自互联网的舆情信息，进行科学梳理，区分主流和支流，把握趋势和苗头。

5. 通过信访渠道收集舆情

信访是人民群众进行利益诉求表达的一个重要渠道，是民怨的释放通道、民情的反馈渠道、民声的传声筒、民意的表达机制，上访人直接反映个体或一类群体的诉求，因此是民意信息来源的又一重要渠道。信访的重点也就是老百姓利益诉求的热点，而信访成为勘察民意和社会热点、难点和重点的一面镜子。信访所反映的问题几乎都属于人民群众迫切需要解决的热点、难点和重点问题，突出反映了人民群众的真实诉求。畅通人民群众信访渠道，"通过建立健全领导干部调研制度、群众接待日制度、基层联系点制度等，开辟同人民群众联系的多种渠道，最大限度地方便信访群众，让群众有说话之处、诉苦之处，及时捕捉群众

---

① 习近平：《在网络安全和信息化工作座谈会上的讲话》，《人民日报》2016年4月26日。

的'第一信号',把握群众的第一愿望"①。将信访工作中遇到的热点、难点、重点问题进行收集、综合、分析、整理,对各种信访情况及时分析研究,有助于充分及时掌握舆情状况。因此,信访也是了解社情民意掌握舆情的重要渠道。通过信访获得的舆情,可以使我们在做舆论引导工作时就能有针对性,说群众想听的话,说群众想说的话,使得舆论引导能够更加得民心、合民意。

(二) 完善舆情分析研判机制

舆情分析研判是指建立健全舆情分析研究判断机制,运用科学的分析方法,组织力量对收集到的舆情信息及其反映的事件进行深入挖掘、归纳整理、甄别筛选、分析研究。通过深入分析研判,及时捕捉苗头性、预警性和前瞻性的动态,对舆情及其事件的发展趋势、可能走向进行全面的评估、预判,为决策者提出有针对性的对策建议,切实提高事件处置的前瞻性、针对性和有效性。

1. 成立舆情分析研判专门机构

设置专门办事机构和明确专人负责是做好舆情分析研判工作的重要前提条件。要设置舆情分析研判专门机构,明确具体工作职责和内容,同时要指定专人负责本地区本系统本部门的舆情收集和分析工作,并按照相应层级定期编辑汇总具有代表性和普遍性的舆情信息。要加强舆情分析研判队伍建设,整合各方精干力量,包括相关主管部门负责人、业内专家学者、资深媒体人士、网络"大V"等。

2. 构建科学完善的舆情研判机制

建立一整套科学完善的舆情研判体制机制,对于及时全面了解和把握舆情动态,灵活应对各种舆论事件具有重要意义。在具体的工作中,对纷繁复杂的舆情信息进行科学收集归类和整理汇总,通过来源分析、真伪分析、归类分析、指向性分析、矫正分析等多种分析手段,将舆情信息的潜在价值、本质内涵予以揭示,从而得出精准的研判结论,进而为决策者提供咨询参考意见和反应处置措施。正确精准的研判结论必须建立在大量的数据、信息和资料的基础之上,因此,有必要及时、全面、准确地收集各

---

① 郭芳:《论信访工作舆情功能的发挥》,《中共青岛市委党校 青岛行政学院学报》2008年第5期。

3. 重视利用大数据技术

在当今网络时代，面对互联网上的海量信息，必须高度重视大数据技术，善于利用借助大数据强化网络舆情分析研判。"大数据技术是指运用搜索引擎、社交媒体、各类网络数据库，实时聚集数以百万本书那么厚的文本和图像，用一种搜索、分类、分析的软件，通过高速的计算机运算和业内专家的研判，精确描绘现状并预测未来。"① 云计算、物联网、4G 网络等新技术的发展为大数据舆情分析模型的建立提供了有益帮助。基于云计算的舆情分析，能同时分析更多数据，揭露更多隐藏价值，使预测更准确，决策更合理。大数据舆情分析研判所需数据必须完整、准确，需要纯粹真实的事实和第一手的资料，完全没有经过修饰、篡改的事实性信息。因此，其数据来源必须广泛而具有代表性，不仅要来自官方舆论场还应包含民间舆论场，不仅有正面赞扬更要有负面批评，不仅要关注网民态度和情绪变化等文字信息还要关注图像、视频、语音等内容，不仅要关注传统媒体、各大新闻网站，更要关注贴吧、论坛、微博、微信等网络信息。只有对全面完整、翔实准确的舆情信息进行分析，才能从中发现舆情焦点和敏感话题，实现大数据的价值。如人民网舆情监测室研发了一套互联网舆情监测系统，该舆情监测平台涵盖五大舆情支持系统，包括部委（纪检）、省（市）级、市（市）级、县（市）级和上市公司、央（国）企、外企、民企舆情支持系统。该系统基于网络舆情传播规律，可以及时、全面地监测境内外新闻网站、论坛、报纸、电视、广播和知名博客、微博，并能随时进行数据的抓取、挖掘、聚类、分析和研判，方便舆情工作人员迅速获取舆情，大大提高了舆情管理和舆论引导的水平。

4. 建立舆情分析研判联席会议制度

定期召集各相关部门负责人和有关人员参加的联席会议，对有可能引发群体性、突发性事件等方面的舆情信息，进行分析、梳理、研判，未雨绸缪、提早应对，提出前瞻性、预警性、对策性的意见和建议。对重大项目尤其是有可能影响当地生态环境安全项目的实施，必须全程跟踪掌握舆情信息，及时掌握群众的意见建议及反映的突出问题，对可能引发群众集体上访、越级上访或群体性事件的，进行分析研判，提出意见和建议。对

---

① 李希光：《大数据时代的舆情研判和舆论引导》，《思想政治工作研究》2014 年第 1 期。

重大政策或措施的出台，特别是涉及群众切身利益的政策规定，要充分考虑到公众的感受以及可能出现的种种情况，及时进行分析研判，提出有针对性的意见和建议，避免出现舆论危机。

二　健全舆论引导的传播机制

"舆论的本质是多数人通过自愿的思想交融凝聚成的集合意识和整体知觉"①，作为一定社会范围内人们共同知觉的反映，社会舆论往往表现为多数人的共同意见。这种共同意见不能压制和堵塞，而应当通过科学、合理的疏浚和引导，畅通社情民意反映渠道，在政府和公众的良性互动中形成共识。因此，必须健全舆论引导的传播机制，"清除各种妨碍舆论正常传播的梗阻，使舆论在传播过程中不会因为受到蒙蔽、扭曲和阻滞而改向、变形和激化"，②确保不失真、不变形、不走样。

（一）建立健全政府信息公开机制

政府信息公开是指国家行政机关和法律、法规以及规章授权和委托的组织，在行使国家行政管理职权的过程中，通过法定形式和程序，主动将政府信息向社会公众或依申请而向特定的个人或组织公开。

1. 政府信息公开有利于保障公民的知情权、参与权、表达权、监督权

当前我国正处于经济社会转型期，同时也是各种社会矛盾和敏感问题的多发期。面对这样一个关键时期，政府信息是否公开、透明，直接关系到人民群众对政府的信赖程度，直接关系到社会政治经济的稳定。"谣言止于公开，信任来自透明"，实行政府信息公开，让权力在阳光下运行，有利于密切党群干群关系，有利于树立政府的权威、提高政府公信力，更有利于消除误解、化解矛盾，维护社会稳定，促进社会和谐。

作为舆论的引导者，政府相关部门必须改变观念，化"堵"为"疏"，在第一时间进行信息公开，充分尊重公民的知情权，避免由于相关情况和处理措施没有及时公布而导致民众的不满和不信任情绪发酵引发群体性事件。特别是在"人人都是通讯社、个个都有麦克风"的互联网时代，"网

---

① 刘建明：《宣传舆论学大辞典》，经济日报出版社1993年版，第343页。
② 赵强：《中国国家舆论安全研究》，《政治学研究》2009年第2期。

络已经成为现实社会的一面镜子,成为各种利益诉求汇聚的平台,成为思想文化的集散地和社会舆论的放大器。"[1] 任何风吹草动的信息,特别是事关公众切身利益的信息,往往会在瞬间引爆网络舆论场,引起网络舆情发酵,掀起舆论热潮。因此,在舆论引导过程中,作为政府必须加大信息公开力度,加快信息公开速度,发布最快、最新、最权威的信息解释政府政策,尤其在突发事件发生时,政府必须在第一时间向公众发布权威信息,切忌实行信息封锁。在互联网时代封锁消息是一种愚蠢的行为,无异于掩耳盗铃,只会导致政府的公信力下降,使公众对政府产生信任危机。事实上,政府信息公开的程度与公民对政府的信任程度是成正比的,准确及时的信息沟通,一方面能极大地提升政府的形象与威望,增强政府的公信力;另一方面能让民众远离流言,克服恐惧心理,减少不安定的因素。当民众从政府公开渠道得不到任何消息或得到的消息不及时、不全面时,人们心中的疑虑和困惑就难以得到消除,各种流言、谣言就会迅速地传播蔓延开来,从而引发社会恐慌,影响社会正常的生产生活秩序,破坏社会和谐稳定的局面。因此,政府相关部门应该高度重视信息时代大众媒体和公众舆论对人们心理的影响,并通过大众媒介及时地、有针对性地发布信息,及时进行舆论引导,以正视听。政府相关部门应加大信息主动公开力度,健全信息主动发布机制,建立健全重大决策听证、重要事项公示、重点工作通报、政务信息查询等制度,通过网站、电视、报纸、广播等渠道主动发布权威的政务信息。如在作出关系本地经济社会发展全局、社会涉及面广、与公众利益密切相关的重大决策前,应该将决策内容、出台背景、相关问题等事项向社会公开并征求群众的意见,同时,政府还需给予全社会及时的回应和反馈。重大决策出台后,除依法应当保密的以外,决策事项、依据和结果均应确保在法定时间内主动公开,接受社会监督。

2. 加强网络信息平台建设是适应网络和新媒体快速发展的需要

通过网络信息平台实现公众问答、网上调查、信息推送等功能,做到"听"民声、"答"民疑、"解"民忧。注重发挥政府官网主渠道作用,扩展信息公开广度和深度。以官方网站为政府信息公开主渠道,积极回应社会关切,围绕本地本部门中心工作,强化政策热点解读,及时发布重大政

---

[1] 马利:《做好网上舆论工作的时代指引——深入学习贯彻习近平同志在全国宣传思想工作会议上的重要讲话精神》,《人民日报》2013年11月27日。

策措施、重要规章、规范性文件，适时公开行政权力运行、财政资金支出、公共资源配置、公共服务提供等与民众息息相关的各类数据信息。特别是涉及本地、本部门的重大突发事件、应急事件，政府部门应在第一时间通过官方网站发布相关信息，公布客观事实，发布动态信息，表明政府态度。同时，政府部门还应建立重大应急、突发事件信息发布制度和社会热点回应制度。围绕社会关注的热点、焦点问题，相关部门要通过政府网站积极回应社会关切。相关部门还需注重加强官方微博、微信平台建设，通过发布公告、在线访谈、答网友问等形式增进与公众的交流互动；积极探索利用政务微博微信开展政府信息公开，以图文并茂、生动形象的形式，通俗易懂地做好涉及本地经济、社会、民生等重要政策的解读；及时敏锐捕捉外界对政府相关信息的疑虑、误解，甚至是歪曲和谣言，加强研判，并通过网络信息平台及时予以回应，答疑解惑，澄清事实，化解民怨，促进和谐。需要提出的是，目前虽然很多政府部门都已经开通了网站、微博、微信等网络信息平台，但不少部门依旧存在认识不足、重视不够、更新不及时、信息不准确、意见建议不回应、内容不实用等问题。对此类"僵尸""睡眠""万能回复"式政府网站，党和国家必须督促其整改直至其恢复正常功能，否则不仅是相关政府部门，就连整个国家政府都会失信于民。

3. 大力推进政府信息依申请公开工作

不断完善政府信息公开法律制度，满足公众的合理信息需求。2008年5月1日开始实施的《政府信息公开条例》，从法律层面对政府信息公开进行了规范。该条例实施以来，政府信息公开的内容不断扩大、程序日趋规范，对于保障公民知情权，提高政府工作的透明度，促进政府依法行政，提高政府工作效率，促进社会民主法治建设发挥了重要推动作用。然而，我们必须清醒看到，政府信息公开的法律制度在实践中尚不能完全满足公众日益增长的诉求，政府信息公开的实践绩效并不尽如人意。一方面，政府信息公开的阻力较大，公民申请政府信息公开遭到许多冷遇与尴尬，一些政府部门往往以"涉及国家机密"、"影响公共利益"、"不属公开范围"等理由不愿公开、不想公开、不敢公开，把申请人拒之门外。另一方面，政府信息公开的内容有限，往往是形式上的信息公开多，实质上的信息公开少；领导活动信息公开多，民生类、办事程序类信息公开少；静态的信息公开多，动态的信息公开少；结果信息公开多，过程信息公开少；原则方面信息公开多，具体内容信息公开少等。这些情况表明，"网上信息公开整体呈现出'官本位'特点"①，政府信息公开还有很长的路要走，需要在实践中进一步加以完善。

目前《政府信息公开条例》要求政府主动公开的范围以及依照公民申请公开的信息范围主要做了列举性规定，面对不断增长、日益繁多的政府信息，以正面列举的方式确定政府应当公开的信息是不合适的，存在政府信息免除公开的范围无限扩大的危险，势必极大地限制政府信息公开的范围。因此，应该确立"以公开为原则，不公开为例外"的政府信息公开法治理念，将政府信息公开的例外情形在《政府信息公开条例》中逐项列出，明确规定例外情形之外的政府信息，均属于应向公众告知的信息范围。对例外情形的详尽论述，有助于《政府信息公开条例》的实际操作，避免行政机关滥用自由裁量权，彻底改变目前很多政府部门以公开的信息是否对自己有利来决定公开与否的痼疾。同时，政府信息公开相关部门应该主动树立为民服务意识，畅通政府信息依申请公开受理途径，主动公开依申请查阅流程。加强内部规范管理，明确依申请公开政府信息的受理程序和标准，包括工作制度、工作流程、公开标准等，力求做到信息制作、文件流转、保密审查、对外发布、处理申请程序规范、标准细化、责任明确。

（二）建立完善新闻发言人和新闻发布会制度

新闻发言人和新闻发布会制度，是指针对涉及政府的重大事项、重要活动、社会关注的热点焦点问题、重大突发事件、公共政策、公共服务、政府决策等与公众利益直接相关的问题而提供的一种接受公众公开咨询、质询的制度。建立完善新闻发言人和新闻发布制度，对涉及本地区本部门重要改革方案、重大政策措施、重点工程项目，特别是遇到重大突发事件、重要社会关切等应通过新闻发言人及时召开新闻发布会，表明政府立场态度，发出权威声音，安抚公众情绪。新闻发言人代表的是政府的形象，发出的是政府的声音，是政府与媒体和公众沟通的桥梁，在舆论引导中扮演关键角色，地位十分重要。

我国新闻发言人制度始于1983年，而把新闻发布真正作为一项制度

---

① 杨亚佳：《政府信息公开存在的问题及其完善》，《人民论坛》2013年第8期。

进行建设，则始于 2003 年。1983 年 4 月，中国记协首次向中外记者介绍国务院各部委和人民团体的新闻发言人，以加强同外国驻京记者或临时来访记者的联系，向他们提供中国的有关情况，阐明中国的立场、方针和政策，并解答他们提出的问题，这标志着我国新闻发言人制度的初步建立。但开始这一制度基本限于中央一级政府，地方政府机构一般没有把举行新闻发布会列入日常工作。2003 年是个重要转折点，当年"非典"的爆发使我国政府充分认识到突发事件中新闻发布的重要性，充分认识到及时发布权威信息对维护社会正常秩序的重要意义。以此为契机，国务院新闻办先后于 2003 年 9 月、11 月和 2004 年 5 月举办了三期新闻发言人培训班，来自中央、国家机关和各省市单位的新闻发言人参加了培训。到 2004 年年底，国务院新闻办、国务院部门和省级政府三个层次的新闻发布体制基本建立。

1. 新闻发言人和新闻发布制度不够完善

客观地说，我国目前的新闻发言人和新闻发布制度还存在不少需要改进的地方，尚待进一步完善。一是对新闻发言人角色认识有偏差，新闻发布不够主动、不够及时。不少地方或部门，从地方利益、部门利益出发，片面强调"正面宣传"，把新闻发言人视为"消防队员"，一旦出现危机，就把他们推到危机第一线，派他们出面"灭火"。因此，很多部门和单位的新闻发言人处于被动应付、临时"救火"、工作随意的状态。而为了维护地方或部门所谓的"正面形象"，新闻发言人往往有利于自己的信息就发布、不利于自己信息就隐瞒，严重影响民众对事件真相的及时了解。二是新闻发言人体制机制不够完善，团队力量建设薄弱。对新闻发言人享有哪些权利和义务，新闻发言人可以披露哪些信息，依据什么程序披露信息等，很多地方和部门都没有明确和规范。平时只为新闻发言人设立一两个人的微型团队，甚至根本没有助理人员，在召开发布会前，才匆匆忙忙组建个临时团队，新闻发言人基本就是"光杆司令"，组织结构远远不能匹配其实际承担的职责。三是新闻发言人专业精神和素养还需提高。新闻发言人不仅需要具备敏锐的政治嗅觉和极高的政策理论水平，还要熟悉新闻传播工作，具备较强的传媒专业技能和专业意识。而现实情况是很多地方和部门的新闻发言人大多为兼职人员，由单位领导干部兼任，没有接受过专业培训，专业素质和职业化程度欠缺。因此，他们不能对信息进行有效整合、分析，难以找准媒体和公众关注的新闻点，往往会导致其在新闻发布会上空话套话多、发言冗长、答非所问。同时，由于官本位思想作祟，官员出身的新闻发言人习惯以训诫的口气说话，对记者的提问和诘问，往往不能以平等的姿态、平和的心态正确对待。特别是遇到尖锐问题或者尖刻的记者，会认为记者故意找碴儿，恼羞成怒，把记者置于对立面，结果不仅不能达到沟通的目的，反而可能激化矛盾，使新闻发布的效果背道而驰。

事实一再证明，在人人都有麦克风的自媒体时代，面对突发事件和群众的重大关切，选择不回应的"鸵鸟态度"或简单的"封堵瞒压"不仅不能解决问题，反而会给舆论引导工作带来被动，严重损害党和政府的公信力。必须转变观念，改变一些地方和部门不敢说、不愿说、不回应的现象，充分认识新闻发言人在当前舆论环境下的重要作用，主动召开新闻发布会，主动回应公众和媒体关注的热点敏感问题，通过新闻发布会传达政府想说的、媒体关注的、公众关心的相关信息，把握话语权、赢得主动权。

2. 建立完善新闻发言人和新闻发布会制度是互联网时代的需要

随着信息技术的飞速发展，网络新媒体成为继广播、报纸、电视之后的第四大传媒工具，网络已越来越成为人们获取信息的重要渠道。过去那种被动延迟发布消息的模式，已经无法适应当前网络时代舆论传播的新形势。特别在面对一些重大舆论事件和突发事件时，通过新闻发布制度，新闻发言人在第一时间发布事件真相，传播事实，澄清事实，消除误解，可以迅速抢占舆论制高点，主动引导舆论，建构媒体报道框架。权威性言论的发布，有利于避免流言、谣言的产生和泛滥，维护整个社会的正常秩序。

3. 新闻发言人承担着信息把关人、议程设置者、政府形象大使等多重角色

从公共管理学的角度看，新闻发言人制度是将公共关系理论运用于公权机关的结果，新闻发言人承担着向媒体和公众提供信息、与媒体和公众实现沟通、用政府议程引导媒体议程和公众议程的职能。

信息把关主要是收集汇总和筛选信息，确保传递给公众的信息准确、真实，根据危机处置的要求对信息进行加工和处理，以符合传播规律和媒体的要求，选择最佳传播时机和方式，确保最好的传播效果。议程设置则是新闻发言人将政府的立场、民众关注的焦点和媒介的需求有机结合起

来，用"政策议程"影响"媒体议程"进而引导"公众议程"，吸引新闻媒介和社会公众的注意力，为政府构建有利的舆论环境。议程设置应努力将政府的行动和立场转化为媒体报道的焦点，将媒体的注意力集中到政府的工作议程，将政府的立场巧妙地转化为媒介的报道立场，使政府信息的权威性与新闻报道的影响力相结合，最大限度地体现政府的传播意图，达到最佳的传播效果。政府形象是指新闻发言人不仅要代表政府发言，还是政府形象的代言人。新闻发言人的言谈举止是公众了解、认识政府的窗口，发言人的一举一动是公众对政府进行评价的感官基础和基本依据，发言人可以说是政府形象的集中表现和突出代表。新闻发言人发表的并不是个人的思想，而是代表政府的立场，更多体现的是政府与人民群众之间的一种沟通、交流方式。在公开场合，发言人就代表着政府的形象。

4. 建立健全新闻发言人信息发布工作制度机制

当前亟须从制度上对新闻机构设置、新闻发言人任免以及新闻发言人信息发布内容、工作流程和发布权限等作出具体而明确的规定，"新闻发言人可以披露哪些信息，依据什么程序披露信息，涉及本地区本部门领导干部的舆情事件应由谁来回应，以及新闻发言人享有哪些责任和权利等，都需要进一步明确和规范"[①]。要改变新闻发言人"单枪匹马"的尴尬局面，积极为新闻发言人组建一支了解新闻规律、熟悉业务情况、善于组织协调的幕后团队。每次新闻发布都需要做大量准备工作，仅靠发言人单枪匹马无法完成，必须按照工作的需求，为其配备各方面的专业人才，吸收相关领域专家、学者。新闻发言人必须加强学习，不断提升自身素质。新闻发言人制度中，新闻发言人是主体，新闻发言人素质是关键。一个称职的新闻发言人，必须要讲政治、有担当、懂业务、善沟通，要具有高度政治敏感和新闻敏感，要有大局担当，要熟悉新闻传播规律，要具备良好应变、表达和沟通能力。

三 健全舆论引导的预警机制

"凡事预则立，不预则废"，预警是做好舆论引导工作的重要手段。只有及早发现舆论危机的苗头，及早对舆论危机的可能走向、规模进行准确

[①] 明平：《我国新闻发言人制度的几点思考》，《光明日报》2014年8月8日。

预警,并提前采取切实有效的预防和应对措施,才能更好地掌握舆论引导的主动权和话语权,最大限度地避免给社会造成动荡。因此,要完善现实社会与虚拟社会的双向舆论预警,加强对舆情的调查研究,重视对舆情的分析研判,及时分析社会舆情发展动态,建立完善舆情收集分析体系,将对突发事件的预警预判纳入整体工作流程之中。舆论主管部门及其相关团队应时刻保持对社会公共事件和时事热点的关注与认知,预测其发展走势,做好充分的预案。

(一) 构建全面舆情预警体系

建立全面的舆情预警体系必须构建灵敏科学的预警机制,畅通舆情信息的传递渠道,确保第一时间报送准确无误的信息,防止重大信息的迟报、漏报、误报、瞒报或不报。只有确保舆情信息的报送灵敏高效,才能在舆情应对工作中掌握主动权。

1. 舆情预警指标的选取

确定指标体系是进行舆情预警的重要基础。舆情预警指标的选取,可以从以下方面考虑。一是定性与定量相结合,定性分析是对舆情的性质判定,通过分析舆情的倾向、立场和动机,寻找舆情背后揭示的本质问题。定量分析则是对舆情信息进行量化处理,通过对舆情信息在境内外媒体、门户网站、论坛、微博、微信等出现的频率、关注热度、点击率、网络跟帖和转帖等具体指标进行统计分析,研判舆情的影响力及发展态势。二是科学性和可操作性相结合。预警指标体系的构建要注重科学性,尽量构建一个立体综合、涉及面广、科学合理的指标考察体系,能够在收集舆情的基础上有效地对舆情进行分析和研判。同时要强调可操作性,"在保证科学和有效的基础上,尽量在操作上简便易行,选取可以量化的指标,减少主观性指标"[①],形成一个简单、方便操作的监测体系,以提高舆情预警的效率。

基于上述原则,可以将舆情传播频度、传播强度、传播涉及领域等作为分析评判舆情的重要指标。从传播频度分析,传播力高低对舆情有重要影响;从传播强度来看,影响力强弱是舆情研判的重要指标;从传播涉及领域来看,涉及官员腐败、干群矛盾、贫富差距、公共权力、社会公正等

---

① 赵勇:《系统构建政府网络舆情预警机制》,《社会科学报》2014年8月7日。

方面的内容极易引发舆情。具体而言，传播力着重考察舆情的传播状况，着重分析境内外媒体和门户网站的报道情况、网络论坛、微博、微信的关注和转发情况，围绕上述内容选取指标并赋予一定的权重和分值。影响力着重分析进行报道的境内外媒体和门户网站在业界的影响力、网络论坛知名度、微博微信转发者是否为"意见领袖"、知名人士等，对这些方面分别赋予一定的权重和分值。涉及领域着重分析是否涉及官员腐败、干群矛盾、贫富差距、公共权力、社会公正等方面。通过这样形成一个包括传播频度、传播强度、传播涉及领域具体考察指标的舆情预警三级指标体系。

2. 舆情危机警源的寻找

每一次舆情危机的爆发必有其"导火索"，寻找警源就是要寻找出引发舆情危机的"导火索"，只有找到这个"导火索"，才能为下一步的舆情干预和应对创造条件。一般而言，寻找舆情危机的警源主要是依据目前舆情的现状，追溯回顾舆情产生、发展和演变过程，考察其出现蔓延的政治、经济、社会、历史等各方面原因等，通过分析确定警源最初出现的地域，判定其发生的初始条件等。通过数据统计、历史回顾、对比筛查等确定舆情爆发的范围及后续演变的路径。

3. 舆情危机预警等级的确定

预警等级是衡量舆情社会风险的主要指标，表明舆情处于社会风险哪种级别，对风险趋势、危害级别研判及社会警示具有重要意义。结合国际惯例和我国相关管理规定，舆情的预警等级可以划分为四个等级，即蓝色预警（较低程度舆情预警）、黄色预警（中度程度舆情预警）、橙色预警（较重程度舆情预警）和红色预警（重度舆情预警）。

蓝色预警指舆情以民谣、顺口溜、段子等形式出现，多停留在街谈巷议层面，尚未被社会主流舆论所关注，影响范围较小。蓝色预警表明舆情传播分散、速度较慢，只具潜在危险因素，此时舆情事件虽具有一定的影响力，但暂无现实危害。

黄色预警是指社会公众对某一突发事件或问题形成普遍关注，并开始在网络社交媒体平台等公开讨论，表达自己的观点。黄色预警表明舆情传播速度较快，具有煽动民众负面情绪的普遍效应或危机，已具有一定的现实危害。

橙色预警是指公众对某一社会问题或者事件形成一致的意见和社会诉求，由于诉求得不到满足，造成社会不满情绪高涨，出现人员聚集、静坐、散步游行等抗议行为，对社会的正常运转构成一定影响，现实危害较大。橙色预警表明舆情传播速度快，影响范围大，受媒体和公众关注度高，具有较强煽动效应。

红色预警是指公众不仅通过激烈言论表达自己的强烈不满，还可能通过示威游行、打砸抢烧等暴力行为阻塞交通、破坏公共设施、冲击党政机关，对社会秩序和公共安全构成严重威胁。红色预警表明媒体和公众对该舆情关注度极高，传播速度非常快，具有很强的煽动性，舆情有可能转化或已经转化为现实行动，现实危害极大。

（二）制定科学舆情应急处置预案

在构建全面舆情预警体系的基础上，针对各种类型的危机事件，必须加紧制定周密详尽的舆情处置预案。一旦舆情危机出现，立即按照舆情处置预案，针对舆情的发生及变化进行密切预防监控，防止负面舆情进一步传播、升级。只有未雨绸缪，事先制定出科学合理、可操作性强的舆情处置预案，舆情危机发生时才能做到有章可循，处变不惊，而不至于惊慌失措，顾此失彼。

舆情处置预案应当与上述预警机制相协调，建立起与蓝色、黄色、橙色和红色预警相适应的舆情处置预案体系。根据不同预警级别制定周密应对预案，做好预案的实战演练，增强预案的针对性、实战性、严密性、可操作性和高效性，并在日常舆情管理中反复修改，常备不懈，防患于未然。同时，应当注意根据各个具体事件的实际情况适当调整舆情处置的策略、步骤和方法，实现舆情的权变处置，不断调整、充实和完善舆情处置预案。

具体而言，蓝色预警舆情虽对社会暂不具有现实的破坏性，但必须积极采取措施消除或者加强引导，否则这种负面社会情绪累积下来，一旦遇到可能引燃社会舆论的突发事件，就有可能集中爆发，破坏社会和谐稳定。黄色预警舆情已对社会产生现实危险，应该引起重视，有关部门必须立即采取有力措施，该解释的出面解释，该澄清的出面澄清，该解决的必须及时加以解决，以疏导社会不满情绪。橙色预警舆情对社会现实危害较大，因为已出现抗议行为，容易引起社会群体对抗或者社会恐慌，影响到社会正常秩序。面对橙色舆情预警，政府和相关部门必须立即行动，采取有效措施，通过接受媒体采访、召开新闻发布会、发布公告等方式第一时间说明情况、表明态度，并同时组织相关人员进行深入调查核实，在尽可能短的时间内查清事实真相，提出相关处理意见，给社会公众一个合理交待。红色预警舆情对社会现实危害极大，面对此类舆情预警，政府和有关部门一方面要第一时间通过媒体发布公告说明情况公布真相，告诫提醒公众保持理性。另一方面必须迅速而果断地行动，采取强有力措施，对散布谣言、扰乱公共秩序、损害国家、社会、集体利益和其他公民的合法权益，或借机实施打、砸、抢、烧等违法行为，要严肃查处、依法处理，构成犯罪的，依法追究其刑事责任。

四　健全舆论引导的应急机制

舆论引导的应急机制是指当有重大事件或突发事件发生时，充分有效利用各种媒介，采取各种方式，及时有效地引导公众舆论，使舆论引导发挥着有利于平息事态、安抚人心、稳定秩序的作用。面对重大事件或突发事件，如果舆论引导的应急处理机制缺乏或不健全，不能及时有效地进行舆论引导，将会使社会公众产生疑虑和恐慌，影响社会的和谐稳定。

（一）抢占舆论制高点，提高舆情议程设置能力

事实一再告诉我们，面临突发公共事件，报比不报好，早报比迟报好，自己报比别人报好，主动报比被动报好。流言止于公开，信息公开与事件处理同样重要。建立公开、顺畅、权威的沟通渠道，及时、准确地将事实真相公之于众，是稳定民众情绪、提高政府公信力、有效处置重大事件和突发事件的前提。然而，信息公开并非是被舆论或网络"大V"牵着鼻子走，更不是随风起舞、不辨是非，而是要主动加强议程设置，加强组织策划，把握话语引导的主动权，抢占舆论制高点。

"议程设置"是西方传播理论中的一个重要概念，也是媒介影响和作用于社会的基本方式。它是指大众传播媒介在一定阶段内对某个事件和社会问题的突出报道，会引起公众的普遍关心和重视，进而成为社会舆论讨论的中心议题。突发公共事件发生后，面对汹涌而来的舆情压力，政府相关部门一定要站得高看得远，不断提高议程设置能力。来自政府部门的消息都有着天生的权威性，是民众最想知道的，只要主动出击就能占得引导舆论的先机。相反，如果政府的信息源缺失，取而代之的必定是小道消息

满天飞，甚至是流言或者是谣言盛行。如果到那时再来引导舆论，不仅要花费更高的代价，而且不会取得理想的效果。因此，政府相关部门在信息发布上一定要主动出击、抢占先机，第一时间主动地将真实、权威、公正的信息传递给公众。通过主动向媒体提供信息影响和引导公众舆论，为公众舆论设置议程，把社会注意力引导到特定的主题上来，做到自始至终引导公众舆论和社会情绪。

议程设置要注重通过"政策议程"影响"媒体议程"进而引导"公共议程"，吸引新闻媒介和社会公众的注意力，为政府构建有利的舆论环境。具体而言，"政府设置议程应该是以下三者完美的结合：政府要说明的（政策议程）、媒体感兴趣的（媒体议程）、公众关心的（公共议程）。新闻发言人制度就要依靠新闻发布来进行议程设置，将政府的政策和工作变成人民乐于关注的焦点，使政府决策的权威性与新闻报道的影响力相结合，在公众当中形成广泛的相关的讨论议题，最终实现合力效应"[1]。议程设置要注重加强与媒体的合作，精心为媒体设置议题，集中讨论重点，通过各种媒体的深度报道将事件发生的背景、原因、过程、结果等各种细节在第一时间全面地展示给公众，并及时策划专题报道，引导公众议题。议程设置要强调时效性，特别是遇到突发事件、重大事件时，更应该及时召开新闻发布会，第一时间发出权威声音，迅速占领舆论制高点，遏制媒体的"想象空间"，消除各种社会谣言和流言。

（二）强化全媒体融合，提高舆论引导的合力

信息传播的速度在很大程度上影响着舆论引导的效果，过去是电视比报纸快，现在是网络比电视快，"报纸的报道周期按'天'计算，报道'昨天'的事；电视的报道按'小时'计算，聚焦'今天'的事；网络报道的时间则精确到分秒，随时记录'此刻'的事"[2]。网络已成为加速突发事件信息扩散的"加速器"和增强突发事件信息影响力的"倍增器"。面对舆论传播中出现的新情况，既要充分发挥传统媒体专业、准确、权威的作用，也要借助新媒体迅捷、高效、开放的优势，才能提高舆论引导的

---

[1] 孙静惟：《中国政府执政能力与新闻发言人制度建设》，《今传媒》2005年第8期。
[2] 马利：《做好网上舆论工作的时代指引——深入学习贯彻习近平同志在全国宣传思想工作会议上的重要讲话精神》，《人民日报》2013年11月27日。

有效性。实践表明，强化报网融合，强化全媒体融合，是提高舆论引导能力的一个有效途径。以报纸、电视、广播为代表的传统媒体和以互联网、电脑、手机为代表的新媒体之间，只有实现优势互补、彼此融合、形成合力，才能更好地掌握舆论引导的主动权。

在重大突发事件发生时，社会公众最需要的是传媒的准确、及时传播，以及态度鲜明、立场明确、导向清晰的评论。现在，报纸等传统媒体大都同时办有自己的网站，遇到重大突发事件传统媒体要第一时间通过自己的网站发布消息，抢占先机发出第一个声音，满足公众知情权，吸引受众的注意力，防止小道消息满天飞，控制舆论走向。然后再通过报网联动，将网络上发布的消息与报纸的进一步报道加以整合，使报道更深入地走进受众，扩大传统媒体的舆论影响力。手机是现代社会人们使用频率最高的新媒体之一，也是最经常被随身携带的新媒体，以手机短信为代表的新传播技术使信息传播出现了全民性的趋势。要充分发挥手机短信作为突发事件应急处置的信息发布渠道，通过手机短信发布的信息与电视媒体同步发布、更新，公众可以通过手机短信，即时了解事件最新进展情况，这将会大大扩大信息发布面，加快信息更新速度，制止谣言的蔓延，提高政府公信力。微博微信传播快捷方便、篇幅短小精悍、形式图文并茂，吸引了很多人参与浏览、发送、转载、讨论、互动。随着微博微信在人们特别是年轻人生活中的广泛使用，政府相关部门要及时建立自己的官方微博微信，在重大突发事件发生时第一时间通过官方微博微信发布权威信息，收集公众意见建议，积极与公众互动沟通，争取公众的信任与理解，引导公众舆论朝着正面、健康、积极、有利的方向发展。

传统媒体与新媒体各有优劣，传统媒体信息权威可靠但迟缓滞后，新媒体信息高效快捷但真假难辨，双方只有取长补短才能相得益彰。发挥报纸、电视等传统媒体和网络、手机等新媒体各自所长，借力新媒体第一时间发布重大突发事件信息，迅速掌握舆论话语权。利用传统媒体信息权威公信力强特点，影响新媒体报道、评论的基调，引导新媒体舆论更趋理性平和，从而平息负面情绪，消除流言，促进事件解决，树立政府正面形象，体现政府突发事件处理能力，最终达到舆论引导的目的。

（三）加强网评员队伍建设，关键时刻不失语

所谓网络评论员，就是指在网络媒介上发表观点，特别是针对有关政

治和社会时事热点问题进行评论的人。网络评论员队伍建设是做好舆情特别是网络舆情引导工作的重要力量。与传统媒体的评论相比，网络评论能更迅速地把握社会的思想和舆情动向，并快速作出反应。网络评论员既可以配合国家的重大工作部署，开展正面引导，又可以围绕社会舆论热点话题，深入说理，释疑解惑；既可以积极跟帖、主动评论，又可以密切监控网络舆情动向，积极引导网络舆论。特别是遇到重大突发舆情时，可以通过网络评论员快速反应，及时发声，关键时刻不失语、重大问题不缺位，抢占舆论引导先机，牢牢掌握话语权。

要注重选优配强网络评论员队伍。网络评论员既要有较高的思想政治素质、政策理论水平和较强的政治敏锐性和鉴别力，又要具备较丰富的思想政治工作经验，具备较强的思辨能力，能够较好地把握正确的舆论导向；既要熟悉网络操作技术，了解网络传播特点和规律，又要具备较强的写作能力，特别是熟练运用网络语言的能力。为此，要将真正热爱熟悉网络舆情工作，政治素质和业务素质过硬的人员纳入网络评论员队伍，并在日常工作中对其加强网络舆情处理、策略等方面的业务能力培训，不断提高网络评论员发现、处理网络舆情的水平。

要管好用好网络评论员队伍，充分调动他们的积极性，发挥好他们在舆论引导中的作用。针对社会公众关注的热点焦点问题，网络评论员要积极在有关网站、论坛、微博、微信等发布有立场、有思想、有深度的评论，发挥正面引导、弘扬正气、春风化雨的作用，引导网络舆论走向；对污蔑造谣、抹黑中伤、过激言论等，网络评论员要及时撰写有深度、有说服力的文章，摆事实，讲道理，通过有理有据有节的客观理性分析，正面回击，以正视听；针对网络上的负面情绪和消极情感，网络评论员要及时给予评论回复，深入开展平等、真诚的互动交流，及时疏导负面情绪，传递积极向上的正能量，最大程度消除负面影响，维护社会的和谐稳定。

五 健全舆论引导的监督机制

任何一项制度要落到实处，都必须要有严格完善的监督机制。缺乏完善严格的监督和考核机制，设计再好的制度都可能流于形式，无法真正发挥其应有的作用。因此，要真正做好舆论引导工作，就必须建立、健全舆论引导工作的监督机制，强化责任主体履职尽责能力，制定科学有效的监控机制、绩效评估和责任追究制度。

(一) 加强舆论引导工作的领导

1. 建立健全舆论引导工作领导责任体系

高度重视舆论引导工作，明确分管领导，认真落实舆论引导工作领导责任制和责任追究制，形成强有力的领导机制。建立科学的舆论引导工作考核评价办法，将舆论引导工作情况作为领导班子和领导干部考核的内容。领导干部要尊重新闻传播规律，善于运用好媒体这一平台，不断增强同新闻媒体打交道的能力。各级党委和政府"要自觉承担起政治责任和领导责任，主动谋划本地区本部门新闻舆论工作。党委主要负责同志要讲政治、谋大事、敢担当，对重要工作靠前指挥，在重要关头加强指导。对政治性、原则性、导向性问题，必须旗帜鲜明、敢抓敢管，对出现偏差和错误的要严肃批评、严肃处理，确保新闻舆论工作始终沿着正确方向不断推进"①。尤其是要确保重大问题不缺位，关键时刻不失语，要及时发出党和政府的声音，主动发声、正面发声、权威发声，在最短的时间内疏导公众的情绪，为公众舆论指明正确的方向，避免突发事件中不良信息的传播和发酵，牢牢掌握舆论引导的话语权和主动权。

2. 完善相关组织领导机构和工作机制

实行"谁主管，谁负责"，避免职能交叉、多头管理。要落实各职能部门的具体工作职责，明确工作程序，把任务进行层层分解，细化到具体责任单位和个人。各相关部门和人员要根据其职能权限和责任要求，切实承担起相应的部门责任和个人责任，真正做到权利与义务，权力与责任的统一。要强化各相关部门之间的信息沟通、协调配合，形成工作合力，真正做到在舆论引导过程中出现问题有人问，发生问题有人管。形成各部门各司其职、各负其责，同心协力、齐抓共管，人人行动，共促落实的良好局面。

3. 充分发挥体制机制优势加强舆论引导

宣传部门和网信部门要充分发挥媒体优势和信息优势，要有敏锐的问题意识，善于发现问题，及时进行舆论引导，掌握主流舆论话语权。事实

---

① 新华社评论员：《加强党的领导 强化责任担当——五论学习贯彻习近平总书记在党的新闻舆论工作座谈会上重要讲话精神》（http://cpc.people.com.cn/pinglun/n1/2016/0223/c78779-28144184.html）。

证明，公众面临各种突发事件时对主流新闻媒体的报道有着特殊的依赖，此时宣传部门和网信部门若能充分利用自身的媒体优势和信息优势进行舆论引导，通常会收到事半功倍的效果。宣传部门和网信部门掌控的主流新闻媒体应及时、充分、准确地了解和掌握事件的真实情况，尽快形成正确的判断和认识，并迅速表明自己的立场和态度，将会有效地引导舆论的走向。信访部门要加强和改进信访工作，面对当前信访多发易发频发态势，必须深入分析前因后果，及时掌握变化动向，准确研判发展态势，增强预见性、把握主动性、掌握主动权。要适应网络发展形势，利用信息化手段，积极开展"网上信访"，进一步拓宽信访渠道，方便人民群众，提高办理效率，降低信访成本。要注重把信息预警融入信访问题处理的各个环节，延伸到基层各个单位，立足于抓早、抓小、抓苗头，做到早发现、早处理、早化解。做到信息渠道畅通，工作预案到位，措施得力有效，切实维护大局和谐稳定。要从群众信访中的问题找到潜在的舆论引导内容，通过舆论引导，起到息访止诉，消弭矛盾。要深入研究新情况新问题，把反映群众诉求、解决群众切身利益的工作逐步引上规范化、制度化、法制化的轨道，营造良好的舆论氛围。

（二）制定舆论引导的绩效考核体系

舆论引导机制的运行体现着舆论引导的成效，舆论引导的成效如何，需要进行专门的考核评估。舆论引导效果评估是改进舆论引导工作的重要手段，通过对舆论引导机制运行的各个方面进行审察和评价，并提出改进的意见，从中汲取教训，优化机制的运行、提高舆论引导能力，进而提升党和政府的公信力，增强党的执政能力。

1. 建立科学的绩效考核评价体系

舆论引导的绩效考核评估主要包括："舆情的搜集，对其分析研究判断是否正确？舆论引导的实施与调整是否得到有效进行，该过程的难题是什么？有哪些缺憾？根据形势的发展，舆论引导进行了哪些调整？调整的效果明显吗？舆论引导过程有哪些失误？这些失误是否得到了及时的补救？产生失误的原因是什么？"[①] 是主观原因还是客观原因造成？舆论引导

---

① 郭超海：《中国共产党执政能力建设与舆论引导机制研究》，博士学位论文，中共中央党校，2010年。

过程中各个部门特别是主管部门以及不同岗位、不同分工的集体和个体之间是否实现了整体联动？每个部门、每个人是否真正履行自己的职责？哪些部门哪些人表现称职？哪些部门哪些人表现不佳甚至失职？等等。

考核指标要结合上述提到的要求尽可能具体化、数量化，把定性考核和定量考核、实绩考核和能力考核有机结合起来。对一些具有普遍性的大众化要求统一标准、统一考核，如工作态度、工作作风等，进行共性项目考核。对一些因岗位职责不同而要求不同的指标要细化分类，把履行岗位职责的情况作为主要考核内容，侧重定量考核，实行个性化考核，体现岗位差异性，从而使岗位责任更明确，使每个部门每个人都有明确的职责、任务和权力，使每个部门每个人都知道自己应该做什么、应该怎么做，真正把舆论引导的责任明确到人、落到实处。

2. 完善综合激励机制

一是注重精神激励。把情感激励贯穿于队伍建设全过程，对从事舆论引导工作的人员要充分理解、尊重、信任，对其工作的重要性和取得的成绩要从维护国家意识形态安全、维护国家长治久安的高度给予充分肯定，增强他们的自豪感和荣誉感。二是强化奖优罚劣。将考核结果与奖惩、任用挂钩，对考核结果优秀的人员，进行表扬、嘉奖、晋升，使他们有想头、有奔头、有盼头。对考核结果不称职的，要批评教育、扣发奖金津贴直至调换岗位、调整职务等。三是要树立鲜明的用人导向。坚持以谋发展、干事业、论业绩的主要用人导向，树立有为才有位的观念，让想干事的人有机会，能干事的人有平台，干成事的人有地位，不干事的人让位置，形成恪尽职守、积极进取、勇于创新、创先争优的良好工作氛围。

（三）建立健全责任追究制度

有权必有责、有责要担当、失责必追究，要把权力与责任、义务与担当对应起来。动员千遍，不如问责一次，没有问责，责任难以落实下去，问题就得不到根治。执行制度关键在人，要以问责倒逼责任落实，对舆论引导工作中出现的各种渎职失职问题，必须追究当事人的责任。责任追究制度有助于明确舆论引导工作中的责任主体，有助于约束和规范舆论引导部门人员的行为，提高舆论引导工作相关人员的整体素质。

要建立舆论引导工作责任制，明确责任领导，明确责任人员，完善登记制度，严格责任追究。对在舆论引导应急处置工作中作出突出贡献的单位或个人，要给予表彰奖励；对因工作不力、责任心不强，全程监控过程中出现遗漏时段和监控盲区，延误应对时机的，追究相关领导和直接责任人责任；对因机制不畅、重视不够，应对不及时，造成不良影响和严重后果的，追究有关责任人的责任；对玩忽职守、不听指挥，导致舆论引导不力、突发事件处置不及时，造成消极影响和严重后果的视情节轻重追究领导者的责任；对违反工作纪律，蓄意封锁或隐瞒不报舆情突发事件，造成事态失控，产生重大消极影响和严重后果的，追究有关责任人的责任；对有关媒体擅自发布与事态发展及处置情况严重不相符的信息，或做虚假报道的，视情节轻重和造成的后果，依纪依法对其负责人、直接责任人给予党政纪处分，触犯刑律的移交司法机关惩处。

　　总之，对舆论引导有力、成效突出的部门和个人要予以表彰，对谎报、瞒报、漏报、迟报舆情或置之不理、引导失当、工作失误，造成严重后果或恶劣影响的，要依法依规追究相关部门和责任人的责任，严处不怠。问责一个、警醒一片，没有问责就难有担当。只有敢于较真、敢于碰硬，建立健全舆论引导追责问责机制，用制度和规定倒逼责任落实，坚持有责必问、问责必严，方能正本清源、激浊扬清，才能不断提高舆论引导能力，化解社会矛盾、维护社会和谐稳定。

第七章 互联网坚持正确舆论导向的体制机制

习近平总书记在全国宣传思想工作会议上（"8·19重要讲话"）的讲话强调，应该根据形势发展需要，把网上舆论工作作为宣传思想工作的重中之重来抓。讲话明确指出了当前舆论引导的重要领域和重点内容。网络舆论生态是意识形态在网络空间的反映，也是社会舆论生发、传播和演变的重点领域。可以说，在今天，谈舆论就一定要谈到互联网，讲舆论引导就一定离不开互联网，尤其是移动互联网。网络舆论工作是舆论引导工作的重中之重，那么建立和完善坚持正确舆论导向的体制机制就是网络舆论工作的重中之重。必须肯定，近年来我国在网络管理方面的法律法规和制度机制建设取得了重大成就。但面对互联网飞速发展所带来的变化，我们在这方面还存在很多亟待解决的问题。当前，应尽快制定完备的专门性的网络法律体系；明确网络媒体舆论引导的责任主体；完善网络引导各部门齐抓共管的有效机制；健全完善的行业规范和社会监督制度，等等。

一 制定完备的专门性网络法律体系

"立善法于天下，则天下治。"遵循以互联网为代表的现代传播技术的运行规律，制定相应的网络法律体系，是从体制机制层面解决网络舆论引导问题的关键所在。我国目前制定的涉网法律包括《关于维护互联网安全的决定》在内已达到80多部，[1]尽管实现了知识产权、信息安全、电子商务等领域的覆盖，然而，其存在的线条过粗、可操作性差、内容相对滞后、位阶较低等问题，已不能很好适应新形势、新情况的需要。因此，亟

---

[1] 尹亚辉、刘思阳：《涉法网络舆情管控与引导法律体系的健全》，《河北法学》2014年第5期。

待进一步调整和完善。

（一）遵循的基本原则

法乃治国之重器，立法又是建设法治国家的起始性环节。因此，立法水平的高低，直接决定了法律权威的树立和法律治理的执行。在完善我国网络法律体系时，需要坚持以下原则。

1. 立足当下与着眼未来相结合

涉网法律完善的重要依据源于现实治理需要。然而，现代信息技术的日新月异不断引发传播技术革命，使得舆论这个古老的现象从形成机制、传播方式、作用机理都发生了颠覆性的变化。这一方面为舆论引导带来了新机遇，另一方面也带来了更多难题。事实上，现行涉网法律面临的一个困境，是法律的制定与执行经常落后于技术的发展。新兴媒体的不断涌现，传播形式的层出不穷，加上舆论领袖的振臂一呼，使得舆论引导更加困难、舆论渗透更加便利、舆论能量空前巨大。从微媒体到网络"大V"的形成、从直播平台到"网红"的产生，都昭示着网络舆论的快速变化。因此，网络法律法规的制定，既要立足当下同时又要有着眼于未来的前瞻性。

2. 立足国情与借鉴吸收相结合

社会主义法律先进性的重要体现，在于坚持用联系的、开放的、包容的观点去看待和解决问题。中国特色涉网法律的完善，既要遵循着眼国情、以我为主，同时要善于借鉴和吸收人类历史上一切有益成果。"他山之石可以攻玉。"西方文明对人类文明发展作出了重要贡献，尤其是互联网最早源于欧美国家，不少思想家对舆论的起源、本质、特征、功能、评价、引导及网络治理进行了理论与实践的探索，其中不乏真知灼见。从现实来看，在全球化浪潮席卷的今天，网络舆论引导是各国面临的共同话题。因此，其他国家在依法解决互联网舆论引导方面，对于我们一定有可资借鉴的经验启示。因此，从我国自身的国情出发，在分析批判的基础上，吸收借鉴其他国家在依法解决互联网舆论引导方面的经验启示，对于我国互联网法律法规建设将起到一定的促进作用。

3. 网络规制与网络民主相结合

完善涉网法律体系的重要目的在于规范网络秩序、保障网络安全及实现网络良性发展。但同时也要看到，社会主义法律本质上是党的主张和人民意志的共同体现，我国法律终极精神在于维护广大人民的共同利益。作为国家的根本大法，宪法具有最高的法律地位、法律权威、法律效力，统帅整个社会主义法律体系。我国现行《宪法》第三十五条规定：中华人民共和国公民有言论、出版、集会、结社、游行、示威的自由，明确赋予了网民享有表达自己对国家公共生活看法、观点和意见的基本权利。舆论民主和舆论规制正如一个硬币的两面不可或缺，舆论民主本身允许表达错误的意见，只有这样才能形成健康的舆论生态。因此，完善涉网法律体系不能为实现安全目的而牺牲基本知情权、表达权和监督权。如何将二者有机结合，以及在何种程度上实现平衡，是必须要考虑的原则。①

4. 法律规范与技术操作相结合

法律规范制定的一个重要原则是必须具有可操作性。贯彻这一原则就要求我们在完善中国特色涉网法律体系时，必须遵循网络舆论的产生和发展规律。舆论学认为，舆论的形成、扩散、反馈过程与传播媒介直接相关，技术性是信息传播的一大特征。因此，网络舆论的引导与治理必须遵循这一客观事实，无论是网络信息内容审核、舆情分析、舆情监测、舆情预警、舆情处置，都必须借助网络技术才能得以实现。

（二）建立健全我国网络法律体系

1. 出台国家网络基本法

积极适应经济社会发展需要，加强重点领域立法是中央提出的"科学立法、严格执法、公正司法、全民守法"②的要求。在网络主体不断壮大、网络行为日益丰富、网络问题不断出现的背景下出台网络基本法，可以更加有效维护广大网民的切身权利、有效实现国家治理，使网络立法向科学系统的方向发展。然而，目前我国涉网法律法规只有专门法律，如：2000年12月28日第九届全国人大常务委员会第十九次会议出台的《关于维护互联网安全的决定》等。这些法律法规立法层次较低，不能很好适应网络快速发展带来的一系列新情况、新问题。因此，亟须出台一部国家网络基本法，对立法基本原则、网络违法和犯罪行为的界定、网络主体的权利、义务及法律责任等基本问题作出明确规定。

---

① 1996年美国《通信庄重法》（简称CDA）先立后废事件是前车之鉴。
② 人民网："'科学立法 严格执法 公正司法 全民守法'新16字方针：开启依法治国新时代"（http://cpc.people.com.cn/18/n/2012/1115/c350825 - 19589561.html）。

2. 进一步完善重点网络领域的专门法及专项法

坚持正确的舆论导向，除了发挥网络基本法律的作用外，还必须制定针对网络特定领域出台专门法及专项法作为必要补充。涉及网络舆论的，主要包括以下几类。

（1）网络主体身份的法律规制

实名制与匿名制之争长期以来是互联网治理争论的话题，尤以2003年清华大学新闻学院李希光教授发表"我国人大应该禁止任何人网上匿名"的相关言论后，引发社会广泛热议。尽管事件之后不了了之，但无论是学界还是民间呼声都希望国家相关部门出台最终解释。法学界认为，实行网络实名制最大的立法困境是如何处理与《宪法》中规定的保障公民表达自由权、隐私权及价值的问题。

直到2009年"艾滋女"等事件后，新华社再次撰文评论呼吁出台实名制。2012年全国人大通过了《关于加强网络信息保护的决定》，要求实行有限度的匿名。2013年3月，腾讯、新浪等门户网站微博要求按身份证全部实行后台实名。2013年12月，北京市公布实施《北京市微博客发展管理若干规定》提出，任何组织或者个人要在用真实身份信息注册后，才能使用微博客的发言功能。2015年国家互联网信息办公室全面推进网络身份管理，要求"后台实名、前台自愿"，包括微博、贴吧等均实行实名制。从上述法律的出台可以看出，我国目前仍然倾向实行网络实名制。

（2）明确界定网络违法的内容

法律应对网络舆论中可能造成公共利益和个人利益受损的涉政、涉恐、涉黄、网络谣言、网络暴力、公众隐私、人肉搜索等侵害形式及侵害程度进一步予以明确。目前这方面还没有专门的法律，只能适用于已有的相关的法律。如：对"网络暴力罪"就是如此。毫无疑问，网络暴力是一种犯罪现象。因为它给当事人带来巨大伤害，也给社会造成很大危害。客观上来说，由于网络暴力往往体现为集体施暴，追踪工作量大，难以举证。但网络暴力之屡禁不止，固然有技术、监管和应对方面的不足，但与缺失相关法律有直接关系。目前，我国虽然对网络暴力侵权行为有许多民事和行政上的救济手段，也有一些刑事归口定罪的惩罚措施，但也仅仅是对发生的个别网络暴力犯罪行为，根据其侵害的客体或对象特点分别归类于相近或相似的罪名科以刑罚，如诽谤罪、侮辱罪等。而在刑法中的相关规定是零散的和片面的，往往对那些具有巨大社会危害性的网络暴力行为束手无策。大多数网络暴力犯罪因为"法无明文规定不为罪"而"逍遥法外",导致网络世界"藏污纳垢",暴力倾向日盛,众多无辜百姓深受其害。因此,必须针对这种犯罪的特点对症下药,取消归口定罪,对严重的网络暴力行为单独入罪,增设"网络暴力罪",以打击网络施暴者。

(3) 明确规定谣言制造者、传播者及网络监督者的法律责任

虚假信息的传播构成了事实上的谣言。网络谣言的形成,经历三个过程相应存在三个责任者:谣言的制造者、传播者和监督者。其中,谣言的制造者负有主要责任。谣言之所以能够迅速扩大,并进一步变为社会舆情,固然与谣言的迅速和广泛的传播有密切关系,但谣言的制造者(虚假信息的最初发布者)才是始作俑者。其次,网络谣言的传播者是推波助澜者。现代传播学理论中有一个著名的"葡萄藤现象",指出谣言传播的方式与葡萄藤的生长方式极为相似,具有速度快、信息量大、反馈性强等特点,呈现出双向性、交叉性和变异性,传播覆盖面以几何级的速度增长。再次就是监管者。谣言的发布和传播平台同时具有监管的责任。客观上说,对网络谣言的监管确实难度很大。监督者从对一条信息的审核、证实到作出回应,需要一定的时间来完成,明显具有滞后性。在这一过程中谣言还会加速蔓延,以至于难以控制。因此,不管监督力度有多大,总会存在"漏网之鱼"。

如何入手治理?应该说,解决网络谣言最根本的方法是提高人民的素质,加强内在的自律能力,人人以科学理性的态度不信谣、不传谣、善辨谣、勇辟谣。但是,惩恶才能扬善!在网络谣言猖獗,造谣、传谣成本太低的情况下,依靠个人道德自律是很难有效的,因而必须依赖他律手段进行法律惩处。由于谣言的制造者、传播者、监管者在谣言传播中的作用不同,因此,应依据其所造成的危害程度,作出不同的法律责任规定。首先,制造者是网络谣言产生并传播的根源,必须追究网络谣言的制造者,并且在三个责任主体中予以从重惩处。其次是谣言的传播者,要通过技术等手段掌握传播谣言数量的根据,给予责任规定,尤其对那些屡禁不止的顶风者,要予以严厉惩处。再次就是监管者的责任规定。由于网络监管的难度大,因此,应区分由客观原因和主观原因造成的监管不力的不同情况来规定其责任。

就目前我国的情况来看,对于信息发布及传播的法律规制主要体现在两类法律之中。一类是一般法律规制。主要体现在《宪法》《刑法》《民

法》《治安管理处罚法》《侵权责任法》等一般性法律中,如《宪法》第三十八条明确规定:"禁止用任何方法对公民进行侮辱、诽谤和诬告陷害。"[1] 第二类是特殊法律规制。主要体现在《计算机信息网络国际联网安全保护管理办法》《互联网信息服务管理办法》《互联网电子公告服务管理规定》《关于维护互联网安全的决定》《互联网文化管理暂行规定》《互联网等信息网络传播视听节目管理办法》等法规中。尽管国家对于违法信息发布及传播进行了法律规制,但现实中网络谣言依然甚嚣尘上,不能不令人反思。原因固然是多方面的,但缺少针对谣言的制造者、传播者以及监管者(发布平台)专业性的法律仍然是重要原因。

(4)提高司法解释的专业性和权威性

一般认为,司法解释是我国司法机关(主要指检察机关和审判机关)根据《宪法》授权对相关法律依据作出的具有法律强制力的理解和阐释。[2] 根据《人民法院组织法》第三十三条及《最高人民检察院司法解释工作暂行规定》之相关规定,我国最高人民法院和最高人民检察院拥有法律解释的准法律效力。司法解释是我国社会主义法律体系的有益补充,对于社会治理特别是游离于现有法律边缘的具体案件有着特殊的作用和意义。

近年来,随着经济社会的快速发展及新型互联网传播技术的不断涌现,不少新的网络违法行为由于缺乏相关法律依据脱离法律管辖。如网络诽谤、网络谣言等。在这种背景下由于相关立法需要遵循《立法法》规定的时间和程序,社会强烈呼唤国家出台相关解释来解决经济社会发展中的相关具体问题。如2013年"秦火火""立二拆四"网络推手事件直接推动了最高院、最高检《关于办理利用信息网络实施诽谤等刑事案件适用法律若干问题的解释》的出台,是司法机关对立法滞后作出的及时应对。但徐玉玉案等电信诈骗事件、校园"裸贷"风波背后、网络直播打赏等互联网事件表明,相应司法解释还存在空白,亟待弥补和完善。

(5)完善司法部门对"两微一端"等新兴平台的管理

以"两微一端"(微博、微信、移动客户端)为代表的新兴平台,为司法部门和公民提供了沟通社会热点问题的新渠道。2011年公安司法部门

---

[1] 以2004年3月14日第十届全国人民代表大会第二次会议通过的《中华人民共和国宪法修正案》修正后的文本为准。

[2] 董皞:《司法解释论》,中国政法大学出版社1999年版,第11页。

微博在政务微博的数量中居于首位,其中已有135个公安机构及官员微博通过新浪认证,有43个司法机构及官员微博通过新浪认证,涵盖公安、法院、检察院等。2013年,中央纪律检查委员会、监察部主办的综合性政务门户网站——中纪委监察部网站正式开通。人们称之为"网上反腐"的新举措。

然而,尽管我国司法政务已开始尝试通过"两微一端"等新兴载体探索舆论引导新机制,但目前还处于摸索阶段。部分微博更新缓慢、内容陈旧、语言生硬、缺乏互动,久而久之成为"僵尸微博"。这使得相关部门面临失去微博问政话语主动权的风险。因此,司法部门应重视微博在新的舆论格局下的重要作用,充分利用微博与公众进行沟通,做到慎重地发布每一条信息,做到真正的关注民生,尊重公众知情权,从内容到形式,做到能够让公众信服。同时,司法部门要培养自己的意见领袖,积极发挥他们的作用,鼓励其开通个人微博,加强与公众的微博互动,做到有问必回,做到网下解决,能够提前预见并且充分引导网络舆情。

二 健全完善行业规范和社会监督制度

(一) 健全行业规范

正如前述,舆论责任主体是多元的。坚持正确的舆论导向既要求政府职能部门有所作为,也要求媒体经营者自觉承担义务。鉴于舆论的传播特性,所有参与意见传播环节的社会组织和个人都有义务履行好职责,保证舆论传播的正确导向。从这个角度来讲,健全的行业协会和行业规范有着更为重要的意义。

政治学理论认为,公民社会的崛起是大势所趋,必然带来社会的"自我治理",公民社会和公众参与的社会治理方式将长期存在,且这种多中心化的、政府与公民合作治理的模式必将成为现代治理理论所倡导的主要模式。这种模式要求行业具有高度的自觉性和自我管理能力,行业协会和规范的出台正是这种自觉性和自我管理能力的具体体现。市场经济条件下单纯指望媒体行业仅仅依靠自律增强责任感是一厢情愿的,在利益驱动下媒体完全可能和资本实现对接甚至为金主代言,2016年"五一黄金周"期间"青年魏则西之死"事件所引发的"媒体之问"又一次验证了这点。因此,政府如何指导行业规范的制定极为必要。

顺应公民社会崛起的趋势，政府部门应该实现治理思路转换，"重自律、少干预"。对相关社会舆论机构的管理，以引导教育为主，重强化责任意识，积极引导实现自我管理，更好发挥行业协会和行业规范的作用。行业协会是社会民间组织的一种，它不属于政府的管理机构。作为政府与企业的桥梁和纽带，承担着服务、咨询、沟通、监督、公正、自律、协调等重要功能。尤其是当社会监管出现法律的"真空"，一些政府"不该管、管不好、管不了"的问题，行业协会出面反而能更好地发挥作用。通过自主组建媒体行业协会，充分发挥媒体行业协会等行业组织的功能，加强行业自律，提升舆论环境的自净能力，促使媒体自觉在"文明办网、文明上网"、维护和谐环境方面作出积极探索和实践，并进一步做好正确引导网络舆论、杜绝虚假新闻、维护媒体公信力等工作。如2004年10月26日北京网络媒体协会（2012年更名为首都互联网协会）成立。成立之初，在《章程》中明确了宗旨是"承担社会责任，建立自律机制，制定从业规范，协调会员关系，塑造行业形象，提高网络社会管理水平，维护国家信息安全和社会稳定"。[①] 媒体协会在明确自身的社会责任后，需要建立、健全管理制度，规范信息发布制度，强化监管、惩处机制等行业规范。同时，要建立行业约束机制。媒体行业的约束机制至少包括以下三个方面：一是准入与审查机制，包括主体资格认证，分级机制与审查；二是监控机制，对涉嫌反动、虚假、低俗、淫秽等违规内容，媒体要及时发现，及时屏蔽删除。如要求对所有的文字及直播视频进行一定时期存储，另外所有的直播视频加上企业的Logo水印；三是处置机制，失职的要问责追究，违规违法的要依法依规处理。实行"黑名单"制度，对于那些上了黑名单的，所有媒体都不得继续提供空间。

行业规范本质上是一种自觉规范，体现了自我的道德约束。行业规范的出台既是行业企业进行自律的体现，同时也利于企业进行自保。与法律的强制规范、政府的直接干预相比较，行业自律创造了一种更为宽松的环境。媒体行业作为社会第一舆论机构，其行业规范的制定无疑具有风向标作用。与网络发展相对应的，是我国媒体行业规范逐步完善。2006年中国博客数量突破1600万，中国互联网协会于当年4月19日发布《文明上网自律公约》，号召互联网从业者和广大网民从自身做起，在以积极态度促进互联网健康发展的同时，承担起应负的社会责任，始终把国家和公众利益放在首位，坚持

---

① 北京网络媒体协会（http://www.baike.com/wiki/）。

文明办网，文明上网。这部公约的前身是博客网发起的《博客自律公约》，在网上经过了六个月讨论，征求了众多互联网专家、资深法律人士及网民的意见。2010年3月16日，中国国际公关协会在北京发布了《网络公关服务规范》（指导意见），这是我国针对网络公关业务的首份行业性标准文件，提出了"不传播任何不符合事实、夸大宣传或有待确认的信息""不从事任何不道德、不诚实或有损他人尊严或信誉的传播活动"；"抵制各种欺骗客户和公众的信息传播活动"①等十项行业道德规范，倡议文明办网、恪守职业道德，有效阻止了负面舆论的生成和传播，净化了网络空间。近几年来，网络直播行业发展迅速，其独特的娱乐互动方式，创新的商业模式，庞大的主播和用户群体，已经成为网络文化领域重要的经营模式和文化市场的重要组成部分。但言论涉政、涉暴、涉黄及泛娱乐化倾向也比较突出，针对当前直播平台存在的问题，北京网络文化协会发起了议定自律公约的活动。2016年4月18日，新浪、搜狐、优酷、百度等20家网络直播平台共同发布了《北京网络直播行业自律公约》（以下简称《公约》），《公约》内容包括主播需要实名认证、网络直播视频保存不低于15天，不为18岁以下主播提供注册通道等内容。这些行业规范的出台对于指导媒体经营、净化网络舆论环境、掌控网络舆情等均产生了积极的影响。

（二）完善社会监督制度

舆论学认为，舆论实际上是公众对于公共事务的互动行为，如果没有人们的共同叙说，只能是个人意见。社会总是处在不断变化中，作为谈资的话题永不缺乏。基于以上事实，要从根本上实现对社会舆论舆情的科学治理，光凭技术和短期政策是难以达到的，还需要动员社会各界资源，群策群力、共同监督，构建科学民主、公开透明、切实有效、既管长期、又长期能管的长效机制。重视和发挥社会监督的力量，已成为各国治理网络舆情较为明显的趋势。社会监督主体包括社会公众、社会团体，社会舆论和法律监督等。多元化的监督主体以无时无处不在、低廉的成本、有利于网民自律等特点，被广泛应用于群体性事件的网络舆情治理中。各国政府通过开展多种形式的教育活动，提高公众自我保护和网络监督意识，同时开设热线电话，建立监督网站，引导网民自觉参与互联网内容的监督和管理。社会监督与政府机构

---

① 首部《网络公关服务规范》出台（http://tech.qq.com/a/20100317/000281.htm）。

依职权进行行政管理相比，通过社会监督的力量，以申请和投诉的方式推进查处和纠正的方式具有更强的针对性，效果更为显著。

当前，我国针对舆论导向的社会监督机制正在逐步完善中。中国互联网协会互联网新闻信息服务工作委员于2004年6月10日成立了"中国互联网违法和不良信息举报中心"，宗旨是"举报违法信息，维护公共利益"。其网站使用的域名是国务院新闻办领导的"中国网"（china.com.cn）旗下的一个二级域名——"net.china.com.cn"。中心设立了举报工作部、监看工作部、社会工作部和综合工作部等四个部门。同时公布了《互联网站禁止传播淫秽、色情等不良信息自律规范》，随即根据社会监督和举报关闭了一大批传播淫秽色情内容的网站。其后相继出台了《互联网电子公告服务管理规定》《互联网域名管理办法》《互联网站管理工作细则》等法规。2009年年初，在中华人民共和国国务院新闻办公室、工业和信息化部、公安部等部门与新闻出版总署的部署下，开展了大规模的"整治互联网低俗之风专项行动"。违法和不良信息举报中心曝光了大量网站，一些大型的门户网站，如新浪、百度、搜狐、Google等也涉嫌含有低俗内容，这些网站在曝光之后大多进行公开道歉，表示接受批评监督和进行整治；2011年1月14日，中国工业和信息化部发布了《互联网信息服务市场秩序监督管理暂行办法》，以促进我国互联网发展，规范互联网信息服务市场秩序，维护用户合法权益。虽然社会监督机制在不断完善，但是在如何保护公民隐私权、如何进行信息公开、如何正确行使权利与义务等细节方面还存在制度欠缺，社会各阶层群众社会监督意识还有待提高，加强公众监督必将有利于行业自律和促进行业健康发展。

目前，我国公众自发的举报不良信息举动仍是个别行为，而且实行的物质奖励起到了一定促进作用，而多数人的公德心仍有待提高。相信随着社会文化的进步和公民公众意识的增强，积极自愿举报不良信息的行动将进一步增强。从不良信息的受理与执行角度来说，当前，我国违法和不良信息处理要经过复查、上报、转交和批示等一系列程序，为将不良信息的危害降至最低应提高工作效率，应尽量减少执行程序和执行时间。

三 国外网络舆论引导有益经验的借鉴

互联网作为人类文明发展的杰出成就，全人类都在享用它带来的好处，同时也都要共同应对它带来的难题。互联网最早源于美国，并且最先在美国等西方国家得以发展和壮大。这些国家大多都重视对网络舆情的管理和引导，纷纷采取措施对网络舆情的内容和活动主体进行规范，形成了一些较为成熟的经验，尤其是以美国和德国为代表的发达国家。这些经验和做法值得我们学习和借鉴。

（一）以联合国为代表的国际组织全球网络治理制度设计

在全球化深入推进的今天，网络舆论引导及舆情治理，早已超出主权国家的边界，成为全球各主体共同面临的问题，以联合国为代表的国际组织在全球网络治理中发挥越来越重要的作用。我国历来重视国际主体在全球网络治理中的作用并积极参与协作。2016年11月，习近平同志在第三届世界互联网大会上强调指出："国际网络空间治理，应该坚持多边参与，……发挥政府、国际组织、互联网企业、技术社群、民间机构、公民个人等各个主体的作用。"[①] 可见，在坚持网络主权原则的前提下，多元合作、共享共治才是未来网络治理的有效模式。

作为当今影响力最大的国际组织，联合国早在2004年就成立了舆论引导及舆情治理专门组织——信息中心，隶属于新闻部，遍布全球63个国家和地区。随着互联网的出现，2010年又组建了联合国宽带委员会，由来自政府和业界的专门人士组成。该组织长期致力于协助各国、联合国专家和非政府机构的团队充分利用政策协调，实现社会及网络可持续发展目标。

在联合国相关部门的长期协作下，各会员在跨境网络治理方面形成了一系列制度性成果。1992年，联合国经济合作与发展组织颁布《网络信息指南》，警示各国防范网络黑客入侵；1998年、1999年又相继出台了旨在打击跨境网络欺诈的《电子商务：税务政策的框架条件》《全球网络个人隐私权保护宣言》和《电子商务消费者保护准则》；2002年新版《网络信息指南》则强调了网民自律意识，呼吁"网络秩序人人有责"。2003年《创造全球网络文化》文件在联合国大会通过，该文件从网络意识、网民责任感、应对能力、道德感、网络民主、秩序设计、风险评估、网络安

---

① 2016年第三届世界互联网大会主页（http://www.jxnews.com.cn/zt/system/2016/11/17/015394388.shtml）。

全、状况评估等九个方面来构建网络正常秩序。同年9月，联合国教科文组织发出了《普及网络空间及促进并使用多种语言的建议书》，10月又通过了《保护数字遗产宪章》，为确保公民相关权利、促进网络正常使用提供伦理、法律和技术指导。

此外，不少国际组织通过定期举办会议、论坛形式，定期探讨全球网络治理热点、重点和趋势，形成网络治理常态化机制。如联合国经济和社会事务部于2014年9月在土耳其伊斯坦布尔召开第九届互联网治理论坛。在刚刚过去的2016年，分别在印度海德拉巴、中国浙江乌镇、墨西哥瓜达拉哈拉召开了第57届互联网名称与数字地理分配机构大会（ICANN57）、第三届世界互联网大会、互联网治理论坛（IGF）会议。尽管2016年互联网三大会议内容各有侧重，但互补明显，各国取得了重要共识，形成了一些成果。如在ICANN57上讨论了2016年10月1日正式生效的ICANN新章程的实施；第三届世界互联网大会上发布《2016年世界互联网发展乌镇报告》，提出了中国的治理方案；IGF2016上除了关于IPv6、IXPs、性别与接入、网络空间安全的四个BPF成果外还增加了《连接下一个十亿人的政策选择——阶段Ⅱ》和《动态联盟实质性文件》等文件，尤其是后者突出重视地方和区域的特异性。

（二）当今主要发达国家网络舆论引导制度机制

1. 美国的"政府与社会协调监管"模式

作为当今互联网的发源地和主要技术标准输出地，以美国为代表的西方发达国家有着较长的网络治理历史和丰富的治理经验，其对网络舆论引导也较为规范和成熟。以美国"9·11"事件为分水岭，发达国家对网络舆情治理经历了以自由、自律为主向加强管制为主转变的过程。目前，西方发达国家逐步形成了由法律制度、行政制度及行业自律组成的"三位一体"的综合性制度系统，以此来实现舆论引导及网络舆情的有效监管。

第一，网络治理法制化和技术化。在美国，互联网的管理规章制度较为健全。联邦政府和各州地方政府通过听证、辩论、表决等手段，制定包括互联网在内的电信立法法案和符合地方实际情况的网络管理体制，美国主管互联网的职能主管部门是"联邦通讯委员会"，它负责对电信管理机构进行监督，并规范和引导互联网传播工作。在网络立法方面，不断根据新形势健全网络管理体制。早在1934年美国就成立了联邦通讯委员会

(FCC),负责监督和管理电信管理机构,直接对国会负责。随着互联网的发展,2015年2月,成立了网络威胁情报整合中心(CTIIC),负责汇总和分析国家安全局、联邦调查局和中央情报局等机构的情报,加强预判。同时,美国利用其自身网络管理技术先进的特点,通过设立网络分级制度标准,完整定义网络分级所采用的检索方式,运用网络安全技术、内容信息分级过滤技术、信息屏蔽技术等先进的网络技术制定封堵用户访问的互联网网址清单,对内容进行分级与过滤,从而实现对网络舆情治理。

第二,美国对网络舆情管理实行两种标准。美国联邦最高法院为避免政府对新闻自由的不当管理,在长期的司法实践中,形成了一些原则,作为准许政府对舆情进行管理的标准和尺度,如明显且即刻危险原则、逐案权衡原则、恶劣倾向原则、优先地位原则等,其中最重要的是明显且即刻危险原则和逐案权衡原则。逐案权衡原则意义在于给予最大化、最多数个人利益以首要考虑地位,允许自由在与其他利益的冲突中被选择。明显且即刻危险原则主要用来解决公共利益与言论自由之间的冲突,该原则适用于以下言论:(1)煽动他人从事暴力内乱行为的言论;(2)攻击性言论;(3)批评审理中的案件或者意在阻碍法院审判正当程序的言论;(4)煽动他人从事违法行为的言论。

第三,加强与网络相关的立法。对于互联网的管理,美国政府针对自己的国情,从联邦和州两个层次入手,进行机构设置和立法管理,其管理体系已经较为成熟。在立法方面,1968年,美国国会通过《窃听法》,允许执法人员在调查严重刑事案件时,在得到授权后可以进行电子监听。从这部法律开始,先后通过一系列法律,美国目前已经奠定了互联网治理的法制基础。如1980年通过《隐私保护法》,1986年通过《电子通信隐私法》,1996年通过《电信法》,1999年通过《电子签名法》,2000年通过《儿童互联网保护法》,"9·11"事件后,美国明显加强了反恐领域的立法,陆续出台了《爱国者法案》《网络安全国家战略》《互联网用户隐私权利法案》《国土安全法》《网络空间安全强化法》《"网络中立"管制方案》(2015)等。同时,针对新兴传播方式的兴起,自2010年起美国加大了"脸谱"(Facebook)、"推特"(Twitter)等社交媒体及网站法律监管。

除上述成文法外,美国联邦和州法院审理的大量网络案件,构成其法律体系的另一重要组成部分。美国关于互联网络的信息法规,其涉及面相对来说较为全面和广泛,既有针对互联网的宏观的整体规范,也有微观的具体规定。美国的网络立法分为联邦和州两个层次：联邦层面由美国最高法院、联邦审判法院和申诉法院组成。法院判断政府对表达权的限制是否合法，许可政府在特殊情况下对言论自由进行限制。从州的层次来看，美国有50个州，各州均因地制宜，对于互联网络的某些重要问题，拥有各自的立法。这种州立法的状况，也难免造成一些难题，譬如一些认定标准上的混乱等，但是在一定程度上还是能够适应当地的具体情况，并通过各种不同管理机构之间的合作，顺应当地的发展形势，建立起符合本州实际状况的网络管理体制。[①]

2. 德国的"合作化管理"模式

德国是欧洲信息化程度最高的国家，也是全球第一个发布涉网成文法的国家。当前世界上网络使用率最高的国家就是德国，网络调查公司Nielsen Net ratings的调查显示，德国人均日上网时间近8小时。法制化的管理，社会各界通力合作，预防为主的治理模式使德国网络舆情治理取得了较好的效果。2016年11月，德国政府发布了最新的国家网络安全战略。根据该战略，德国政府将重点关注包括保护关键信息基础设施在内的十大领域。为防范网络风险，在联邦政府内政部下增设网络防御中心，负责协调政府各部门应对网络危机的响应工作。

第一，德国网络舆情的法制化管理。由于历史等原因，法治国（Rechtsstaat）原则成为德国秉承的价值理念，现实中德国也将这一理念贯穿到管理网络舆情的过程中。德国政府注重对网络舆情的法制化管理，注重在保护民主的前提下管理网络行为。德国刑法就网络行为管理规定了共同的最低标准：政府有权运用警力搜查和没收网络信息，以便利用这些信息中能证明违法犯罪行为的以作为证据；阻止互联网被用于破坏电信系统和计算机安全运行。

20世纪90年代，德国联邦议院制定并通过了世界上首部网络法律——《多媒体法》，主要明确了网络服务经营商责任、网络警察局设置法律依据及儿童有害内容的归罪等，目的是全面管理信息时代新型通信媒体互联网上的行为，以确保网民的公共权益和电子信息与通信技术的自由发展，对德国网络舆情治理起到了至关重要作用。针对电子信息在本国社会领域的全方位覆盖和超高使用率，德国最早把网络犯罪写入刑法，在

---

① 王静静：《美国网络立法的现状及特点》，《传媒》2006年第7期。

2002年修订版《德国刑法典》中有关于网络犯罪的明确界定。针对网络舆情传播的新趋势，德国逐步完善包括网络谣言治理在内的内容规制，充实了《刑法典》《民法典》《电信服务法》等条款。德国政府非常重视对网络舆情的监督和管理，通过《基本法》（宪法）明确网民的权利，还根据《刑法》《青少年保护法》《多元媒体法》《商业法》等相关法律，对互联网上的内容进行监管和惩戒。

第二，网络舆情管理的社会各界合作化。德国政府非常重视社会各界在舆论引导及网络舆情治理中的作用，经常邀请各界代表参加政府研讨会。联邦内政部每年都邀请社会各界专业人士和经营管理者等代表参加以"信息和通信犯罪"为主题的研讨会，倡导提高网络行为的自律性，从而有效减少网络非法行为。对"信息和通信犯罪"的网络组织和网民加强处罚力度，最高可判传播非法信息者15年监禁。2016年最新网络安全新战略还呼吁公共与私营机构之间共享网络威胁与攻击相关信息，呼吁提升民众意识，加强校园内展开网络安全培训与教育。

第三，网络舆情管理"先发制人"，预防为主。在加强网络舆情监督管理、打击网络犯罪方面，德国政府注重"先发制人"，侧重预防，联邦刑警局24小时系统地跟踪、分析互联网上的可疑情况。德国内政部投入技术力量，请专业人士建立和维护的"信息和通信技术服务中心"，运用网络对各种违法行为给予严厉的打击，加强网络上的"非法"行为的治理，尤其是暴力、恐怖主义、种族主义、纳粹主义等信息。"中心"为警方提供技术支持，保障调查的顺利进行。

3. 加拿大的"完备的互联网监管机构和体系"模式

加拿大是一个信息化程度较高的国家，也是世界上少数几个具有较完备互联网监管机构和体系的国家之一。加拿大政府强调网络运营中安全保障原则，形成了较为有效的国家关键基础设施网络事件预防制度。加拿大网络舆情治理模式显著特点表现为：

第一，较完备的互联网监管立法体系。加拿大早在1985年就通过了刑法修正案，将非法使用计算机和损害政府信息资料的行为认定为犯罪行为，并严格定义了政府信息立法中的一些专门术语，以避免罪犯利用技术术语逍遥法外。其后又相继出台了《信息获取法》《统一电子证据法》《隐私权法》《安全的数字签名条例》及《个人信息保护和电子文档法》等一系列保障互联网安全的法律法规。2004年提出的《保卫开放式的社会:加拿大国家安全政策》中就发展国家网络安全战略进行了详细阐述。2010年,为了适应国家及个人生活已经全面信息化和数字化的新形势,加拿大又颁布了新版的国家网络安全战略,以保障和促进国家网络空间的繁荣与安全。加拿大政府授权对网络舆情信息采取"自我规制",将网络不良舆情信息分为攻击性信息和非法信息两类。加强网络安全知识培训和网络行为道德培养,以行业自律和网民自律解决攻击性信息问题;以法律法规处罚非法信息。

第二,电子政务安全管理体系与网络事件应急系统。加拿大政府于1994年发布了《运用信息通信科技改革政府服务蓝图》,这是世界上首份国家发布的运用信息通信技术全面改革政府的框架性文件。政府各部门之间形成了包括信息安全、安全检测、运行安全以及人员管理、网络管理等在内的整体规范电子政务安全性的安全管理体系。加拿大还建立了政府行动中心,协调加拿大皇家骑警、卫生部、安全情报局、外交部和国防部在内的多个联邦部门和机构,作为加拿大的战略级网络中心,它还与国内、国外等国际合作伙伴保持联系。政府行动中心每时每刻都不间断地从世界各地收集保密的或者公开的资料,确保其国内的互联网安全。每年全球咨询公司埃森哲调查的全球电子政务发展情况都表明,自2001年以来加拿大的网络服务和电子政务成熟度一直领先于全世界。政府网络治理过程中,加拿大运行着"政府在线"项目,政府热线的最高管理者是加拿大政府服务与公共事务部长,加拿大政府预期将"政府在线"建设成全球与公众沟通最佳的政府。为有效应对网络突发情况,加拿大政府专门成立了网络事件反应中心,全天候监测网络舆情,协调国家针对网络安全事件的行动。加拿大鼓励公众通过政府网站参与社会公共事务的管理。加拿大中央政府的CIO部从2001年年末开始,选择了各阶层的加拿大公众参与"政府在线"项目,旨在参与解决各个部门启动"政府在线"项目遇到的常见问题,以便在群体性事件发生时,能迅速作出反应并发布相关信息。

4. 英国的重行业自律和网民自律的舆论引导模式

尽管英国注重法律在舆论引导中的作用,并颁布了《隐私和电子通信条例》《防止滥用电脑法》等一系列相关法律,但英国仍然非常看重行业自律和网民自律在舆论引导及舆情治理中的重要作用。英国认为国家对互联网的管理应当通过协调社会各方面来进行,特别是发挥行业自律的作用。

1996年成立"互联网监看基金会"。该机构是一个由政府主导,网络服务提供商、教育、文化、政府、司法机构等各界人士所组成的行业自律组织。同年，英国颁布了世界上首个互联网监管方面的行业性法规——《3R互联网安全规则》，对网上内容分级、举报、责任等作出详尽规定，3R分别代表分级认定、举报和承担责任。英国网络监看基金会、互联网服务商协会和网络内容分级协会等行业自律组织，在英国互联网治理中有着重要的地位和作用。其中，网络监看基金会是互联网服务商于1996年成立的一个半官方的行业自律组织，负责推进《3R互联网安全规则》的执行，治理互联网上的有害信息。互联网服务商协会有100多家会员单位，制定和遵守共同的行为准则。网络内容分级协会主要提供两方面的内容服务：一是提供关键词和内容描述语句，以进行网络内容分级，并由互联网内容服务商自行检查其内容是否符合法律和行业规范；二是为用户提供免费的内容过滤软件。除行业组织外，由英国政府资助及与企业联合建立的在线网络安全保护网站和信息安全保护网站等，在互联网治理和向网民提供相关服务等方面也发挥了很好的作用。[①]

5. 法国的政府、行业和用户"三方共同调控"模式

法国是最早发布新闻自由原则的国家，1789年大革命时期发表的《人权宣言》中提到，"思想和观点的自由交流是人类最宝贵的权利。因此，所有的人，只要他们承担违反法律规定而应负担的责任，都有言论、创作和出版的自由"[②]。在欧美国家中，法国属于媒体系统深受政治影响的国家，政府在调控大众媒体的诸因素中发挥着最核心的作用。这种作用不仅体现在传媒政策的制定中，还体现在政府通过资本投入来影响媒体的运作。法国的媒体政策原则是强调尊重法律秩序与新闻出版自由的平衡，强调保障媒体发展与限制滥用新闻权力的制衡。法国的媒体法律体系较为完善，涉及新闻出版自由、编辑自由、版权保护、报纸登记与发行等，还制定了一系列法规明确了政府对媒体的规制权利。其中明文规定将对媒体进行管制的行为包括：伪造消息、煽动犯法、犯罪，对本国和外国首脑进行诽谤、辱骂和侮辱，伤害风化、破坏国家安全，等等。

法国互联网发展晚于英美国家，为改变这一现状，法国政府和议会提

---

① 钟忠：《中国互联网治理问题研究》，金城出版社2010年版，第13页。
② 法国《人权宣言》全文（http://www.360doc.com/content/13/0930/01/5769471_3180845 15.shtml）。

出了一系列旨在发展和完善网络信息技术及相关法律法规的措施。与英美国家从市场自我规制、自律规制发展到由政府和法律介入规制的过程相比，法国的网络规制发展过程是恰恰相反的，法国网络规制的发展经历了"政府调控"——"自动调控"——"共同调控"三个时期。在法国互联网发展的初期，互联网的规制权掌握在政府自己手中，在这个时期，法国制定了一系列的法律法规来规范互联网和信息技术的发展，政府的调控促进了互联网的发展，同时有效遏制了其负面效应。但是单纯的政府调控无法完全解决网络发展中出现的越来越多的舆情问题。因此，法国政府要求网络服务供应商和内容服务商共同加入对互联网的监管中来，互联网用户协会、互联网监护会、互联网域名注册协会以及宣传信息和法律的网站等调控机构相继建立，这标志着法国互联网"自动调控"时期的到来。20世纪90年代末期开始，互联网开放性和公共性以及随之而来的诸多社会问题的出现，使法国政府意识到日益增加的用户群体所产生的网络舆情影响越来越大，因此，开始实行由政府、行业和用户三方共同协商对话的互联网规制，标志着法国互联网"共同调控"时期的开始。

6. 韩国的"实名制管理"模式

韩国是世界上最早实施网络内容审查的国家，也是网络舆情管理较为严格的国家。韩国"实名制管理"网络舆情治理的特点主要有：

第一，通过明确网络舆情治理主体职责，有效地解决了互联网治理主体缺位的问题。2006年开始，韩国政府设立了韩国因特网安全委员会，作为独立的网络管理机构，委员会负责制定韩国主要网站内容分级标准，建议和制定净化网络内容、信息传播伦理准则。韩国政府还赋予信息通信部长网络管制权，依照《促进信息化基本法施行令》第11条第2款和第12条第2款的规定，信息通信部长有权任意利用网民共同使用的信息通信网，对具有各类信息发送、接受、检索和储存能力的网络组织和网民，提出以屏蔽软件阻隔不良信息的建议，从而有效发挥了政府部门在网络舆情治理和监管中的职能。

第二，通过制定网站内容分级标准和完善法律法规体系，建立了政府与各部门之间的网络舆情协同治理机制。韩国设立违法有害信息举报中心，并进行日常网络巡逻监控，建立了政府与各部门之间的网络舆情协同治理机制，阻止有害网络信息的传播。网站内容分级和审查的重点是网吧等电脑通信公司的信息，而不是整个网络空间的信息。审查的目的在于减少"可能影响和伤害年轻人价值观念和感情等的不良信息"、"损害公众利益的信息"、"可能危及国家安全的信息"。同时，政府很重视网络法律法规的实效性，规范网络行为的管理，积极倡导网上行为的自我监督的自律性，在法律上对网络舆情治理给予切实的保障。

第三，通过网络技术实施实名制政策，为保护网民的合法权益，采取屏蔽技术手段防止不良信息传播。2007年7月韩国颁布《促进使用信息通信网络及信息保护关联法》，国内网站均应要求用户在提供详细身份资料后才能申请聊天账号、网站邮箱，网站在核实其身份详细信息准确的基础上才提供账号和邮箱。通过实名制管理，网站运营商掌握了用户的真实资料，在很大程度上提高了网民网上行为的自律性，降低了网络谣言、网络犯罪发生率。

7. 新加坡"国家安全和公共利益为首位"的模式

新加坡是主张政府必须强制介入互联网内容管理的国家之一，因社会历史、政治背景、公共利益等原因其对于媒体内容进行严格管制的传统由来已久，且获得了新加坡民众的支持，在严格管理的同时，新加坡非常注重信息产业和互联网的发展，目前已发展成为亚太地区信息化强国，因此，新加坡的网络舆情治理模式有显著的个性化特点。

第一，国家安全和公共利益重于一切。新加坡政府在网络舆情管理中，将国家安全和公共利益置于首位。新加坡政府规定《维护宗教融合法案》《诽谤法》和《煽动法》等相关法律均可用于网络行为管理。此外，根据广播法颁布了《互联网行为准则》要求"禁止违背公共安全、公共秩序、公共道德、公众利益和国家稳定的信息传播"[①]。通过这一系列法律禁止任何危害国家安全或防卫的内容在互联网上传播。新加坡等"严格限制媒体"的国家也公开列出一些网站和需要过滤的关键词，强行要求ISP进行封堵。对一些不负责任甚至危险的言论，尤其是网络谣言，采用立法管理、行业规范、舆论引导、公民自律、打击封堵等多种方式进行综合管理。

第二，新加坡网络舆情管理的原则。（1）严格立法，防止互联网成为谣言滋生和传播的渠道。新加坡政府将互联网作为一种传媒服务进行管理，主管互联网事务的机构是传媒发展局。为加强对互联网信息的监管，新加坡政府颁布了《广播法》，规定互联网服务提供者和内容提供者实施

---

① 《光明日报》2012年5月7日第8版。

分类登记管理，供应商、内容供应商、政党组织、宗教团体和其他拥有政治、宗教内容的网站，都必须向传媒发展局申请许可证，保证遵从政府颁布的《互联网操作规则》。新加坡对网络行业应尽的义务进行了详细规定，同时具体界定了网络业内成员禁止传播的信息内容。同时，政府在渠道管理方面也制定了专门的法规，要求互联网服务供应商和互联网内容供应商负有屏蔽、封堵某些特定网站、信息和舆论的义务。（2）严格审查，预防网络谣言的兴起与传播。在新加坡，政府非常重视网络管理技术的运用，把技术本身作为监控手段，对于涉及种族、宗教和政治等多领域的负面信息运用 SBA 加以监控，借助代理服务器对非法网络舆情信息来源和内容进行分类分级过滤，确保网络信息和网络舆论的正面影响。此外新加坡政府加大资金投入，通过培训等方式加强网络安全公共教育，培养公众的网络道德，引导网民合法使用网络资源，惩处利用网络进行犯罪的行为。（3）构建互联网行业自律体系。新加坡政府对网络用户进行了意见汇集，经过政府相关部门与网络行业的协商，于 2001 年 2 月制定了《行业内容操作守则》，它由一系列自愿性质的行业自律规范组成。规定互联网业内成员具有如下义务：不得使用误导性或错误的描述符号表明和区分站点；运用合适的内容分级系统，标明其所属的网站，对不同的信息进行区分；不得故意在网络中传播法律明确禁止的或令人反感、不正当的信息，从而运用自律系统加强和巩固了网络行为的自我监管。

（三）借鉴国外网络舆论引导的有益做法，建立健全我国网络舆论引导制度机制

虽然上述国家的社会制度与我国根本不同，具体国情也存在较大差异，但在加强网络舆论治理上都有着共同的目标。此外，这些国家较早实现"中等收入陷阱"转型，对社会剧烈转型期间出现的网络行为有着较为丰富的治理经验，其加强网络舆论引导的做法较为成熟。当前我国国际形势异常复杂，国内各项改革正处在攻坚阶段。在全球化、传播数字化和社会转型期背景下完成舆论引导的目标，应借鉴西方发达国家的经验，建立、健全我国网络舆论引导制度机制。

1. 重视网络治理的顶层设计和总体规划

作为涉及国家治理的专业词语，顶层设计在我国最早见于中共中央关于"十二五"规划的建议中。一般认为，顶层设计是运用系统论的方法，对影响既定目标的各要素、各层次、各方面进行总体规划，从而达到高效实现目标的过程。它因具有顶层决定性、整体关联性、可操作性，是连接价值目标与具体操作之间的蓝图。

学习借鉴发达国家的做法，重视网络治理的顶层设计和总体规划，主要包括以下四方面：第一，制定国家安全总体战略目标，尤其对所属舆论安全及网络安全等非传统安全领域涉及的核心概念要作出明确的界定；第二，针对未来社会变革及技术发展可能出现的新情况、新问题，以前瞻的眼光作出长远规划；第三，针对过去多部门职能重合的情况，成立舆论安全及网络安全的具体执行机构，在中央网络安全与信息化领导小组领导下，开展相应的工作；第四，重视并积极参与国际舆论治理及网络安全合作，以开放透明、加强交流的态度有效回应质疑和偏见。

2. 健全和完善网络立法体系，营造网络舆情法制环境

西方发达国家普遍推崇法律规制在舆情治理中的根本作用。在立法方面，上述国家均通过不断修订网络法律法规，倡导网络行为自律的方法维护和保障网络安全和平稳发展。我国的第一部网络法律是1994年颁布的《计算机信息系统保护条例》，迄今为止又发布了多项针对网络行为的法规，但现有法律还远不够系统、健全和完善。互联网是一个飞速发展的事物，我国的互联网立法须不断面对许多新的问题，例如网络隐私侵犯、网络欺诈、网络群体性事件及新兴的电子商务等，这些情况都要求我们立足本国实际，积极探索国外互联网立法和执法的优秀经验，实现一般法与互联网专门法的有机对接，制定和完善适合我国国情的，覆盖网络传播、网络舆情、网络犯罪等诸环节的网络法律法规。一方面要强调依法管理；另一方面要注重法律的实用性和合理性。使网络立法既要能有助于营造良好的网络环境，又要保障互联网信息的相对自由，保障互联网各主体广泛参与的需要。应尽快制定全国统一的《信息安全法》，使我国网络管理有章可循，立法应该根据我国网络舆情实际情况而变，能与现代化信息社会国际网络管理准则接轨，同时还能保证不至于限制互联网的发展。在加强立法的同时，还应推进网络监管体制改革，提高执法力度。虽然我国近些年通过了一系列网络法律法规，但存在执法不严的情况，网络监管权被分散于政府多个部门，责权不明。在监管不力的情况下，甚至一些著名的门户网站也参与了不实信息的传播，个别网站存在着大量不法交易行为。因此要建立职权和责权明晰的系统的网络监管机构，在加强立法的同时，提高

执法力度，尤其是加重对谣言、黑客、网络欺诈、隐私侵犯等严重危害公众基本权益的网络行为的处罚力度。

针对当前中国涉舆法律现状，应重视以下三个方面：第一，凸显本国特点。坚持正确的舆论导向和实现舆情治理，各国的具体情况有所不同。这就要求通过广泛调研，摸清舆论引导、舆情治理的重点领域和重点人群，以增强立法的针对性。第二，在现有法律法规的基础上，根据网络舆情发展的新趋势、新情况、新问题，进一步细化舆论引导特别是网络舆论规制的目标、原则、主体、程序、技术、内容、权利、责任、义务、法律救济等，填补现有法律法规分歧与空白，提高针对性和可操作性，界定职能部门权责界限，增强应对力。第三，待条件成熟，最终形成一部网络舆论基本法，统摄舆论引导全局，弥补位阶不高的缺陷。

3. 增强网络信息控制技术研发，强化网络安全维护

美国的信息技术处于世界领先水平，在多年的研究和发展中已经建立了多家在国际上都具有较强影响力的网络安全技术研发企业和部门，如美国国家标准技术研究院、Adobe 系统公司、IBM 公司、微软公司等，网络安全技术研发的成本高、回报低、周期长等客观因素影响了相关企业和社会组织的投资信心，这要求政府增加投入，以提高网络企业的研发的信心，在这方面美国一直是不遗余力的，美国政府每年都在财政预算中设网络安全技术研发的专项经费，投入大量资金用于研发网络信息控制技术。而纵观我国实情，我国 IT 企业中具有研发网络安全产品实力的企业很少，美国政府的做法给我们的启示是，从国家的角度加大对网络安全的支持，投入较多的人力、技术和财力，并提供政策支持，重视网络安全人才的培养，美国政府通过"网络安全研究与开发法案"和"网络空间人才"（cyber corps）计划，制定了网络安全技术人才培养原则，法案要求美国政府投入 8.78 亿美元，用于重点支持网络安全专业的学者进行该项目的研究，和用于计算机和网络安全人才的培养。该法案和计划的制定，为美国培养了部分急需的网络人才。此外，美国还投入财力支持研发杀毒软件、内容过滤软件、防黑客软件等高技术含量的软件，从技术上保障网络的安全运行。美国的做法也值得我们借鉴，我国网络安全技术人才匮乏，国家应加大资金投入，建立高校与网络安全技术研发企业的合作，培养高素质的网络技术人才。

4. 广泛开展公民网络素养教育，形成自律机制

多数国家不仅从法律角度加强网络行为管理，同时也提倡网民与网络

组织的自律，以美国为例，在"9·11"事件后，美国增强了对网络的控制，制定并通过了《爱国者法》管理网络行为。力图通过网络法律加强对网络舆论的管理，但这被认为是对宪法规定的公民言论自由权的剥夺，在一些社会团体的强烈反对下，除违法内容依法惩处外，其他实行行业自律结合市场调节管理方式。推动网络信息自律机制运行的重要力量是美国的行业协会与民间组织。为创造良好的网络氛围，政府不仅向互联网的成员进行宣传呼吁，还借助于社会组织、社会团体的力量来确保市场调节和行业自律的有效性。美国于1998年制定了《网络免税法》，奖励自律性强的网络商免征两年新税。我国目前虽然也提倡网民个人和网络组织的自律，也制定了《中国互联网行业自律公约》《互联网站禁止传播淫秽、色情等信息自律规范》《网上交易平台服务自律规范》等行业自律规范，但实施效果并不理想。我们可以借鉴美国经验，从法律、道德和奖惩机制出发，加强网络行为的自律性。

韩国通过网络立法明确了网络治理主体的职责，虽然并不能完全有效地避免网络舆情危机的发生，但其法律法规体系已日趋完善。理论的可行性还需要事实的检验。网民和网络组织的自律性也是影响网络舆情治理的关键。韩国的事例告诉我们应注重网民和社会公众网络自律意识教育和培养，应善于利用学校教育、文化传承、日常生活等多种教育环境，帮助网民掌握网络舆情传播和发展规律，培养网络道德素养，增强网络行为的自律性，引导网民树立积极健康的上网理念，增强网民理性、客观地面对网络信息的能力，使其初步具备网络信息技术和网络安全的知识。

5. 树立正确的政府信息公开理念，实现透明治理

美国《信息自由法》提出"公开是原则，不公开是例外"这一基本原则，让我们看到"公开是原则"理念已成为美国政府信息公开制度的灵魂和核心。美国人认为公开可以作为限制行政的手段。在韩国，其《信息公开法》规定了信息大公开的立法模式，保障了韩国民众的知情权，扩大了韩国公众对政治的参与程度，增强公共政策运行的透明度。这两个国家的信息公开政策提示中国也应从办事制度公开的理念中解放出来，树立正确的政府信息公开理念，认识到信息公开的民主价值和反腐败的价值功效，实现从办事制度公开的理念向权利公开理念的转变。邓正来认为，"政府部门应当明确政府权力与公众权利的关系，尊重和保护公众的知情权，将政府信息公开作为公众应当享有的一项基本权利以及政府应当履行的责任

和应尽的义务,从根本上转变政府的执政理念,将政府信息公开由政府权力垄断型转变为公众权利利益型"。

　　国际经验证明,完善的信息公开制度在公开方式、公开范围、救济途径等方面都应该有一套完整的制度,而且不能依赖于一部法律来保证政府信息公开的实现和长期有效,为了保证信息公开法律法规的顺利实施,应从立法角度持续完善,从而保证在当信息非法公开或者公民获得信息遭到拒绝时,公民有权提起复议或行政诉讼。构建以宪法为基础,《政府信息公开法》为专项法,其他与政府信息公开相关的法律为配套法所组成的完整的政府信息公开制度。其中:在宪法中将信息自由权纳入到公民的基本权利中,明确规定公民获得政府信息的权利。将《政府信息公开条例》这种行政法规"上升"到效力更高,更具权威性的《政府信息公开法》,以促进政府信息透明、高效的公开。应加快修改《保守国家秘密法》,明确具体的保密事项,处理好公开与保密的关系;同时对《行政许可法》、《著作权法》、《档案法》、《统计法》等法律中与政府信息公开有冲突的内容进行必要的修改和完善;加快制定我国的《隐私权法》和《个人数据保护法》等配套法律法规。保证各法律法规之间和谐统一,使公民合法权益得到有效保护。

第八章　坚持正确舆论导向的"软引导"机制

坚持正确的舆论导向，制度法律固然重要，但单纯依靠冷冰冰的制度机制和法律手段是难以收到成效的。因为舆论引导的最终是有意识、有思想、有情感的人。因此，必须加强包括思想政治工作在内的精神文化建设，真正关注和满足人的精神文化需求。与法律法规制度机制的"刚性引导"或"硬约束"相比，思想引导可谓是舆论引导"软引导"或"软约束"。"硬约束"作为一种刚性引导，具有不可替代的作用。尤其在当前亟待健全坚持正确舆论导向制度的法律。但随着人们精神生活水平的不断提高，刚性引导"强拧的瓜不甜"效应逐渐显著起来，引导效果开始疲软。现在，我们之所以强调要坚持正确舆论导向的"软引导"，正是从人的本质出发的。马克思说，人的本质在其现实性上是一切社会关系的总和。人是理性的动物，他们的是非观念、政治倾向与其自身的生活经历、文化教养、人生追求等密切相关。他们愿意了解和接受与自己有联系的未知事物、与自己利害相关的事物和与自己相同、相似和相近的观点和意见。如果媒介和风细雨，平易近人，坦诚相待，入情入理，人们就容易产生亲近感，就愿意接受媒介主张的意见，舆论导向才会指向健康的方向。

坚持正确舆论导向的"软引导"机制是复杂的系统工程，其机制的形成和建构必然是诸方面交互作用、形成合力的结果。首先，充分认识到"软引导"机制的必要性是前提条件；其次，制定清晰、完善的政策是根本保证；再次，提高引导队伍的整体素质是重要基础；最后，探索有效的引导方式是重要手段。现阶段，我国正积极培育和践行社会主义核心价值观，在全社会大力倡导富强、民主、文明、和谐，倡导自由、平等、公正、法治，倡导爱国、敬业、诚信、友善。这种倡导正是一种正确舆论导向的"软引导"，发挥社会主义核心价值观的引导作用，提高舆论引导媒介的思想道德素养，发挥广大民众参与舆论引导的积极性，是坚持正确舆论导向"软引导"机制的重要抓手。

一 发挥社会主义核心价值观的引导作用

舆论的本质是价值观，无论是哪种舆论都不过是特定价值观的体现。因而，所谓舆论导向，无非就是要使舆论导向一定社会主体所希望的价值方向，也就是避免导向不希望的价值方向。那么，由于迄今为止人类还处在阶级社会之中，人们的价值观也必然具有阶级性，因而，作为舆论导向主体的社会集团或个人，由于其处于不同阶级关系中，必然用自己阶级的价值观进行舆论导向。资产阶级个人主义价值观构成了资本主义社会思想舆论的核心内容，而社会主义核心价值观则构成我们进行舆论导向的核心内容。社会主义核心价值观的提出，顺应社会主义社会发展的需要，符合我国的整体利益。社会主义核心价值观在国家层面上有助于增强社会的凝聚力和整合力；在社会层面上有利于保障人民的公共利益，形成一致的合力，推动社会进步；在个人层面上有益于建立合理的社会关系，塑造良好的社会氛围，发挥每个人的积极作用。[①] 社会主义核心价值观体现的都是全体社会成员的共同利益，而非个人私利，所以能够成为人们认同的主导价值。

（一）当前我国社会在价值观上存在的问题

我国自改革开放以来，随着计划经济体制向市场经济体制的逐步转轨，整个社会的经济结构、社会结构都在发生变化，旧有的价值观体系和现实的矛盾、冲突开始以一种明显甚至激烈的形式呈现出来。价值判断由整齐划一变为多元复杂，道德选择由明晰一致变得模糊混乱，多元化的经济结构决定了人们价值观、人生观、道德观的多样化，是非、善恶、美丑界限和标准模糊甚至颠倒，使得刚刚步入现代化进程中的中国民众难以抉择，甚至无所适从，我国现实生活中出现了不少令人忧虑的倾向。金钱至上的拜金主义、享乐主义导致的信仰迷失、价值偏差，人们的思想容易产生迷茫和困惑。加之社会思潮多元化，一些非马克思主义、非社会主义的

---

① 余晓慧：《论社会主义核心价值观的整合力、凝聚力、引导力和塑造力》，《学术探索》2015年第3期。

价值观念、生活方式、文艺作品等充斥生活的各个领域，削弱了社会主义意识形态的防御功能，潜移默化地影响和改变着人们的价值观念和生活方式，甚至瓦解人们对中国特色社会主义的信念。

首先，利益主体的多样性、职业选择的自主性以及思想观念的多元化，使人们的世界观、人生观和价值观发生了深刻变革。传统价值理念在市场经济的大潮中受到前所未有的冲击，物质富裕与精神贫困形成强烈的反差，见利忘义、个人主义、拜金主义、荣辱不分、美丑颠倒的现象屡见不鲜。许多人精神空虚、理想缺失、信仰危机、诚信危机、荣辱颠倒、不思进取、好逸恶劳、是非不明、美丑不分、黑白混淆、生活目标盲目混乱、价值体系扭曲错位。腰缠万贯的老板发出了"我穷得只剩下钱"的感叹，住在高楼大厦的城里人却有"失家"的感觉；"我不相信"、"躲避崇高"、"跟着感觉走"、"潇洒走一回"、"过把瘾就死"的"时尚文化"从一个侧面反映了当下中国人精神世界的状况。极端个人主义把个人的私利看得高于一切，并蔑视社会整体利益，这种思想的滋生必然导致集体主义思想的退化，职业道德、社会公德的失落，使部分社会成员对自己所承担的社会责任和义务采取消极逃避的态度，有的人甚至直接参与损坏社会整体利益的活动，并且随着国家、集体观念的淡化和个人利益的抬头，人们心理上的距离感也逐渐拉大，人与人之间的感情冷淡。大众传播媒介所曝光的见义不为、见死不救的冷漠现象，就是一些典型事例。

其次，需求出现物欲化与享乐化。适当的物质需求和精神需求对于人类的生存和发展都是必要的，是正常的。但如果对某一方面过度迷恋，乃至崇拜，就会对社会的发展以及人类自身的身心健康带来危害。物欲化倾向，使人们过于迷恋对物的占有和对物的享受和崇拜，根本无视自己的精神需求、精神发展。一些人变得不要精神、只要物质，不少人对物质崇拜得五体投地，"重利而轻义"，物质欲、金钱欲压倒一切，精神反成了物质的奴隶。物欲化倾向过于强调享受和占有，它必然使人变得越来越贪，越来越易于恪守"人不为己，天诛地灭"的信条。这种倾向，已经对社会的发展带来了严重的消极影响。

再次，在极端个人主义的作用下，一种以嘲弄文明进步，认同庸俗下流的价值观开始在社会上蔓延。市场化和趋利性使部分精神文化产品和服务误入歧途，格调不高，"低俗、庸俗、媚俗"现象屡禁不止。当今社会发展越来越迅速，各种通信媒体，比如电视、网络、广播等日渐发达，传播途径越多，人们了解事情的广度、深度就越强，对人们的日常生活影响就越大。一些人完全以市场为导向，以"什么好买就写什么"为原则，制造离奇怪诞、凶杀奸情之类"故事"来吸引眼球，迎合少数人猎奇逆反心理，"宣扬拜金主义"、"恶搞历史"、"炒作明星隐私"等，追求所谓点击率、收视率而最终是为了追求经济效益，完全放弃了社会责任。一些人所认同、所喜欢、所欣赏、所流行的，不是高雅，而是庸俗、媚俗、恶俗，其中贯穿的是赤裸裸的人欲、物欲。这些人放纵个人欲望，崇尚感官享乐，把吃喝玩乐的享乐主义作为人生的最高境界，为各种不文明的东西编造"神圣"的理由。这一切都清楚地表明，生活在社会大变动中的某些人，开始丧失支撑其生命活动的价值资源和意义归属，从而陷入了一场重大的精神危机之中。虽然，这是我们为实现社会转型所不得不付出的必要的"代价和成本"，但如果我们坐视这种代价与成本的增长，坐视痛苦指数的攀升，那么社会经济形态的转轨就并非会逻辑地导致社会主义市场经济所要求的道德的成功转型；相反，道德转型的失误必将阻碍经济转轨的成功，当前，社会上各种失范行为的增多，无不折射出人们在道德判断、价值取向上的混乱与偏离。

现实社会中舆论事件的发生，固然有现实利益矛盾和一些干部处理问题不当的原因，但与人们主观上价值观出现问题有密切关系。在物质至上、人心浮躁的社会中，人们的精神需求和心灵关怀被忽视甚至根本无暇顾及，造成人们心理压力的增大、人与人之间情感的冷漠。在这种情形下就容易出现：一方面是袖手旁观的冷漠态度；一方面是冲动易怒的狂躁情绪。这种既冷漠又焦虑的畸形心理，极易被偶然事件触及而引发群体性事件，并进而成为引爆舆论的风潮。这就要求我们的思想工作要能够及时释疑解惑、理顺情绪、化解矛盾，有效帮助人们释放由于紧张的生活节奏而造成的精神和心理压力。

人类社会从最基本的层面来讲，可以区分为物质层面与精神层面。人类在社会实践中创造了物质世界和精神世界，物质世界满足人的肉体生理的需求，精神世界满足人的精神需求。保持物质与精神的协调发展，犹如鸟之两翼、人之两足、车之两轮，是一个社会健康发展的内在要求。当然，社会有机体的物质层面和精神层面并不是并列的平行发展的关系。"仓廪实而知礼节，衣食足而知荣辱"，正确反映了物质与精神关系的一个方面，即物质决定精神这一方面。但如果仅仅这样理解两个文明建设之间的关系也是片面的。事实上，"仓廪实、衣食足"只是"知礼节、知荣辱"的必要条件，而非充分条件。历史与现实都已证明，"仓廪实未必一定知礼节，衣食足并非必然知荣辱"。实际上，古人在强调"仓廪实而知礼节，衣食足而知荣辱"的同时，还提出"四维不张，国乃灭亡"，即"礼、义、廉、耻"的伦理不大加宣扬，国家就会灭亡。社会主义的共同富裕不仅包括物质方面的富足，也包括精神领域的健康和丰富。

中国改革开放 30 多年来，经济社会飞速发展，人民生活水平大幅度提高，整个社会走向进步文明。但与物质文明建设巨大成就形成反差的是一些人的精神困惑、思想迷茫和道德失范。由此可见，不是物质生活好了就一切都能水到渠成，物质文明强大了，精神文明并不一定自然而然的提高，不是经济发展了，意识形态工作就一定能自然而然的做好。而且，越是以经济建设为中心，越是在改革攻坚克难的关键时刻，越是需要加强思想文化建设，从而为经济建设提供强大精神动力支撑。加强社会主义精神文明建设，使社会主义核心价值观深入人心、认同和践行，培育人们积极向上向善、冷静理性等良好的心态，有助于人们正确看待和参与舆论引导过程，对于维护社会稳定和巩固执政党的地位具有重要意义。这也是坚持正确舆论导向的重要内容。

（二）社会主义核心价值观的引导作用

当前，我国正处于深刻变革的历史发展阶段。经济体制在变革、社会结构在变动、利益格局在调整，这些物质领域的巨大变化带来的是意识领域的同步改变。突出的表现就是各种社会思潮激烈碰撞，社会意识更加多样、多元、多变，价值多元化成为这一阶段的显著特征之一。在这种多元的价值体系中，坚持以社会主义核心价值观引领舆论导向、弘扬社会正气，是当前舆论工作的重要任务，也是形成社会思想共识的有力保证。

一种价值观的引导作用，并不完全依赖于国家统治阶级的意志，其引导作用的发挥，也无法完全依靠国家强制力量。中国人习惯于"以吏为师"，"其身正，不令而行；其身不正，虽令不从"（《论语·子路》）。所以，一种价值观要发挥引导作用，本身必须具备引导的能力，即它要为人们提供明确的行为导向和精神支持，指导人们的具体实践，并带来良好的结果。当人们深切感受到核心价值观真真切切改善了我们的生活环境和精神面貌，就会自觉遵循与之相适应的法律和政策，为国家、为社会自觉奉献个人的智慧和力量，这是核心价值观的"软引导"机制发挥作用的逻辑过程。

核心价值观是整个社会运行和人们思维行为的"自律"原则，相较于"他律"而言是一种软性引导。它能在人们的思想观念中形成清晰的理性指向，形成注重整体利益、顾全大局的思维模式，使人们在实践行为中感受到一种明显的导向作用，认同当前的社会制度和生活方式。价值认同具有强大的"惯性"作用，它就像一列飞驰的火车，车上的人越多，它所产生的"引导"力量就会越大。社会主义核心价值观不仅仅是使人形成共识，更重要的是引导人们作出价值选择，齐心协力，同心同德，从而在共同的目标和方向上产生巨大的力量。

1. 社会主义核心价值观引导人们确立正确的思想价值观念

我国社会正处于长期、复杂和艰巨的转型阶段，社会主义市场经济体制还不够完善，使得一些人的道德取向和价值选择产生了偏差。这种偏差往往被无良媒体大肆宣传，结果在全社会造成恶劣的舆论影响。我们之所以大力倡导社会主义核心价值观，正是因为它具有系统的价值理念和鲜明的社会主义特征，为人们判断是非对错、作出价值选择和道德选择提供正确的标准。

价值观是人们对什么是"好的"与"坏的"，什么是"对的"与"错的"，什么是"应当的"与"不应当的"，什么是"值得的"与"不值得的"等问题所持的各种看法和观点。现实社会中多种价值观并存，就需要一种占支配地位的核心价值观来统领人们的思想，由此达成人们的基本共识。任何社会的价值观都不是单一的，而是多种多样的，甚至是相互冲突的价值观念构成的复杂体系。由于不同社会中有不同的经济利益关系和社会结构，不同的主体有不同的社会地位、不同的利益和价值需要，因而产生了多种多样的价值观念。其中，处于核心地位、对其他价值观念起着支配作用的价值观，就是社会的核心价值观。核心价值观是在一定历史时期，由统治者倡导的对社会文化体系和个体行为起决定和支配作用的价值观，是在社会生活中居于统治和引导地位的社会价值观。社会的核心价值观是统治者所倡导的，因而具有权威性，在社会生活中占据优势地位，担负着指导和评判人们行为的作用。它力图能引导、影响、左右更多个体的价值取向和价值选择，影响整个社会的精神面貌和人们的行为取向，达到社会群体中个体思想观念的高度一致，从而保证社会价值目标较顺利地得到实现，更好地促进社会的稳定发展。

社会主义核心价值观根源于马克思主义中国化的最新成果，引导人们运用马克思主义的立场、观点和方法去分析、解决各种思想问题和实际问题，帮助人们学习和掌握反映社会发展规律以及当前时代特征的思想和理论，能够提高人们的思想理论水平，提高人们辨明是非、真假、善恶、美丑的能力。社会主义核心价值观激发人们的民族自尊心、自信心，能够使人们加深对祖国的了解，增强对国家和民族的认同感和自豪感，激发人们的爱国热情，帮助人们认识到我国走社会主义道路的必然性和曲折性，逐步引导人们树立中国特色社会主义的共同理想。同时，也能提高人们的政治觉悟，坚定人们的政治方向，激发人们投身于建设中国特色社会主义事业的热情。社会主义核心价值观提倡爱国主义、集体主义思想，倡导社会主义荣辱观，能够教育和引导人们坚持集体主义道德原则，正确处理国家利益、集体利益和个人利益的关系，能够启迪人们内省，协调各种利益，化解各种社会矛盾，从而促进和引导人们把全心全意为人民服务，推动人类社会不断进步，作为人生最崇高的理想和追求。

2. 社会主义核心价值观引导人们抵制错误思想观念的侵害

当今世界经济全球化、政治多极化、文化多样化、信息网络化是无法避免的发展趋势，各种错误思想观念、思潮随着这种趋势泥沙俱下，对社会主义的价值观造成了严峻的挑战。在多元思想的碰撞中，拜金主义、价值相对主义、道德虚无主义和个人享乐主义等思想冲击着人们的头脑，导致一些人价值观缺失，善恶、是非的观念模糊了，行为的底线被肆意践踏。加上改革开放进入"深水区"后，各种社会矛盾频发，价值冲突比较激烈，"信任危机"成为一个必须高度重视的问题。社会良性运转离不开价值观的整合，良好的社会秩序建立在大众的价值共识基础之上。

以此为背景，如果我们缺少必要的制度安排和道德支撑，人们的思想势必会混乱，社会矛盾势必会进一步加剧。面对社会存在的新变化、新情况，贯彻落实科学发展观，构建社会主义和谐社会，迫切需要形成与之相适应的健康和谐、积极向上的社会主义道德规范。人们只有具备了共同的道德追求，才能达成谅解，形成共识。社会主义核心价值观明确了当代社会最基本的价值取向和行为准则，涵盖了人生态度、社会风尚的方方面面，体现了社会主义基本道德规范，体现了中华民族传统美德、优秀革命道德和时代精神，为全体社会成员判断行为对错，作出道德选择、确立价值取向提供了重要价值准则和行为规范。从而，能够引导社会成员有效抵制各种错误思想和行为的侵害，确立起正确的思想价值观念。

社会主义核心价值观在尊重差异、包容多样的基础上最大限度地形成社会共识，既吸收了传统文化中积极健康的价值观念和世界优秀的文明成果，又包含了在改革开放中和社会主义现代化建设中符合时代要求的各种价值观，为人们的各种社会行为提供客观的规范，更好地统一了人们的思想，增强了人们对党的领导、改革开放、中国特色社会主义事业的信心和信念，最大限度地凝聚全党、全国各族人民的力量，为建设中国特色社会主义宏伟事业提供坚实的共同思想基础。

社会主义核心价值观的灵魂是马克思主义指导思想。中国共产党坚持用发展着的马克思主义指导改革开放和现代化建设实践，形成了科学发展观和构建社会主义和谐社会等最新理论成果。坚持用不断发展着的马克思主义指导改革开放和现代化建设实践，能够有效引领和整合社会思潮，在尊重差异中扩大社会认同，在包容多样中形成社会共识，团结不同阶层，不同水平的人们投身于中国特色社会主义事业实践。

（三）倡导社会主义核心价值观，丰富舆论导向的"软引导"内涵

1. 用社会主义核心价值观凝聚人民力量

价值观是人们进行价值判断的标准，也是人们行为的价值导向。核心价值观是一个社会最根本、最必不可少的，也是最集中反映该社会价值取向的价值观。历史上每一个社会管理集团都会提炼并宣扬其核心价值观，用以号召、凝聚和引导全体社会成员。党的十八大报告强调指出："倡导富强、民主、文明、和谐，倡导自由、平等、公正、法治，倡导爱国、敬业、诚信、友善，积极培育和践行社会主义核心价值观。"[①] 这一论述从国家、社会、个人三个层面明确了社会主义核心价值观的基本理念和具体内容，为我们指明了中国特色社会主义的发展方向，从根本上把整个社会的力量凝聚了起来。任何一个民族的进步，都要靠全体成员的共同努力，克服一切困难，向同一个方向奋勇前进。反之，则群龙无首一盘散沙。这是19世纪以来中国革命实践反复证明的真理。

---

① 人民网（http://cpc.people.com.cn/n/2012/1118/c64094-19612151.html）。

"富强、民主、文明、和谐",是我国社会主义现代化国家的建设目标,"自由、平等、公正、法治",是对美好社会的生动表述,"爱国、敬业、诚信、友善",是公民基本道德规范,社会主义核心价值观为我们描绘了一幅中国特色社会主义的美好蓝图。中国特色社会主义道路,是实现中华民族伟大复兴的必由之路,反映了最广大人民群众的共同愿望、利益和要求,是全中国各族人民的共同理想,这也是为社会主义建设所证明了的事实。①

社会主义核心价值观的提出,体现了当代中国最广大人民群众的共同利益和根本要求。中国共产党领导人民追求的中国特色社会主义,是在生产力高度发展基础上最终实现共同富裕的社会主义,是公平正义、民主法制、诚信友爱、充满活力、安定有序、人与自然和谐相处的社会主义。就是说,建设中国特色社会主义是为了解放生产力,发展生产力,创造巨大的物质财富,并在这个基础上,消灭剥削,消除两极分化,最终达到共同富裕,实现人的全面发展。今天,我们大力发展社会生产力,努力增加社会物质财富;不断完善公有制为主体、多种所有制经济共同发展的基本经济制度,逐步实现社会公平正义;不断加强社会主义民主法制建设,保障人民当家作主;不断加强社会主义精神文明建设,逐步实现人的全面发展;不断加强社会建设,逐步实现社会和谐。所有这些,都是为了实现最广大人民群众的根本利益。这是中国特色社会主义之所以能够成为中国最广大人民群众共同理想,之所以能够最广泛地凝聚人民力量的根本依据。走中国特色社会主义道路,是中国不断解放和发展生产力,摆脱贫穷落后,走向繁荣富强的根本条件;是消除两极分化,最终实现共同富裕的保证。

2. 用社会主义核心价值观弘扬中华民族精神

任何一种价值观的形成和发展都有赖于一定的文化土壤,体现着该民族的精神。民族精神是一个民族在长期的共同生活和共同的社会实践基础上形成和发展的,为民族大多数成员所认同和接受的思想品格、价值取向和道德规范,是一个民族的心理特征、文化传统、思想情感等的综合反映。社会主义核心价值观形成的土壤是中华民族几千年悠久的历史文化和价值追求,体现着中华民族的精神。民族精神与民族文化密不可分,社会

---

① 赵化勇:《倡导社会主义核心价值观增强电视新闻传媒舆论引导力》,《中国广播电视学刊》2007年第11期。

主义核心价值观深深植根于中华民族精神之中。从提升民族和人民的精神境界看，核心价值观是精神支柱，是行动向导，对丰富人们的精神世界、建设民族精神家园，具有基础性、决定性作用。一个人、一个民族能不能把握好自己，很大程度上取决于核心价值观的引领。发展起来的当代中国，更加向往美好的精神生活，更加需要强大的价值支撑。要振奋起人们的精气神、增强全民族的精神纽带，必须积极培育和践行社会主义核心价值观，铸就自立于世界民族之林的中国精神。

在五千年的历史演进中，中华民族形成了以爱国主义为核心的团结统一、爱好和平、勤劳勇敢、自强不息的伟大民族精神。作为一个民族漫长历史的积淀与升华，这种精神已经深深地融入我们的民族意识、民族品格、民族气质之中，成为中华民族悠久历史文化的灵魂。五千年来，中华民族生生不息、奋发进取，抵御外来侵略，赢得民族解放；在新的历史时期，中国人民抓住机遇，改革开放，社会面貌发生了翻天覆地的变化，老百姓的生活水平显著提高。在这漫长的历史长河中，涌现出了千百万可歌可泣的英雄人物和感人事迹，凝聚了丰富的精神财富和智慧结晶。

3. 用社会主义核心价值观规范引领人民群众的精神文化生活

党的十八大报告指出，让人民享有健康丰富的精神文化生活，是全面建成小康社会的重要内容。中国特色社会主义不仅要发展物质文明，而且也要发展精神文明，一个没有精神文明的社会是不可想象的。一段时间以来，国内电视网络被一些低级庸俗的娱乐节目占据，各种真人秀、选秀大行其道，无数的假大空历史剧、宫廷剧不断翻新，给人们传递的不是真善美，不是正能量，严重影响了人民群众的精神文化生活品质。

用社会主义核心价值观规范和繁荣人民群众的精神文化生活，就是要贯彻为人民服务、为社会主义服务的方向和百花齐放、百家争鸣的方针，坚持以人民为中心的创作导向，引导文化工作者牢记为人民服务、为社会主义服务的神圣职责，认真对待和积极追求文化产品社会效益，热情讴歌改革开放和社会主义现代化建设伟大实践，生动展示我国人民奋发有为的精神风貌和创造历史的辉煌业绩，提高文化产品质量，弘扬真善美、反对假恶丑，坚持抵制庸俗现象，创作生产更多思想性艺术性观赏性相统一、人民喜闻乐见的优秀文艺作品。同时，文艺工作者要加强自律，成为培育和践行社会主义核心价值观的先锋和楷模；新媒体要树立清晰的是非观、善恶观、美丑观，坚持什么、反对什么，倡导什么、抵制什么，必须旗帜鲜明，帮助人们强化道德观念、明确是非界限，分清荣辱、辨别善恶，使大众媒体成为扶正祛邪，扬善惩恶的讲堂和阵地，鼓励人们从自己做起、从身边事情做起、从一点一滴做起，并渗透到社会生活的各个方面，推动文明道德新风尚的形成，形成风清气正的精神文化生活新局面。

（四）积极探索社会主义核心价值观"软引导"机制

1. 把握正确舆论"软引导"的艺术性

舆论引导是一门艺术，马克思和恩格斯就非常重视舆论宣传工作。这种宣传的艺术体现在他们很多的著作中，马克思在批驳普鲁士的书报检查令时写道："你们赞美大自然悦人心目的千变万化和无穷无尽的丰富宝藏，你们并不要求玫瑰花和紫罗兰散发出同样的芳香，但你们为什么却要求世界上最丰富的东西——精神只能有一种存在形式呢？"[1] 毛泽东说过，"我们党所进行的一切宣传工作，都应当是生动的，鲜明的，尖锐的，毫不吞吞吐吐"[2]。江泽民同志说："在坚持正确舆论导向的前提下，要讲究宣传艺术，提高引导水平，努力使自己的宣传报道更贴近生活、贴近读者，使广大读者喜闻乐见。"[3] 从方法上看，舆论引导的艺术性体现在是否能把握好引导的"时""度""效"这三大关系。"时"就是抢占舆论引导的先机。选择最能使受众关注的时候进行引导，既不能太早，早则欲速而不达；又不能太迟，一迟就容易成明日黄花。新媒体时代舆论参与主体广泛，舆情生成迅速，影响难以控制。抢占舆论引导先机，成为新媒体时代舆论引导制胜的关键。要把时机和方法紧密结合起来，只有在最恰当的时机，运用最恰当的方法，才能谋取最好的引导效果。"度"就是讲究舆论引导的分寸。舆论引导不仅要得力、得当，还要得法。要坚持用全面、联系、发展的观点分析问题，使舆论引导既有一个时期的侧重点，又保持基调的客观性、完整性和连续性。重大信息的发布，不仅要及时、准确，而且要全面深入地报道背景材料，使得舆论主体能全面了解事实真相，综合判断分析，避免偏听偏信；新闻事件的报道，要注意把握报道的规模、报道的数量和报道的频率，要研究校园网络舆论主体的心理、心态和情绪，

---

[1] 《马克思恩格斯全集》第1卷，人民出版社1960年版，第7页。
[2] 《毛泽东选集》第4卷，人民出版社1991年版，第1322页。
[3] 江泽民：《在视察人民日报社时的讲话》，《人民日报》1996年9月27日。

做到适度而不失度。"效"就是让舆论进入人心，形成意志。无论是抢占舆论引导的先机，还是讲究舆论引导的分寸，都要以实际效果为第一原则。不能"用钝刀子割肉"。我们应该让正确的、科学的舆论成为有效的舆论，而不是昙花一现或从根本上被社会遗弃的舆论。舆论引导主体要有强烈的社会责任感，要做和谐社会的坚决维护者和积极推动者，要为舆论场提供源源不断的正能量。在实际工作中，既要尊重舆论参与主体的参与权、知情权，及时回应他们的关切，又要善于因势利导，引导他们正确认识事物真相，以确保取得最佳舆论引导的效果。

2. 增强正确舆论"软引导"的联动性

一是增强舆论引导主体的联动。在舆论引导过程中，每个引导主体都是联动整体的一个环节，发挥着特定的作用和功能。因此，需要从整体协同角度出发，联动配合开展工作。首先，要认识到位，战略管理。新媒体时代舆论在一定程度上具有广泛的代表性，可以说是大众的心理反应，必须引起高度的重视。从管理机构到媒介再到意见领袖，要从上至下统一构建定位明确、特色鲜明、功能互补、覆盖广泛的舆论引导系统，进行战略管理，实现舆论引导的长期效益。其次，要直面问题，舆情共享，及时回应。各引导主体要勇于直面社会舆论中存在和反映的各种问题，要把分析舆论内容作为倾听民声、了解民意、集中民智的重要手段。要在自己职责范围内做好舆情的采集共享、动态监测和舆情的深度研判工作，要准确抓住潜伏在普遍性问题中那些带有倾向性、苗头性和突发性的问题，总结出具有预测性和趋势性的信息，并及时作出预警和应对准备。最后，要整合资源，多方协同。要加强高校舆论场的建设，提高"硬件"水平，增强舆论平台的吸引力和凝聚力；通过日常教育和实践活动，逐步提高大众的媒介素养以及舆论参与能力，同时要利用好传统媒介，做好新媒体时代舆论引导的辅助和补充工作。通过现实生活中问题的解决，化解矛盾、缓和冲突、梳理情绪，最终顺畅舆论引导工作。

二是整合舆论引导的内容。弘扬主旋律、传播正能量。习近平总书记指出："坚持团结稳定鼓劲、正面宣传为主，是宣传思想工作必须遵循的重要方针。"[①] 舆论引导主体，必须立场坚定地宣传党的理论路线方针政

[①] 人民网："学习贯彻习近平总书记8·19重要讲话精神"（http://theory.people.com.cn/GB/40557/368340/）。

策,大张旗鼓地宣传先进典型、善行义举,理直气壮地占领网上舆论制高点和道义制高点,弘扬主旋律、传播正能量,巩固和壮大主流思想舆论。要深入挖掘现实生活中那些积极健康、崇德向善、催人奋进的真实案例,创作大批富有文化内涵、形式新颖和极具创意的文化精品,合力营造浓郁的健康文化氛围。坚持正面舆论宣传为主,决不意味着要放弃舆论斗争。网络舆论斗争已成为当前意识形态领域的主战场。引导主体要以强烈的责任意识和阵地意识,本着"守土有责、守土负责、守土尽责"的基本理念,坚决打击网络上传谣造谣的违纪违法行为,帮助民众划清是非界限、澄清模糊认识。

三是优化舆论引导的方法。新媒体时代的大众信息获取渠道广,独立思维意识强,以前那种"一呼百应"的情况难以重现。因此舆论引导要以"疏""导"为主。在日常引导中要先疏后导,在突发事件中要既疏且导。贴近老百姓的生活实际,站在普通人的立场形成心理共鸣,从而化解思想矛盾、提升思想认识。同时,根据舆论阶段转换理论,舆论的形成一般会经过社会议论、舆论圈的扩散、突发事件的激发和舆论领袖的意见引导四个阶段,舆论的状态也会从潜舆论、显舆论到行为舆论的不断升级。因此,在舆论的不同形成阶段应该采用相应的方法。舆论产生的初始阶段要侧重于主动发布正确信息、精心设置讨论议程、与传统媒体紧密配合,相互印证,形成舆论宣传的共鸣、累积效果;在舆论扩散恶化阶段或突发舆论危机事件中,要侧重于信息公开与沟通,情绪疏导与排解,发挥舆论"把关人"的信息过滤作用和强化舆论领袖的正向引导效力。当然,舆论引导方法的使用是灵活多变的,根本的原则就是要根据舆情发展的态势能动地调适引导方法,提高引导效能。

二 提高舆论引导主体的思想道德素质

"引领"本身意味着将各种有差异的、多样的价值认同,包容、整合在社会主义核心价值体系领下的大众价值体系之中,使受众在认同所倡导价值观基础上跟随、尊崇。认同是一种心理过程,也是一种社会互动过程。舆论引导主体是舆论引导的实施者,既指相关管理部门,也指某些媒体或个人。舆论引导主体可以分为决策主体、执行主体和参与主体三个层次。决策主体即公共权力机构;执行主体即各种媒体的管理层,例如众多网站的管理者和论坛管理者；参与主体则主要是指网络中的意见领袖。舆论引导队伍的规范化建设包括主体的专业技术建设，社会责任意识培养以及伦理道德建设。只有当主体具有专精的专业技术，强烈的社会责任意识和良好的伦理道德，才能在社会群体事件的舆论引导中表现出较高的社会威信和公信力，也只有如此才能较好地承担和完成舆论引导任务。媒体从业人员要始终保持高度的政治意识、责任意识、大局意识，在事关政治原则、政治方向、国家利益、百姓福祉等重大问题上，必须头脑清醒、旗帜鲜明，同时更要深刻认识新媒体传播环境下的舆论格局，感受新兴媒体舆论对社会的重大影响，把握舆论传播的特点规律，努力促成社会舆论引导的完善生态。

（一）努力提高舆论引导主体的综合素养

1. 提升舆论引导决策主体的社会公信力

社会公信力是指国家机关或公共服务部门在处理社会公共关系事务中所具备的为社会公众所认同和信任的影响能力，也是公民在社会生活中对社会组织体系、社会政策实施以及其他社会性活动的普遍认同感、信任度和满意程度，其主要因素包括"政府施政的合法性因素，政策与行为的公正性与公益性程度，公民的心理因素和利益需求，以及社会文化和社会环境影响"①。在社会公共生活中，如果公共权力在面对公众交往和利益交换时能够表现出公正、效率、人道、民主、责任，就能够赢得公众的信任，从而获得足够的舆论引导执行力。良好的社会公信力能够使作为舆论引导决策主体的公共权力机构获得大众的支持，舆论引导将事半功倍；否则，公共权力机构的舆论引导不但不被认可，还有可能激起公众的逆反心理，导致舆论引导南辕北辙。古代哲人认为如果能够做到"为政以德"，可以获得"譬如北辰，居其所，而众星共之"的效果。良好的公信力能够打造和谐的社会生态，舆情则是对社会生态的间接反映。和谐的社会生态也有利于舆论生态的建设，它不但能够从根源上减少负面舆论的发生，也能够增强公共权力在舆论引导中的可信度和说服力。

舆论引导决策主体社会公信力建设可采用以下方法：首先，提高权力运作的透明度，树立"负责、高效"的政府形象，避免政府陷入"塔西佗"陷阱。在网络化时代，应当鼓励公民通过网络等新兴媒体及时了

---

① 人民网（http://dangshi.people.com.cn/GB/165617/166499/9981408.html）。

解政策的制定、决策和执行，消除公共机构运作的神秘性，这样才能减少对公共事务的无端猜想，从根源上斩断负面信息的来源。其次，舆论引导机构要加强与社会公众之间的沟通交流。利用新媒体的便捷方式，实现权力部门与社会公众之间最直接最广泛的互动交流，基层民众与政府高层之间的直接对话已经成为可能。省去了若干中间环节的沟通交流必然有利于化解误会和冲突，从而减少社会负面信息的产生。最后，政府要适应现代社会发展的需要，建立快速反应机制。对于社会中发生的可能会引起公众关心的社会事件，要在第一时间作出及时的通告说明，告知公众事情处理的进度，掌握舆论的主动权，占领舆论制高点，以便在舆论引导中获得优势。[①]

2. 培养舆论引导者的法律意识和道德意识

在以互联网为代表的新媒体时代，信息成了满足人们生活和精神需求的特殊商品，这种商品虽然没有实体，却具有影响一个国家政治、经济、文化的巨大能量，有时候还具有极高的商品价格，丝毫不可小觑。与纷繁复杂的社会信息打交道的舆论引导者在引领大众思想道德建设上扮演着重要角色，绝不能因为自己个人或者小团体的利益而出卖自己的职业道德。百度出售"血友吧"和为虚假医疗信息"竞价排名"正是某些新兴媒体罔顾社会道德，损害民众切身利益的错误做法。舆论引导者应始终把社会效益放在第一位，向社会提供丰富的精神文化产品。此外，从当今社会舆情发生、发展的规律来看，一些影响广泛深远的舆论往往是通过少数意见领袖流向一般的受众。新媒体时代意见领袖的社会地位特殊，关注他们的言论的民众数以万计，他们的言行在普通大众中具有很强的影响力，所以作为重要的舆论引导者的各种"意见领袖"，更需要不断提升自己的道德意识，通过自己的专业知识为公众解疑释惑，引导正确的舆论导向。

舆论引导者在遵守职业道德时，还必须树立强烈的法律意识。这种法律意识体现在具体的引导工作上就是"把好关"。首先是对自我的把关，遵守舆论行业的法律法规，加强自身的法律意识，做一个称职的把关人，在发表自己的评论观点时，要弄清事实真相和前因后果，在法律范围内坚持客观公正的评论。其次是对网民评论的把关，要对网络上发

[①] 马冰星、林建成：《试析网络舆论引导主体的培育》，《北京交通大学学报》（社会科学版）2012年第2期。

表的评论进行严格的过滤筛选，对正面的新闻评论加以保留、提倡，而对虚假的、不良的评论及时屏蔽、删除，对于违反一切法律法规的信息坚决予以清除。

3. 落实舆论引导主体的社会责任

在舆论引导工作中，舆论引导主体需要认真贯彻以下责任意识。首先是自律责任意识。舆论引导主体应该在遵守国家法律法规的前提下活动，并且主动将维护社会公众利益，促进社会稳定和谐作为自身的责任，做好自我监管工作，身正不怕影子斜。其次是宣传责任意识。要把宣传党的路线、方针、政策、创新理论，宣传社会主义核心价值体系作为自身坚定的历史使命。应该充分发挥党、政府与网民之间的桥梁和纽带作用，认真执行上情下达、下情上报的沟通职责，推进社会运转的透明化。再次是监管责任意识。要依据"有利于保持党和国家活力、调动广大人民群众和社会各方面的积极性、主动性、创造性，有利于解放和发展社会生产力、推动经济社会全面发展，有利于维护和促进社会公平正义、实现全体人民共同富裕，有利于集中力量办大事、有效应对前进道路上的各种风险挑战，有利于维护民族团结、社会稳定、国家统一"[①]的原则，加强对舆论趋向的监管。最后是倡导责任意识。舆论引导主体应该积极倡导社会主义核心价值体系，主动推进社会建设的公平正义，营造健康向上的良好社会风气。

4. 提升舆论引导主体的自身素质

舆论引导效果的好坏和成败与否关键在人。对于舆论引导主体来讲，舆论引导的专业精髓，例如追求真相、客观、公正等传统的精神是不可或缺的，这就要求全媒体时代的舆论引导者要树立坚定的政治立场，具备扎实的政治理论素养、较强的政治鉴别力和政治敏锐性，同时应该关注五大新视角，即比信息更重要的是信息的解读，比事实更重要的是事实的真相，比专业技术更重要的是新闻素养，比新闻传播学更重要的是其他学科的知识，比上述一切更重要的是社会责任。作为舆论引导的真正主体，舆论引导行动中的人必须具有高度的政治敏锐性和强烈的社会责任感，具有熟练的业务和技术技能，还要具有较强的社会沟通和组织协调能力。党的意识形态主管部门和媒体需要在舆论引导的实践中有意识地挖掘这样的人才，有计划地培养这样的人才，经过一定阶段后才能形成一支善于从事舆

[①] 胡锦涛：《在庆祝中国共产党成立90周年大会上的讲话》，《求是》2011年第13期。

论引导的队伍。这支队伍的核心是少数业务骨干，但并不能把舆论引导的人才简单地理解成少数业务骨干，由于舆论引导也体现在大量的日常的新闻报道工作之中，因而队伍建设和人才培养应看成整个新闻队伍建设和人才培养的有机组织部分。

（二）积极构建舆论"软引导"的合力

正确舆论的"软引导"，需要从三个方面下功夫，即用正确的理论说服人，用真挚的感情团结人，用具体的实践感染人。

1. 用正确的理论说服人

说服是一种本领，说服者没有深厚的理论素养很难做到这一点。这就要求舆论引导主体自身必须不断地学习和领会马克思主义中国化的最新成果，紧跟时代步伐，用正确的理论去说服大众。毛泽东指出："企图用行政命令的方法，用强制的方法解决思想问题，是非问题，不但没有效力，而且是有害的。我们不能用行政命令去消灭宗教，不能强制人们不信教。不能强制人们放弃唯心主义，也不能强制人们相信马克思主义。凡属于思想性质的问题，凡属于人民内部争论的问题，只能用民主的方法去解决，只能用讨论的方法、批评的方法、说服教育的方法去解决，而不能用强制的、压服的方法去解决。"[①] 因此，要实现社会主义核心价值观引领新媒体时代舆论导向功能这一目的，必须深化引导方法改革，采取更加科学、更加有效的方式，用柔性的方式熏陶、感化民众，使他们能自觉接受社会主义核心价值观并进而用之说服人，主动在网上与颓废有害的文化垃圾进行积极的思想斗争，在网络意识形态领域弘扬社会主义核心价值体系，毫不留情地批评反社会主义核心价值的言行，从而更好地增强社会主义核心价值体系引导舆论的说服力。[②]

2. 用真挚的感情团结人

舆论的形成离不开人的传播，团结一切可以团结的人积沙成塔，才能为正确舆论导向打下坚实的基础。引领舆论的方式和方法要贴近生活，贴近实际，贴近民众，容易为民众接受，进而形成引领的亲和力。对社会主

[①] 《毛泽东文集》第7卷，人民出版社1999年版，第209页。
[②] 李伟东：《坚持用社会主义核心价值体系引领高校校园网络舆论的思考》，《广东工业大学学报》（社会科学版）2012年第7期。

义核心价值体系的认可、接受、尊崇、追随，需要大众在社会实践体验的基础上进行。社会主义核心价值观的树立是一个认识、实践、再认识的过程，舆论引导主体要尽可能多的开展广泛的、形式多样的社会教育、实践活动，加强活动的管理和指导，让大众亲身感受到国家发展取得的成就，感悟选择社会主义核心价值观的必然性，让学生在实践的基础上认识到社会主义核心价值体系不是凭空杜撰出来的，它是我们党对中国社会历史发展的科学总结，反映了全国各族人民的核心利益，从而实现对它的事实认同和情感认同，最终增强在网上网下践行社会主义核心价值观的责任感和使命感。要实现社会主义核心价值体系引领校园网络舆论，还应该将社会主义核心价值体系有机地融入校园文化建设的各个方面，让学生在日常校园生活中以春风化雨、润物无声的方式去感知它、领悟它。这样，才能进一步增强社会主义核心价值体系引领校园网络舆论导向功能的亲和力。

3. 用具体的实践感染人

马克思说："人的思维是否具有客观的［gegenständliche］真理性，这不是一个理论的问题，而是一个实践的问题。人应该在实践中证明自己思维的真理性，即自己思维的现实性和力量，自己思维的此岸性。"[1] 舆论引导主体，必须立场坚定地宣传党的理论路线方针政策，大张旗鼓地宣传先进典型、善行义举，理直气壮地占领网上舆论制高点和道义制高点，弘扬主旋律、传播正能量，巩固和壮大网络上的主流思想舆论。要创造性地发展网络文化，深入挖掘现实生活中那些积极健康、崇德向善、催人奋进的真实案例，创作大批富有文化内涵、形式新颖和极具创意的网络文化精品，合力在网络上营造浓郁的健康文化氛围。

以上三方面的合力要素中，说服是基础，团结和感染是关键，它们相互影响、相互作用，共同构成促进社会主义核心价值体系引领新媒体时代社会舆论的合力。

三　发挥广大民众参与舆论引导的作用

在以互联网、微博、微信等为信息传播媒介的新媒体时代，广大民众介入媒介的欲求日益突出，而无意之中成为信息传播媒介的现象也变得普

---

[1]《马克思恩格斯文集》第1卷，人民出版社2009年版，第503—504页。

遍。另外，公众话语权的缺失导致民众的心理逆反，使得社会舆论的控制难度加大，舆论引导难以达到预期的目的。近些年来，尤其是随着互联网等新的传播媒介的出现，民众介入、反馈、选择、接近和使用媒介的能力明显强化了，在更大范围内参与传播和进行交流的可能性大为增强。这标志着我国的舆论引导已经进入舆论受众本位时代。广大民众作为独立个体的地位日益突出，参与媒体活动的程度日益加深，从一定意义上说，舆论话语权从精英的手中转移到了民众手中。网络上开始出现对一些影视作品的恶搞，对一些国家政策的调侃，对官方宣传的抵抗，这恰恰说明了新媒体时代的一个突出现象，即人们对主流传播文化的怀疑和厌恶，对强加于己的东西之无奈，对主流文化中的虚假、恶俗感到痛恨。由于公众话语权缺乏，他们只能用解构的方式去"糟蹋"建构成的东西。

传播社会学中有一种理论叫"社会参与论"，也叫"受众介入论"，一是认为大众传播媒介应该是公众的讲坛，而不是少数人的传声筒。二是认为时代在进步，受众是变化的，许多人已不满足消极地当一名接受者，积极参与报刊的编写、广播电视节目的制作与演播等自我表现愿望正在增长。让民众参与舆论传播，正是为了让他们接受舆论导向，这是因为人们接受他们亲身积极参与形成的观点，要比接受他们被动地从别人那里听到的观点容易得多，且不易改变。如果一个国家的民众能够较为容易地参与到舆论传播当中，也是受众表达权和言论自由的具体表现。联合国国际传播问题研究委员会的报告指出："不要把读者、听众和观众在信息传播中当作信息情报的被动接受者，大众传媒的负责人应该鼓励他们的读者、听众和观众在信息传播中发挥更加积极的作用，办法是拨出更多的篇幅和更多的广播时间，使公众或组织的社会集团的个别成员发表意见和看法。"[①]

让公众参与舆论引导，是为了通过公众亲身参与，使他们形成自己的感受和观点并坚守下去，这要比让他们被动地从别人那里听取观点更为有效。传播学理论认为，舆论传播的过程与结果是同样重要的，如果让公众觉得他们对产生某一思想或舆论的过程有过影响，尽管最后所选未必是其初始意向，他们也会欣然接受。中国正在进入公众时代，公众的自我意识在增强，个人利益越来越受到重视和尊重，维护个体独立、尊重个体自由

[①] 张福平：《公众参与：新时期舆论引导的正确选择》，《郑州大学学报》（哲学社会科学版）2008年第5期。

正在成为人们的普遍需求，公众参与舆论引导已成为个性表达的需求和尊重个体的需要。从人类社会文化的发展史来看，人类的道德准则之所以可以延续千年，原因之一就是人类拥有利用语言或文字评判和传播道德的能力。一个人做了好事，就会得到他人的口头赞扬和传播，这种赞扬会逐渐形成为一种良俗、一种先进的价值观，当它成为法律和制度后，反过来又用强制的办法让人们遵守良俗，于是人类的整体道德就会不断提升。

（一）公众参与是新时期舆论引导的发展趋势

1. 与以共同体自治为特征的国家治理方式相适应

随着信息技术的迅速发展，社会信息化趋势的日益显著，传媒通过各种信息对人们的社会生活进行了全方位的覆盖，对民众的心理影响也越来越广泛和深远。人们的生活内容和形式甚至思维方式，都随着新媒体的快速发展而发生了巨大的变化，舆论已在不知不觉中上升为意识形态。鉴于舆论与意识形态之间存在着"连体异构"的辩证关系，是上层建筑的重要组成部分，舆论导向与政治发展密切相关，所以大众传媒的舆论引导方式与良好的治理方式相适应是社会发展的需要，也是必然。

从古至今很多成功的社会文明，都含有强大的社会共同体的基因，使广大民众能够方便地参与到社会发展过程中。在这样的国家里，民众不仅有充分的权利处理自己的事务，而且他们还可以为国家的发展、道路的选择提供自己的意见。有国外学者曾经提出，建立在共同利益而非纯粹血缘关系之上的自我治理的组织是西方通往现代经济的成功之路。这种组织瓦解或弱化了家族、部落甚至国家权力在塑造社会中的作用，使得有共同信仰和利益的个人能够自我组织起来，有效地解决本社区内的问题，应付他们共同面临的挑战。这种组织，就是基层社会的共同体。当这种共同体过早地被国家权力所整合，丧失了自己的自治权后，社会的基本动力就消解了。而当这种共同体能够在现代国家的结构中保存自己的自立性和创造性时，就能促进社会的繁荣和国家的兴盛。党的十七大报告在论述发展基层民主、保障人民享有更多更切实的民主权利时提出，要健全基层党组织领导的充满活力的基层群众自治机制，扩大基层群众自治范围，完善民主管理制度，把城乡社区建设成为管理有序、服务完善、文明祥和的社会生活共同体。同时提出，要深化乡镇机构改革，加强基层政权建设，完善政务公开、村务公开等制度，实现政府行政管理与基层群众自治有效衔接和良性互动。社区在组织结构上的根本特征是建构形成社区成员之间横向联系的、网络互动的共同体关系，并形成以社会资本为基础的社会支持系统。一个成熟的社区必然拥有丰厚的社会资本，它能形成社会网络，有效抑制社会生活中的失范、失序和失控现象。而且，它能够凝聚不同社会阶层的力量，从理念、言论、行为等各方面共同支持社会的正常运转。因为人在社区中的社会化关系是社区人力资源和社会资本的最重要基础，积极组织化的个体参与和互动构成了社会支持系统的微观结构，所以，"共建共享"和谐社会与和谐社区的根本基础、实现路径必然体现在广大社区成员的主体性参与之中。[①] 同样，作为公共空间的大众传媒要进行有效的舆论引导，与社区建设一样也离不开公众的参与。若抛开公众意见而单方面引导，就会抑制广大民众的创造力，使我们的民族缺乏批判精神，消解社会发展的基本动力，影响社会的正常运转与繁荣发展。正如"贤能政府"不能代替基层社会共同体的自治，舆论引导也不能仅仅是类似"改造国民性"的精英主导下的"教育与救赎"，舆论诉求方向的正义性来自民众的思考，媒体一味"观念先行"替民众决策是不可取的。[②]

2. 与发挥公众在文化建设中的主体作用的中央精神相一致

党的十七大报告强调文化建设要以民为本、植根于民，充分发挥民众在文化建设中的主体作用，让人民共享文化发展成果，使人民的基本文化权益得到保障，肯定人民群众在文化建设和文化消费中的主体地位和作用。这就意味着文化创造不再是文化意识形态部门及少数社会精英们的意愿和事情，而是全体人民的共同事务。卢梭在其《社会契约论》中曾指出，舆论的实质乃是"公意"，其诉求方向具有最大的公正性和正义性。而有理性价值的、能够真正反映和协调全社会利益的舆论有赖于社会意见的充分交流、争论和磋商。处于转型期的中国社会要达到"和"的目标，就必须协调各种利益，综合不同意见，化解复杂矛盾，而这些都必须以尊重各种利益存在的合理性为前提。对于媒体报道来说，体现各种合理的价值判断，尊重各利益主体的价值选择，使各个群体都有发言的机会，是首先需要树立的理念。所以我们的舆论引导不应是以意见领袖自居、预设特

[①] 徐中振：《成熟社区拥有丰厚的社会资本》，《社会科学报》2008年1月31日第2版。

[②] 张福平：《公众参与：新时期舆论引导的正确选择》，《郑州大学学报》（哲学社会科学版）2008年第5期。

殊视角的自上而下的指引，而应让公众参与传播活动，通过客观平衡的报道和自下而上与自上而下相统一的双向交流来达到影响社会舆论的目的，以体现出公众在文化建设和文化消费中的主体地位和作用。

此外，人民群众是社会发展的源泉，离开了群众的创造性劳动，忽视对群众实践经验的虚心学习和科学总结，任何切实的改革方案都不可能产生，任何美好的设计也难以实现。同样，舆论引导也应从人民群众中汲取营养。舆论引导从层次上讲，包括政治引导、理论引导、人生观世界观价值观的引导、风尚习俗的引导以及知识行为的引导五个层次。实践证明，大众传媒的舆论引导在稳定社会情绪、引领社会价值取向、推动社会重大实践等方面具有重要意义。尤其是大众传媒对社会的文化形态起着重要的建构作用，它通过引导舆论而使相应的社会文化形态内化为代代相承的社会性格。既然文化的本质是"人化"和"化人"，那么它就始终与人的现实生活结为一体，就存在和发展于人的具体生活之中。在重构社会文化的今天，我们的媒体更需要把眼光转向民间，向基层民众学习，从中挖掘、生发舆论引导的精神资源，激活文化内生的先进因子。

3. 与新媒体带动下的交互式传播潮流相契合

新媒体的交互式传播对传统传播方式产生了革命性的影响。用户既是舆论内容的消费者也是舆论的制造者。当今互联网有两个核心理念：一是"自媒体"。"自媒体"不同于传统互联网从网站到民众的信息传播模式，而是按照从民众到民众这种对话式的模式，传播的范围和速度呈几何级的增长。使网民从客体变为主体、从被动的受众变成主动的受众、从内容的消费者变为内容的创造者。二是"去中心化"。以往的舆论形成过程中，往往一开始存在一个明显的信息中心，舆情从这个中心开始呈波纹状向外扩散，现在这种中心的意义被大大弱化甚至完全消解了。表现之一是个体开始主导信息的获取渠道和方式，并规定信息的来源路径，传播系统内个体的主体地位被前所未有地提升。表现之二是媒介对信息控制的弱化。传统媒介可以通过对信息源的掌控，对传播内容进行取舍和编辑，而在新媒体时代，民众可以获得更加全面而丰富的信息。基于此，有学者提出了"公民新闻"概念。公民新闻是指来自普通民众的非专业新闻报道。他们或是现场的目击证人通过现代科技，把自己所见、所闻、所感直接传送给大众媒体；或者自己创办小众媒介，实现在一定范围内的新闻生产与传播。例如我们常说的博客，可以说是公民新闻的主要形式之一。

有学者认为，公民新闻的出现是对主流媒介新闻生产权力的解构，其强烈的去中心化思想和民本特征，将对传统新闻学范式和具体新闻工作流程产生一定程度上的重塑。对传统新闻理论来说，高度个人化的公民新闻提出了一些新的课题：例如原来在传统媒体看来"不是新闻"的信息，现在可能成为新闻。在传统的新闻业务工作方面，公民新闻也显示出导致变化的潜能。首先，公民新闻成为新的信息来源，尤其是在国际报道方面。其次，博客有着改变整个新闻采编流程的潜力。传统媒体从业者往往认为新闻发表以后工作就结束了，但博客信息的发布意味着新闻才刚刚开始。在如今的互联网上，相当多的博客实际上充当着信息"过滤器"的角色。他们按照自己的需要遴选、翻译、编辑各类已发布的传统媒体资讯，而后发布在自己的主页上供他人阅读。这类博客往往有很大的访问量，从而延长了信息的生命链，改变了传统新闻传播的短暂性。这也说明，传统媒体对信息的编制方式与人们的真正需求还存在差距。随着网络传播的发展，传统的传播学研究的思维方式和方法出现了变化：从线性研究方法转变为以交互式研究方法为主，从硬性控制转变为自由开放的控制，从传受分离的研究模式转变为收受合一的研究模式，从单一媒体研究为主转变为综合媒体研究为主。可见，变革传统的舆论引导方式，强化民本思想，让公众参与，按照公众的需要组织发布各类资讯，有利于更好地进行舆论引导。

总之，舆论引导概念源自文化精英主导的话语方式，要变革舆论引导方式首先应还话语权予社会公众。我们的媒体只要将社会公众视为舆论主体，以"宽厚、宽容、宽松"的舆论环境自觉面对社会涌流的思想自由，秩序自会在由"合理冲撞"而达成共识中建立。当然，统合新意识形态的问题相对复杂些，如何在尊重多元价值判断的基础上维护核心价值观的主导地位，从而科学合理地控制话语权是一门非常高深的学问，仍需要进一步深入的研究。

（二）公众参与舆论引导的有效途径

1. 鼓励发展社会化舆论平台

马克思说过人是一切社会关系的总和，人不能离开社会关系而存在。但中国人生活中的"关系"却有着不同的含义。相较于西方社会人与人之间的线型关系，中国人的关系是网状的，错综复杂。现在最流行的微信

"朋友圈"，就是现实中存在朋友关系的人或兴趣相投的人在互联网上聚集成群，打破地理空间的界限，共同讨论社会话题而形成的一种舆论空间。社会化舆论平台是建立在"关系"基础上的分众化媒介。与传统的舆论场相比，这些圈群所形成的舆论更容易深入人心，对人们的认知、态度乃至行为产生深刻的影响。中国的微信用户超过5亿，人们每天都在熟人圈和同行讨论群中分享对社会热点话题的看法，这已经成为中国舆论的常态。这意味着以往大众新闻媒体和网络舆情对市场的垄断状态被打破，商业自媒体和政府自媒体将呈现强势，熟人圈的舆论能量将压倒性地盖过新闻媒体和微博的能量。

舆论导向要求我们做大做强社会化舆论平台，要拥有一大批真正爱党爱国的民间意见领袖，每一位意见领袖都像种子一样，他们的思想和言论会通过各个朋友圈、QQ群等社会化媒体实现快速的裂变，持续地发出正能量，重新把人民群众动员起来、组织起来，让人民在社会改革和经济改革的进程中当家作主，重振人民群众对党的信任和信心。古人说："知屋漏者在宇下，知政失者在草野。"形成良好网上舆论氛围，习近平同志多次强调，要把权力关进制度的笼子里，一个重要手段就是发挥舆论监督包括互联网监督作用。① 通过做强做大社会化舆论平台，政府可以重建与民众的线下联系和线上链接。党的宣传工作直接面向大众服务，同时也面向不同社区的新媒体服务。新媒体的大发展让新闻宣传的形式、新闻宣传产品、新闻宣传的生产过程、新闻宣传的渠道多彩多姿。党的舆论引导者可借助社会化舆论平台，把群众的宣传工作开展到移动终端的自媒体圈内。通过走群众路线，让广大群众更容易理解和接受党的方针路线。与此同时，广大人民群众的社会变革声音也能通过一个个"朋友圈"，迅速传达到国家决策者，让人民群众的声音在改革话语中占有一席之地，扭转中国目前的话语权资源在社会各个阶层的力量分配严重失衡的局面，从而消除潜在的政治和社会不稳定因素。②

2. 对公众进行媒介素养教育与道德建设

媒体时代的广大民众有着两重身份：一个是舆论引导的对象；一个是

---

① 习近平在网络安全和信息化工作座谈会上的讲话（http://news.xinhuanet.com/zgjx/2016-04/26/c_135312437_2.htm）。

② 李希光、郭晓科：《互联网时代的群众路线复兴——扁平化舆论引导机制初探》，《学术前沿》2015年第4期（上）。

舆论引导的主体。对这样的广大公众进行道德法制教育和媒介素养教育，使他们形成自觉自律的氛围，提升其对信息的分析判断力和自我控制能力，是构建我国舆论引导机制的重要环节。伦理道德规范是除法律外约束公众言行的重要社会规范与行为准则，主要依靠公众的自我约束与管理来实现，是法律法规的重要补充。在舆论引导机制的改革中，对公众的道德约束与法制管理不可偏废，二者缺一不可，只有这样才能保证舆论引导的正确方向，才能保证舆论引导收到良好的社会效果。因此，除了制定符合国情的法律法规以外，还要积极推广、普及道德伦理规范，对公众进行道德教育和引导，使其在舆论引导和机制改革过程中充分发挥主体意识和作用，与政府和媒体互助合作，促进社会发展。从某种意义上说，在社会化媒体环境中对舆论进行引导和管理，实质上就是对用户言行的引导和管理，提升公众自身的责任意识和网络道德意识，把最终的落脚点放到用户的自我引导和管理上来，才能实现对社会化媒体舆论的有效引导和管理。除运用法治手段外，让用户为自己的言论和行为负责，道德的力量依然不可或缺，要持之以恒地对公众进行道德、法制等教育，提高其思想道德素质和政治素养，自动自觉地遵纪守法，将负面观点和消息隔离出去。对用户道德伦理的不断培养和建设，要靠全社会的共同努力，让用户从思想到语言和行为都符合社会主义核心价值观，净化舆论引导环境，实现公众自我教育、自我引导，使舆论引导工作达到事半功倍的效果。

3. 构建公众参与的多元表达机制

舆论引导，意味着某个主体试图影响和改变其他主体的思想和观念。因此，舆论引导有着明确的指向和特定的对象，并不存在没有对象的舆论引导。传统的舆论引导在互动和有效交流方面，存在短板，其效果大打折扣。

社会化媒体时代，舆论生成及传播模式发生了新的变化，公众有了自由表达的工具和更多的表达渠道，但是有时公众的声音却相互淹没在虚拟网络的海洋中，其原因在于一些公众的声音缺乏通向现实社会的有效途径。因此，对传播对象的引导，重点在于构建公众参与的多元表达机制，实现虚拟社会的表达与现实的连接。这需要做到：一是健全和规范表达渠道。社会化媒体时代，人人是传播者，但一些匿名的表达却不能通向现实。而健全和规范表达渠道，主要是指将公众参与公共议题和讨论的渠道连接起来，如加强政府、企业、社会团体与公众的新媒体渠道的建设。政府部门可以通过微博、微信等社会化媒体的有效运用,吸引公众参与公共事项的完善,从而健全网络虚拟空间与现实社会的沟通渠道。二是畅通表达渠道。当前,某些公共部门已健全了社会民意的收集和反映渠道,但有些渠道并不畅通,如何更好地畅通社会化媒体舆情通道,是提升公众参与表达热情的重要保障。三是鼓励依法表达。当前的公众参与社会事务的热情较高,但是在虚拟或匿名状态下有些人的表达往往容易出现越界与出界现象,出现非理性与不理智的冲动表达,甚至出现网络攻击行为。因此,只有鼓励和引导依法表达,才能形成健康的舆论表达环境。[1]

4. 培育人格独立的理性公民

网络时代的交往具有极大的隐匿性,不可能完全依赖正面的舆论批评改善舆论环境。维系网络道德的保障,最主要的还是通过网络舆论参与主体的道德自律。网络社会的发展要求每个网民能够为自己的言行负责,尤其是现代的网络世界信息来源极其繁杂多样,随时都会有新的信息涌现。在这种瞬息万变的网络舆论格局中,公共机构很难及时对各种信息作出及时的判断与反馈,这就要求每个个体都能够作出自己独立的理性判断。如此,即使在各种舆论鱼龙混杂的时候,网络舆论参与主体也能够凭借自己的理性判断作出正确的选择,不至于随波逐流受到错误舆论的影响。由于需要随时对可能出现的新的复杂情况作出抉择,网络舆论参与主体自身的健全人格和独立理性的重要性就更加凸显,它应成为网络舆论引导的最终目标。健全人格与独立理性的培养需要创造良好的社会文化氛围,应保障每个主体"在一切事情上都公开运用自己的理性自由",促进道德自觉性的提升。只有当每个网络舆论参与主体在每一种网络舆论中都能够有意识地去运用自己的理性判断,才有可能使其心灵不断趋于成熟,才有可能自觉地按照网络道德的基本要求在虚拟空间中活动。"要有勇气运用你的理性",从启蒙运动开始就成为人类成长的基本途径。进行网络舆论参与主体的思想道德教育时也必须使之在一切网络舆论中逐渐学会运用理性进行独立的判断,才有可能形成健全的人格意识和理性的主体意识,才有可能实现网络舆论参与主体道德水平的真正提升。[2]

---

[1] 彭剑:《社会化媒体舆论引导的基本策略》,《理论前沿》2014年第10期。
[2] 马冰星、林建成:《试析网络舆论引导主体的培育》,《北京交通大学学报》(社会科学版) 2012年第2期。

5. 构建"监督式民主"新机制，引导公民有序政治参与和舆论监督

新媒体时代催生了"监督式民主"的新形式。新媒体使公民实现了自我赋权，可以通过开放的媒介发声，进行政治参与和有效的公民监督。从监督体系的构建与有效性看，监督式民主作为体制外的监督，是体制内监督不可或缺的重要补充，而且在新媒体时代，具有不可替代的效果。

监督式民主同协商式民主一样都是对当代民主制度的完善。协商式民主重点解决的是公民参与决策与政府共同进行社会管理的问题，而监督式民主则重点放在对政府及其官员决策执行、日常行政和司法行为的监督，从决策到实施构成了民主监督的完整链条。它是体制内监督的必要补充，体现的是全民、全时、全面的监督，也是执政党和政府执政合法性的重要体现。协商式民主体现了执政党内部决策多元化的利益主体参与的开放性，而监督式民主则体现了执政党决策执行和对执政党、政府及其官员外部监督的开放性，使执政党和政府不仅有了对基层党组织和政府执行决策和施政行为进行监督的开放性渠道，而且也将成为体制内监督的十分必要的补充。内部决策的多元化与外部监督的多元化，将构成中国民主政治有效运行的机制，它也是一党执政条件下实现公民有序参与的优质民主和拓展广泛的执政基础的重要途径。

要建立完善的信息发布机制，建设透明开放的政府。问责、透明和廉政是民主体制和民主进程的本质因素。政府信息公开透明是实行监督式民主的前提。公民有权获得与自己的利益相关的政府政策信息，除了必须保密以及个人隐私的部分外，都有义务向社会公众开放，接受公众的监督和评价，对人民负责。政府要建立和完善新媒体信息发布制度，让政府的所有施政行为置于公众的评议、监督之下，这是政府执政合法性和政府政策得以有效执行的重要基础。各级政府部门和司法、执法部门要利用新媒体及时发布信息，保持与公众经常性互动，畅通沟通渠道，负责任地回应公众的咨询、质询和问题。同时，政府部门要善于利用新媒体设置议程，引导公众参与重大公共问题的讨论、公共政策的咨询论证，引导公众参与社会治理，通过信息公开和公众参与，引导公众在涉及公共利益的问题上更好地达成共识。要建立公民有序政治参与和监督的保障机制，积极探索公众参与国家治理的新方式，畅通公众政治参与和民主监督的新渠道。自2012年以来，中国在政务信息和司法公开方面迈出了积极的步伐，《政府信息公开条例》的实施逐步落到实处，最高人民法院实行网上法庭现场直

播,中纪委实行网上举报腐败案件,国家信访办实行网上受理案件,等等。还有一些地方政府实行网上问政、网上行政、网上评政等都是很好的参与和监督方式。要加强公众参与和监督事项的反馈机制,防止因反馈机制的迟滞回应或有意回避,刺激公众采取无序化舆论宣泄,引发群体性的舆论事件。

参考文献

经典著作与重要文献

1. 《马克思恩格斯全集》第 7 卷，人民出版社 1959 年版。
2. 《马克思恩格斯全集》第 22 卷，人民出版社 1965 年版。
3. 《马克思恩格斯选集》第 1 卷，人民出版社 1995 年版。
4. 《马克思恩格斯选集》第 3 卷，人民出版社 1972 年版。
5. 《马克思恩格斯文集》第 1 卷，人民出版社 2009 年版。
6. 《列宁全集》第 21 卷，人民出版社 1985 年版。
7. 《列宁全集》第 39 卷，人民出版社 1986 年版。
8. 《列宁选集》第 1 卷，人民出版社 1995 年版。
9. 《毛泽东选集》第 4 卷，人民出版社 1991 年版。
10. 《毛泽东文集》第 7 卷，人民出版社 1999 年版。
11. 《邓小平文选》第 2 卷，人民出版社 1994 年版。
12. 《江泽民文选》第 1 卷，人民出版社 2006 年版。
13. 中共中央文献研究室编：《十六大以来重要文献选编》上，人民出版社 2005 年版。
14. 中国社会科学院新闻研究所编：《马克思恩格斯论新闻》，新华出版社 1985 年版。
15. 中共中央文献研究室、新华通讯社编：《毛泽东新闻工作文选》，新华出版社 1983 年版。
16. 中共中央宣传部新闻局编：《中国共产党新闻工作文献选编》，人民出版社 1990 年版。
17. 中央宣传部干部局编：《新时期宣传思想工作》，学习出版社 2001 年版。

学术著作

1. 陈力丹：《马克思主义新闻观体系》，中国人民大学出版社 2006 年版。
2. 陈力丹：《舆论学——舆论导向研究》，中国广播电视出版社 1999 年版。
3. 刘建明：《社会舆论原理》，华夏出版社 2002 年版。
4. 程世寿：《公共舆论学》，华中科技大学出版社 2003 年版。
5. 孟小平：《揭示公共关系的奥秘——舆论学》，中国新闻出版社 1989 年版。
6. 刘伯高：《政府公共舆论管理》，中国传媒大学出版社 2008 年版。
7. 朱金平：《舆论战》，中国言实出版社 2005 年版。
8. 叶皓：《突发事件的舆论引导》，江苏人民出版社 2009 年版。
9. 张昆：《大众传播媒介的政治社会化功能》，武汉大学出版社 2003 年版。
10. 任贤良：《舆论引导艺术：领导干部如何面对媒体》，新华出版社 2010 年版。
11. 林秉贤：《社会心理学》，群众出版社 1985 年版。
12. 陈一收：《舆论引导能力建设研究》，社会科学文献出版社 2014 年版。
13. 刘春波：《舆论引导论》，社会科学文献出版社 2015 年版。
14. 吕美琛、刘建昌：《群体性事件社会舆论引导机制建设研究》，中国人民公安大学出版社 2014 年版。
15. 金君俐：《社会转型背景下的报纸舆论引导研究》，浙江大学出版社 2013 年版。
16. 邵培仁：《传播学》，高等教育出版社 2000 年版。
17. 刘赋：《中国共产党舆论监督工作研究》，中国社会科学出版社 2012 年版。
18. 许新芝、罗明、李清霞：《舆论监督研究》，知识产权出版社 2009 年版。
19. 李景鹏：《权力政治学》，黑龙江教育出版社 1995 年版。
20. 人民网舆情监测室：《网络舆情热点面对面》，新华出版社 2012 年版。
21. 吴小军：《舆论应对危机传播》，中国传媒大学出版社 2015 年版。
22. 连玉明、武建忠：《中国舆情报告》，中国时代经济出版社 2011 年版。
23. 连玉明、武建忠：《中国舆情报告 2013—2014》，当代中国出版社 2014

年版。
24. 吴满意：《网络人际互动》，人民出版社2015年版。
25. 张开：《媒介素养概论》，中国传媒大学出版社2006年版。
26. ［美］沃尔特·李普曼：《公众舆论》，阎克文、江红译，上海人民出版社2002年版。
27. ［美］赫伯特·阿特休尔：《权力的媒介》，黄煜等译，华夏出版社1989年版。
28. ［美］桑德拉·黑贝尔斯、里查德·威沃尔：《有效沟通》，李业昆译，华夏出版社2001年版。
29. ［美］奥尔波特等：《谣言心理学》，刘水平等译，辽宁教育出版社2003年版。
30. ［美］塞缪尔·亨廷顿：《变化社会中的政治秩序》，王冠华等译，生活·读书·新知三联书店1989年版。
31. ［英］洛克：《人类理解论》上册，关文运译，商务印书馆1983年版。

学术论文

1. 鲁炜：《把网上舆论工作作为宣传思想工作的重点》，《人民日报》2013年9月18日第16版。
2. 尹韵公：《舆论导向至关重要》，《新闻战线》2006年第10期。
3. 高长力、胡智锋：《需求与引领：传媒生态与监管服务之变——2014年〈现代传播〉年度对话》，《现代传播（中国传媒大学学报）》2014年第1期。
4. 雷跃捷、唐远清：《论如何建立健全舆论引导工作格局和工作机制》，《现代传播》2007年第2期。
5. 丁柏铨：《新形势下提高舆论引导能力研究论纲》，《当代传播》2009年第3期。
6. 徐雁龙：《莫让"媒体素养"成为领导者素养结构的短板》，《中国社会报》2007年6月6日第6版。
7. 杜涛：《政府新闻发布要实现常态化》，《新闻与写作》2010年第3期。
8. 赵强：《中国国家舆论安全研究》，《政治学研究》2009年第10期。
9. 熊光清：《中国网络社团的兴起：国家与社会关系的视角》，《南京社会科学》2009年第5期。

10. 黎勇：《"真实"掌握在记者手中？——市场化媒体内部考评机制与新闻失真》，《青年记者》2005 年第 1 期。
11. 黄进：《媒介业外资本导入研究——基于实证的分析》，《武汉冶金管理干部学院学报》2006 年第 4 期。
12. 曾庆香：《对"舆论"定义的商榷》，《新闻与传播研究》2007 年第 4 期。
13. 田向利：《始终坚持正确政治方向》，《人民日报》2016 年 5 月 20 日第 7 版。
14. 张春波、赵远：《"两个舆论场"下的舆论生态》，《青年记者》2015 年第 23 期。
15. 梁芹：《论多媒介背景下如何进行网络舆论引导》，《新闻研究导刊》2015 年第 22 期。
16. 王荟、伏竹君：《网络舆论生态视域下的网络舆论引导问题探析》，《甘肃社会科学》2015 年第 6 期。
17. 彭剑：《社会化媒体舆论引导的基本策略》，《新闻与写作》2014 年第 10 期。
18. 夏德元：《媒体融合时代影响舆论引导效果的主因及对策》，《当代传播》2014 年第 6 期。
19. 王成亮：《再论媒介融合时代广播电视舆论引导力的提升》，《视听》2015 年第 12 期。
20. 李劭强：《自媒体环境下舆论引导的新常态》，《新闻论坛》2015 年第 5 期。
21. 王勇：《新媒介环境下的舆论生态变化》，《声屏世界》2013 年第 6 期。
22. 刘倩男：《论突发事件在新媒体环境下的舆论引导策略》，《新闻研究导刊》2015 年第 15 期。
23. 赵国珍、李文义、原建猛：《论媒体格局深刻变化条件下的舆论生态》，《编辑之友》2014 年第 12 期。
24. 单学刚、郭晶：《网络舆情：自媒体的蝴蝶效应》，《网络传播》2011 年第 8 期。
25. 喻国明：《舆情研判不能简单草率》，《中国青年报》2014 年 4 月 10 日。
26. 北京大学新闻与传播学院课题组：《新媒体时代：舆论引导的机遇和挑

战》,《光明日报》2012年3月27日第15版。
27. 赵敏:《论网络舆论生态系统的现状与善治》,《大理学院学报》2014年第9期。
28. 阚道远:《网络舆论生态的因与果》,《理论学习》2014年第1期。
29. 岳璐:《基于网民应对的公共事件舆论引导研究》,《湖南师范大学社会科学学报》2015年第4期。
30. 王君君:《底线生存：网络围观生态的考察与反思》,《西南大学学报》（社会科学版）2014年第6期。
31. 李春雷、范帆:《网络舆论中"暴力心态"的规避路径研究——以"男子棒打流浪狗遭人肉搜索"事件为例》,《江西理工大学学报》2015年第6期。
32. 高中建、胡玉婧:《网络舆论生态失衡表现及其矫正》,《人民论坛》2014年第14期。
33. 李强:《"丁字型"社会结构与"结构紧张"》,《社会学研究》2005年第2期。
34. 刘媛媛:《论新媒体环境下政府舆论引导的挑战和应对机制》,《湖州师范学院学报》2012年第5期。
35. 彭兰:《社会化媒体时代的三种媒介素养及其关系》,《上海师范大学学报》（哲学社会科学版）2013年第3期。
36. 周葆华、陆晔:《从媒介使用到媒介参与：中国公众媒介素养的基本现状》,《新闻大学》2008年第4期。
37. 李明德等:《互联网思维下舆论引导的改善与创新》,《西安交通大学学报》（社会科学版）2015年第3期。
38. 毕志伦:《对媒体的领导能力是党的重要执政能力》,《红旗文稿》2005年第1期。
39. 于海:《重视加强新闻队伍综合素质建设》,《湖南大众传媒职业技术学院学报》2010年第2期。
40. 刘明:《关于加强党对意识形态工作领导权的思考》,《集美大学学报》（哲学社会科学版）2013年第4期。
41. 何远发:《建设更高素质的新闻队伍——学习江泽民总书记两次重要讲话》,《南京政治学院学报》1997年第4期。
42. 孟祥麟:《打造素质过硬的新闻舆论工作队伍》,《青年记者》2016年第 9 期。
43. 任谦：《加强舆论工作的执政党思维》，《理论视野》2015 年第 3 期。
44. 张志新：《江泽民与新时期我国新闻队伍建设》，《新闻天地》（论文版）2001 年第 3 期。
45. 韩文宇、包旸：《论新闻工作者的智能素养》，《理论观察》2004 年第 3 期。
46. 陈岳芬：《风险社会的文化特征与媒体功能之实现》，《太平洋学报》2007 年第 9 期。
47. 陆小华：《作为执政能力构成的舆论影响能力与传媒运用能力》，《声屏世界》2005 年第 4 期。
48. 晏东方：《提高素质——做一名合格的新闻工作者》，《中国广播》2004 年第 11 期。
49. 吴喜君：《关于舆论监督与监督舆论的哲学思考》，《大庆社会科学》2000 年第 3 期。
50. 刘照龙、戴小泉：《"舆论监督"与"监督舆论"的辩证关系》，《声屏世界》2011 年第 3 期。
51. 李希光：《大数据时代的舆情研判和舆论引导》，《思想政治工作研究》2014 年第 1 期。
52. 赵强：《中国国家舆论安全研究》，《政治学研究》2009 年第 2 期。
53. 马冰星、林建成：《试析网络舆论引导主体的培育》，《北京交通大学学报》（社会科学版）2012 年第 2 期。
54. 李伟东：《坚持用社会主义核心价值体系引领高校校园网络舆论的思考》，《广东工业大学学报》（社会科学版）2012 年第 4 期。
55. 张福平：《公众参与：新时期舆论引导的正确选择》，《郑州大学学报》（哲学社会科学版）2008 年第 5 期。
56. 徐中振：《成熟社区拥有丰厚的社会资本》，《社会科学报》2008 年 1 月 31 日第 2 版。
57. 喻国明：《"碎片化"语境下传播力量的构建》，《新闻与传播》2006 年第 4 期。
58. 王眉：《网络舆论的"污名化"效应与"多数的暴政"》，《中国社会科学报》2011 年 12 月 20 日第 12 版。
59. 江明科：《主流媒体在互联网时代的公信力》，《青年记者》2011 年第

9 期。
60. 赵宬斐：《多元舆论场中党的舆论引导能力研究》，《政治学研究》2014 年第 1 期。
61. 尹亚辉、刘思阳：《涉法网络舆情管控与引导法律体系的健全》，《河北法学》2014 年第 5 期。
62. 胡鞍钢、王磊：《转型期社会冲突事件处理的瓶颈因素与应对策略》，《河北学刊》2007 年第 3 期。
63. 陈奕：《我国现实语境中"主流媒体"合理性与合法性之辨析》，《新闻世界》2010 年第 4 期。
64. 王来华、温淑春：《舆情信息汇集和分析机制刍议》，《天津大学学报》（社会科学版）2007 年第 5 期。
65. 刘毅：《试论舆情信息汇集和分析机制的建立和完善》，《理论月刊》2005 年第 6 期。
66. 郭小安：《从运动式治理到行政吸纳——对网络意见领袖专项整治的政治学反思》，《学海》2015 年第 5 期。
67. 李春华：《新闻舆论工作为什么要把好政治方向》，《人民论坛》2016 年第 19 期。
68. 李春华：《当前有效引导社会舆论的三个着力点》，《马克思主义研究》2017 年第 7 期。
69. 周涛、冯霞：《新媒体环境下新型主流媒体舆论引导的若干思考》，《新媒体研究》2016 年第 8 期。
70. 梁海峰：《论新媒体环境下舆论引导的民众参与新格局——以近期社会舆论热点事件为例》，《现代传播（中国传媒大学学报）》2016 年第 12 期。

后　记

　　党的十八届三中全会通过的《中共中央关于全面深化改革若干重大问题的决定》，提出要健全坚持正确舆论导向的体制机制。如何"健全坚持正确舆论导向的体制机制"成为人们关注的重要问题。2014年，我们申报了中国社会科学院马工程后期资助项目"坚持正确舆论导向的体制机制研究"并获得批准。课题由中国社会科学院马克思主义研究院原理部副主任李春华研究员主持，课题组成员由中国社会科学院马克思主义研究院思想政治教育研究室研究人员和广西财经学院马克思主义学院教师组成。在研究过程中，我们召开多次研讨会，对每一章的框架及每个具体问题进行认真的讨论，在大家相互提出意见的基础上进行反复修改，课题顺利结项。

　　本书即在该课题最终成果的基础上修改而成。全书由李春华研究员负责整体构思、章节设计，由广西财经学院马克思主义学院院长冯霞教授、书记吴勇教授负责具体内容的审阅，最后由李春华统稿、定稿。具体分工如下。李春华：第一章、第二章；朱燕：第三章；冯达成：第四章；陈林：第五章；吴勇：第六章；周涛：第七章；梁海峰：第八章。成都电子科技大学马克思主义学院吴满意教授、中国社会科学院马克思主义研究院思想政治教育研究室主任侯为民研究员和国际共运史研究室主任孙应帅研究员，广西财经学院马克思主义学院杨勇教授、黄家周副教授等参与了书稿内容的研讨并提出宝贵修改建议。在此我们表示诚挚的感谢！

　　在本课题的研究过程中，得到了中国社会科学院马克思主义研究院院长邓纯东研究员、马克思主义原理研究部主任余斌研究员、"马工程"办公室许延广老师、广西财经学院领导和广西财经学院马克思主义学院领导及老师的大力支持。在此我们一并致以诚挚的谢意！本书借鉴和参考了相关论著和文献资料,在此谨向著者致以深深的敬意和谢意!感谢中国社会科学出版社马克思主义理论出版中心主任田文老师的辛勤付出!

  由于各种主客观原因,本研究还存在很多不足之处,期待各位专家学者和读者给予批评指正。

作 者
2017 年 10 月于北京